Ulrich Schnabel

ZUSAMMEN

aufbau

Ulrich Schnabel

ZUSAMMEN

Wie wir mit Gemeinsinn globale Krisen bewältigen

aufbau

MIX
Papier | Fördert
gute Waldnutzung
FSC® C083411

ISBN 978-3-351-03850-2

Aufbau ist eine Marke der
Aufbau Verlage GmbH & Co. KG

1. Auflage 2022

Einbandgestaltung zero-media.net, München
Satz LVD GmbH, Berlin
Druck und Binden CPI books GmbH, Leck, Germany
Printed in Germany

www.aufbau-verlage.de

INHALT

SELBSTTEST: WELCHER LESETYP BIN ICH?

Gemeinsinn hat viele Seiten, und vielleicht fragen Sie sich, welche davon für Sie am wichtigsten ist. Denn es ist nicht leicht zu entscheiden, welche Aspekte des sozialen Zusammenlebens haupt- oder nebensächlich sind. Alles ist miteinander verwoben – auch in diesem Buch. Die Kapitel beinhalten ständig Bezüge und Querverweise, und ihre Reihenfolge ist nicht zwingend vorgegeben. Sie können im Prinzip überall beginnen und nach Belieben hin und her springen. Falls Sie jedoch gerne eine Empfehlung hätten, welches Kapitel am ehesten Ihren Interessen entspricht, hilft der folgende Test:

» *Ich bin Individualist und habe das Gefühl, dass ich dieses Buch eigentlich gar nicht brauche. Warum sollte ich es lesen?*
Die Antwort finden Sie in Kapitel 5.

» *Ich bin Gruppenmensch. In Gemeinschaft erlebe ich eine ganz besondere Energie. Wie kommt das?* **Antworten gibt es in Kapitel 1.**

» *Ich brauche erst einmal eine klare Orientierung. Was ist mit »Gemeinsinn« überhaupt gemeint?* **Beginnen Sie mit Kapitel 2.**

» *Gutmenschengesülze geht mir auf die Nerven! Wohin das Ideal der »Volksgemeinschaft« führt, wissen wir seit der Nazizeit. Wie begegnet man den Gefahren des Kollektivs?* **Lesen Sie Kapitel 6.**

» *Ich brauche hard facts. Mich überzeugen nur wissenschaftliche Belege und Studien. Gibt es die zum Thema »Gemeinsinn« überhaupt?*
Sie finden sie in Kapitel 3.

» *Ich will vor allem eindrückliche Geschichten und berührende Beispiele lesen. Die geben mir mehr als wissenschaftliche Studien.*
Da empfiehlt sich Kapitel 7.

» *Gibt es in diesem Buch auch praktische Tipps? Am Ende zählt doch vor allem die Frage: Was kann ich tun?*
Lesen Sie die kleinen Zwischenkapitel.

Natürlich können Sie auch ganz normal von vorn beginnen …

Für uns alle

EINLEITUNG: WAS WIR VON DEN MAMMUTBÄUMEN LERNEN KÖNNEN

Das Erstaunlichste an Mammutbäumen ist nicht ihr Ehrfurcht einflößendes Alter und auch nicht ihre schiere Größe. Zwar können sie mehrere Tausend Jahre alt und über 100 Meter hoch werden; den Weltrekord mit 115 Metern hält derzeit der Küsten-Mammutbaum Hyperion im Redwood-Nationalpark in Kalifornien. Doch das eigentliche Mysterium dieser Riesen liegt unter der Erde. Denn die Redwoods bilden, anders als man erwarten würde, keine tiefen Wurzeln. Als Flachwurzler treiben sie ihre unterirdischen Ausläufer nur etwa einen Meter in die Tiefe. Wie schaffen es die Giganten dennoch, ihre gewaltige Masse und Größe auszubalancieren und über Jahrhunderte hinweg so stabil zu stehen, dass ihnen selbst Erdbeben und starke Stürme nichts anhaben?

Das Geheimnis lautet: Kooperation. Unter der Erdoberfläche strecken die Bäume ihre Wurzeln so weit aus, bis sie die Wurzeln benachbarter Redwoods erreichen.[1] Haben sie sich gefunden, verbinden sie ihr Wurzelwerk dauerhaft miteinander. Sie haken sich gewissermaßen unter, stützen und stabilisieren sich gegenseitig und können so gemeinsam die größten Stürme überstehen. Selbst kleine Mammutbäume werden auf diese Weise ins Wurzel-Netzwerk aufgenommen und gehalten. Die wahre Stärke dieser Riesen entspringt also ihrem (unsichtbaren) Zusammenhalt, sie hängt an ihrer Fähigkeit, sich auszutauschen und gegenseitig zu unterstützen.

Was uns die Bäume demonstrieren, ist nichts anderes als die Kraft des Gemeinsinns: die Fähigkeit, sich als Teil eines großen Netzwerkes zu begreifen und sich darauf auszurichten. Das heißt, nicht nur das eigene Wohl, sondern auch das der anderen im Blick zu haben – was letztlich alle stärker macht. Klingt nach einer einfachen Lektion. Die aber scheint in der heutigen Zeit leicht in Vergessenheit zu geraten.

Denn in westlichen Gesellschaften halten wir nicht die Verbundenheit hoch, sondern die persönliche Freiheit. Das moderne Individuum versteht sich weniger als Teil eines Netzwerks denn als Solitär; es sucht sein Glück tendenziell auf eigene Faust, statt gemeinsam mit anderen. Unzählige Ratgeber verkünden die Botschaft der Selbstoptimierung, geben Tipps zum individuellen Aufbau von Stärke, Kreativität oder Gelassenheit – ganz so, als ließen sich solche Fähigkeiten unabhängig vom sozialen Umfeld verwirklichen. Und in der Regel lernt man schon in der Schule, sich im Konkurrenzkampf zu behaupten; denn in der modernen Leistungsgesellschaft gelten diejenigen als erfolgreich, die die Nase vorn haben und exorbitante Gewinne einstreichen – was zu sozialer Ungleichheit und langfristig zur Zersetzung des demokratischen Zusammenhalts führt.

Kurzum: Der Gemeinsinn ist in der Krise. Die Bereitschaft, sich für das gemeinsame Wohl aller einzusetzen, scheint bei vielen Menschen heute weniger ausgeprägt zu sein als bei einem Mammutbaum. Nahezu alle westlichen Demokratien erleben das Bröckeln des Zusammenhalts und kämpfen mit gesellschaftlicher Polarisierung. Länder wie die USA, die als weltweite

Demokratie-Vorbilder galten, sind mittlerweile innerlich so zerrissen, dass sich politische Parteien und ganze Bevölkerungsgruppen spinnefeind gegenüberstehen – was eine konstruktive Politik unmöglich macht und letztlich allen schadet.

Auch in Deutschland macht sich eine zunehmende Tendenz zur Polarisierung bemerkbar; einst stabilisierende Institutionen – wie die großen Volksparteien, Kirchen oder Gewerkschaften – verlieren stetig an Mitgliedern. Dafür erleben wir den Aufstieg radikaler Kräfte, die mit teils kruden Anschauungen und Argumenten den bisherigen gesellschaftlichen Konsens infrage stellen.

Zugleich sehen wir uns immer neuen Krisen und Katastrophen gegenüber, die uns zum gemeinsamen Handeln geradezu zwingen: der Klimawandel, die Corona-Pandemie, der Krieg gegen die Ukraine – lauter Herausforderungen, die niemand allein bewältigen kann und die deutlich machen, wie unauflöslich wir miteinander verbunden sind, im nahen wie im fernen Umfeld.

Dabei ist die behagliche Distanz früherer Zeiten unwiderruflich passé. »Wenn hinten, weit, in der Türkei / Die Völker aufeinander schlagen«, so kümmerte das im 18. oder 19. Jahrhundert kaum jemand. »Man steht am Fenster, trinkt sein Gläschen aus / Und sieht den Fluß hinab die bunten Schiffe gleiten; Dann kehrt man abends froh nach Haus / Und segnet Fried und Friedenszeiten«, so legte es Goethe im *Faust* einem braven Bürger in den Mund, worauf ein zweiter antwortet. »Ach ja Herr Nachbar, ja, so laß ichs auch geschehn: Sie mögen sich die Köpfe spalten, / mag alles durcheinandergehn: Doch nur zu Hause bleibs beim alten!«[2]

Heute aber bleibt zu Hause nichts beim Alten. Ein ferner Krieg wie etwa in der Ukraine hat in der globalisierten Welt unmittelbare Auswirkungen auf Energie- und Lebensmittelpreise, auf Lieferketten und Migrationspolitik. Eine ähnliche Lektion in Sachen Verbundenheit erteilte uns die Corona-Pandemie: Ein scheinbar weit entfernter Ausbruch im chinesischen Wuhan stellte binnen Kurzem das gewohnte Leben hierzulande auf den Kopf. Und selbst eingefleischte Individualisten, die den Mainstream verachten und das Kollektiv ablehnen, mussten plötzlich erleben, wie wenig sie sich vom allgemeinen Geschehen abkoppeln können, wie sehr ihre persönliche Freiheit von der Virenlast und dem Verhalten ihrer Mitbürger abhing – und dass eine Pandemie sich am Ende nur gemeinsam bekämpfen lässt.

Die Corona-Krise hat dabei nicht nur allerlei bürokratische und technische Schwächen offengelegt, sondern noch etwas viel Tiefliegenderes: Sie hat den naiven Glauben an unsere Unabhängigkeit erschüttert, an die gängige Überzeugung, wir seien ausschließlich selbst zuständig für das Schmieden unseres Glückes. Spätestens in der Krise, so haben wir gemerkt, hämmern viele Schmiede mit an unserem Glück, hängt unser Schicksal mit dem unserer Mitmenschen unauflöslich zusammen. Nicht umsonst leitet sich der Begriff »Gemeinsinn« vom lateinischen *sensus communis* ab, was sich als »Sinn für die Gemeinschaft« übersetzen lässt, aber auch als »gesunder Menschenverstand« (englisch *common sense*).

Gut möglich, dass spätere Generationen den Doppelschock von Pandemie und Ukraine-Krieg als Zäsur einstufen: als jene historische Phase, in der ein übersteigerter Individualismus an sein Ende gelangte und jene verschüttete Fähigkeit wiederentdeckt wurde, die mit dem schönen alten Wort Gemeinsinn beschrieben wird. Denn diese Fähigkeit, auch das werden künftige Generationen im Rückblick sagen, hat sich als zentrale

Kompetenz zur Bewältigung der großen Herausforderungen des 21. Jahrhunderts erwiesen: Weil sich Viren, Umweltprobleme und Klimawandel nicht an Landesgrenzen hielten, erforderte ihre Bewältigung eine nie da gewesene Form weltweiter Kooperation; weil politische Spannungen die Welt an den Abgrund eines Atomkriegs führten, mussten zähneknirschend Friedensverhandlungen geführt werden; und weil Energie- und Rohstoffressourcen sich als endlich herausstellten, war irgendwann die Erkenntnis unausweichlich, dass die Menschheit gemeinsam mit diesem Planeten haushalten muss – wenn sie denn überleben will.

Klingt zu schön, um wahr zu sein? Nur ein naiver Traum von einer besseren Welt, der im realen Klein-Klein der Tagespolitik gnadenlos geschreddert wird? Sicher, momentan scheint eine solche Vision von globalem Gemeinsinn weit entfernt; ähnlich unrealistisch, wie, sagen wir, im 18. Jahrhundert die Abschaffung der Sklaverei oder – Gott behüte! – im 19. Jahrhundert die verrückte Idee, dass Frauen eines Tages gleichberechtigt sein könnten und selbst wählen dürften. All diese Visionen wurden anfangs verlacht, für unrealistisch oder gar für Naturgesetz-widrig erklärt – bis sie schließlich eines Tages doch Wirklichkeit und allmählich zu Selbstverständlichkeiten wurden.

Die Wende zu einer gemeinsinnigeren Gesellschaft könnte sogar schneller gehen, als viele sich heute vorzustellen vermögen. Denn der Druck der Herausforderungen wird uns kaum eine andere Wahl lassen, als alle Kräfte zu mobilisieren, derer wir als menschliche Gemeinschaft fähig sind. Selbst wenn die Corona-Krise oder der Ukraine-Krieg eines Tages nur noch ungute Erinnerungen sein werden, wird die Liste der Krisen und Katastrophen nicht abreißen. Zu groß sind die Instabilitäten im politischen, ökonomischen und ökologischen System, als dass wir auf eine baldige Rückkehr zu entspannten Zuständen hoffen dürften. Eher sollten wir uns darauf einstellen, dass sich die Auswirkungen von Klima- und Umweltproblemen verschärfen, dass die weltpolitischen Spannungen andauern, dass die komplexer werdende (digitale) Technik unsere Infrastruktur anfällig für Störungen macht – und dass uns zusätzlich auch immer wieder jene Krisenszenarien überraschen werden, die der Statistik-Philosoph Nassim Nicholas Taleb »Schwarze Schwäne« genannt hat:[3] Geschehnisse jenseits des Erwartungshorizonts, deren Auftreten wir für undenkbar halten, bis wir plötzlich mit ihrer Existenz konfrontiert werden; etwa ein Erdbeben unter einer Millionenstadt wie San Francisco, ein Reaktorunfall mit Kernschmelze, ein auf die Erde zurasender Asteroid … »Es gibt vermutlich«, sagt der Risikoforscher Ortwin Renn, »eine Million extrem seltener Ereignisse mit einer Wahrscheinlichkeit von eins zu einer Million; das heißt, dass jedes Jahr mindestens eines davon eintritt. Wir wissen nur nicht, welches.«[4]

Auf solche Unwägbarkeiten kann man sich natürlich vorbereiten, indem man den Vorratskeller (falls vorhanden) auffüllt, einen Notfallkoffer packt und all die anderen Dinge berücksichtigt, die einschlägige Behörden empfehlen.[5] In Ländern wie den USA tendieren viele auch dazu, sich zu bewaffnen, um Haus und Hof mit Gewalt zu verteidigen. Die bessere Vorsorge aber ist die Stärkung des Gemeinsinns, sowohl im eigenen nachbarschaftlichen Umfeld (denn das sind jene Menschen, die einem im Notfall zuerst helfen können) als auch in der Gesellschaft insgesamt (weil das die Gefahr gesellschaftlicher Konflikte am ehesten minimiert). Anders gesagt: Was einem in Krisenzeiten wirklich hilft, sind soziale Beziehungen. Diese in ruhigen Zeiten aufzubauen und zu pflegen, ist, so gesehen, die beste denkbare Investition.

Dieses Buch spürt deshalb den verschiedenen Aspekten des Gemeinsinns nach, fragt nach den Bedingungen, die ihn fördern oder beeinträchtigen, beschreibt den Unterschied zwischen Schwarmintelligenz und Schwarmdummheit und erklärt, warum gerade die Idee des freien Individuums zwingend auf eine stabile Gemeinschaft und demokratische Strukturen angewiesen ist. Dabei finden sich neben den großen, inhaltsschwereren Kapiteln immer wieder kurze Zwischenkapitel, die eher leichtfüßig sind, originelle Ideen vorstellen oder konkrete Tipps und Anregungen für das eigene Verhalten bereithalten.

Ein besseres Verständnis des *common sense* hilft uns nicht nur in Krisenzeiten, sondern bereichert auch unseren Alltag. Viele Tätigkeiten machen schlicht mehr Freude, wenn wir sie gemeinsam mit anderen Menschen unternehmen – das gilt für das Arbeiten ebenso wie fürs Essen, miteinander Reden oder Feiern. Denn als soziales Wesen braucht der Mensch kaum etwas so sehr wie andere Menschen. Doch ein solch positives Zugehörigkeitsgefühl fehlt heute vielen. Als Nebenwirkung des Individualismus erleben wir eine regelrechte Epidemie der Einsamkeit. Das zeigt, dass unser Glück nicht nur von finanziellem Wohlstand abhängt, sondern mehr noch von ideellen Faktoren: von Beziehungsreichtum, Zeitwohlstand, Erfahrungen von Liebe und Sinn – alles Dinge, die mittel- oder unmittelbar mit dem Erleben von Gemeinsinn und gegenseitiger Verbundenheit einhergehen.

Es wird Zeit, sich ein Beispiel an den Mammutbäumen zu nehmen.

EINE MEDITATION FÜR »ICH-LÄNDER«

»Kein Mensch ist eine Insel, begrenzt in sich selbst …«

Rund 400 Jahre alt sind diese Zeilen, doch sie hallen bis heute nach. Der englische Dichter John Donne, ein Zeitgenosse Shakespeares, schrieb sie 1623 in seinen *Andachten über auftauchende Gelegenheiten.*[6] Er musste damals eine schwere Krankheit bewältigen und verfasste regelmäßig schriftliche »Meditationen«, in denen er unter anderem den Gemeinsinn mit der poetischen Insel-Metapher umschrieb. Der wahre Zauber dieser Formulierung entgeht einem allerdings in der deutschen Sprache: Im englischen Original des 17. Jahrhunderts schrieb sich das Wort *Island* – Eiland, Insel – nämlich noch als *»iland«.*[7] Und dadurch entsteht ein genialer Doppelsinn: Die Zeile *»No man is an iland«* lässt sich dann auch lesen als: »Kein Mensch ist ein Ich-Land«.

Das passt geradezu prophetisch zur Moderne der iPhones, iClouds und i-Irgendwas: In einer Zeit des radikal vermarkteten Wunsches nach Einzigartigkeit erinnert uns John Donne aus der Tiefe der Zeit daran, dass wir alle zusammenhängen und niemand nur im »Ich-Land« lebt.

Kein Mensch ist eine Insel, begrenzt in sich selbst;
jeder Mensch ist ein Stück vom Kontinent, ein Teil aus dem Ganzen;
Wird ein Erdkloß weggewaschen vom Meer,
so ist Europa kleiner, wie wenn's ein Vorgebirge wäre,
wie wenn's das Haus deiner Freunde wäre oder dein eigenes;
jedermanns Tod macht mich geringer,
*denn ich bin verstrickt ins Schicksal aller.**

* Orig.: *No man is an i(s)land entire of itself; every man is a piece of the continent, a part of the main; if a clod be washed away by the sea, Europe is the less, as well as if a promontory were, as well as any manner of thy friends or of thine own were; any man's death diminishes me, because I am involved in mankind*

KAPITEL 1: WIE UNMÖGLICHES MÖGLICH WIRD

VON DER ERSTAUNLICHEN KRAFT DER SOZIALEN ENERGIE

Stellen Sie sich eine Organisation vor, die rund um den Globus aktiv ist – aber keinerlei wirtschaftliche Ziele verfolgt; der es weder um Profitmaximierung geht noch um politischen Einfluss; auch religiöse Ansichten sind ihr einerlei: Atheisten sind bei ihr ebenso willkommen wie Christen, Buddhisten, Zoroaster oder die Mitglieder irgendwelcher Sekten. Einziges Kriterium zur Teilnahme ist der aufrichtige Wunsch, seine Erfahrungen mit anderen zu teilen und sich offen auszutauschen. Niemand verpflichtet die Mitglieder zu irgendetwas, dennoch empfinden sie ihre Teilnahme an den regelmäßigen Treffen als extrem wertvoll. Ach ja, und kostenlos ist das Ganze auch noch.

So etwas gibt es nicht, sagen Sie? Eine wirklichkeitsfremde Utopie? Keineswegs. Die Organisation existiert seit fast neunzig Jahren. Sie ist derzeit in 180 Ländern aktiv, hat über 118 000 Filialen, einige Millionen Mitglieder und ist das vielleicht beste Beispiel für die enorme Kraft, die aus der Begegnung mit anderen Gleichgesinnten entstehen kann. Ihr Name: Anonyme Alkoholiker (AA).

Vielleicht zucken Sie jetzt zurück: Warum beginnt ein Buch über Gemeinsinn ausgerechnet mit den Anonymen Alkoholikern? Weil ihre Bewegung in verschiedener Hinsicht höchst bemerkenswert ist. Zum einen existiert sie, ohne dass es eine feste Institution mit Chefs und Hierarchie gibt; nahezu alle Tätigkeiten werden ehrenamtlich übernommen und niemand profiliert sich in der Öffentlichkeit als oberster AA-Vertreter (was auch mit dem Stigma dieser Suchtkrankheit zu tun hat). Dass das Prinzip dennoch seit fast einem Jahrhundert funktioniert, kann man als Beweis werten, dass der anarchistische Traum einer selbstbestimmten, hierarchiefreien Gemeinschaft möglich ist, wenn das Anliegen allen Mitgliedern nur wichtig genug ist.

Zum anderen ist die AA-Bewegung ein starkes Beispiel für die Kraft der sozialen Unterstützung: Denn das wirksamste Therapeutikum im Kampf gegen den Alkohol ist die Gemeinschaft der Alkoholkranken selbst; auch fern der Heimat, im Urlaub oder auf Reisen, findet sich in nahezu jeder größeren Stadt eine AA-Gruppe, zu der »Zugehörige« zwanglos dazustoßen können. Die Erfahrung, dass andere mit ähnlichen Schwierigkeiten zu kämpfen haben, und die Tatsache, dass man sich in den Gruppen ehrlich und ungeschminkt offenbaren kann, jenseits aller Rollen und Hierarchien – was normalerweise in Gesellschaft kaum möglich ist –, hat eine enorm unterstützende Wirkung. Dabei entsteht nicht nur ein Verbundenheitsgefühl unter Menschen, die sich sonst oft als Außenseiter erfahren; zugleich wird aus einer scheinbar individuellen Suchtkrankheit eine gemeinschaftliche Herausforderung.

Denn das Zwölf-Schritte-Programm, nach dem sich alle AA-Gruppen richten,[1] beginnt mit dem Eingeständnis, »dass wir dem Alkohol gegenüber machtlos sind – und unser Leben nicht mehr meistern konnten«; danach formuliert es den Glauben, »dass eine Macht, größer als wir selbst, uns unsere geistige Gesundheit wiedergeben kann«. Wie genau diese Macht aussieht, wird gar nicht näher beschrieben. Zwar ist teilweise von »Gott« die Rede, allerdings immer mit dem Zusatz »wie wir Ihn verstehen«. Wer mag, kann sich darunter auch eine kosmische Lebensenergie, die buddhistische Leerheit, die Natur oder was auch immer vorstellen – irgendeine Kraft, die »größer als wir selbst« ist; und ihren sichtbarsten Ausdruck findet diese Kraft im Zusammenkommen in der Gruppe.

Das hat wissenschaftlich nachweisbare Wirkung: Obwohl in den AA-Gruppen keine Therapeuten sitzen und die Mitglieder sich im Wesentlichen nur gegenseitig von ihren Erfahrungen erzählen, ist die Teilnahme an solchen Gruppen effektiver als eine professionelle Psychotherapie. Zu diesem Ergebnis kommt eine Übersichtsarbeit der Stanford University, die das Programm der AA-Gruppen mit entsprechenden Therapieangeboten verglich. Darin wurden insgesamt 27 Studien mit 10 565 Teilnehmern ausgewertet. Ergebnis: ein Jahr nach Absolvierung des 12-Schritte-Programms waren 42 Prozent der Teilnehmer der AA abstinent, während es ein Jahr nach einer professionellen Therapie (etwa einer kognitiven Verhaltenstherapie) nur 35 Prozent waren. Aus Sicht der Forscher ist der Effekt vor allem darauf zurückzuführen, dass die Anonymen Alkoholiker weiter an den Treffen der AA-Gruppen teilnehmen, während die Wirkung einer Psychotherapie nach deren Abschluss immer mehr verblasst.[2] Und weil es so effektiv ist, arbeiten mittlerweile viele andere Suchtabhängige nach dem AA-Prinzip, von den »Anonymen Spielern« über die »Anonymen Sexsüchtigen« bis zu den »Anonymen Arbeitssüchtigen«.

Wieso kann sich sozialer Kontakt als so hilfreich erweisen? Weshalb kann man sich, um ein afrikanisches Sprichwort zu zitieren, das helfende Wort nicht selbst sagen? Warum braucht es die Gemeinschaft anderer, um uns jene Kraft zu geben, die wir allein nicht aufbringen würden?

Solche Fragen sind nicht nur für Alkoholiker essenziell, sondern für alle, die vor scheinbar unüberwindlichen Herausforderungen stehen. Wieso wirken Bedrohungen schwächer, wenn wir ihnen gemeinschaftlich begegnen, erscheinen Berge kleiner, wenn wir sie zusammen mit anderen besteigen? Weshalb empfinden wir Schmerzen als geringer, wenn wir sozialen Beistand haben? Und warum kommen wir gemeinsam mit anderen auf kreative Lösungen, die uns allein nie einfallen würden?

Diese Fragen führen ins Zentrum unseres gemeinschaftlichen Daseins. Denn keine andere Spezies zeichnet sich so sehr durch ihren sozialen Sinn aus wie die Gattung Homo sapiens; wir sind, wie Verhaltensforscher sagen, »ultrasoziale Wesen«, die ihren evolutionären Erfolg vor allem ihrer herausragenden Fähigkeit zur gemeinschaftlichen Intelligenz und zum kooperativen Denken verdanken (siehe Kapitel 4). Auch wenn man im Alltag mitunter an der sozialen Kompetenz seiner Mitmenschen zweifelt, steckt uns diese Ultrasozialität doch tief in den Genen. Selbst als moderne Individuen, denen viel daran liegt, sich von anderen abzuheben, treibt uns der Wunsch nach Interaktion und Gemeinschaftserlebnissen – etwa im Fußballstadion, in dem wir die Verbundenheit zu Tausenden anderen Fans spüren, im Konzertsaal, in dem wir die gehörte Musik anders empfinden als zu Hause vor dem Radio, oder auch beim gemeinsamen Essen, Singen oder Tanzen, weil all diese Tätigkeiten in einer

Gruppe eine andere Kraft entfalten, als wenn wir sie allein praktizierten.

Zahlreiche medizinische Untersuchungen belegen inzwischen, dass das Zusammensein mit anderen regelrecht heilsam sein kann; das gilt nicht nur für die Anonymen Alkoholiker, sondern bei jedweder Krise oder Krankheit. In einer Studie wurden zum Beispiel Männer mittleren Alters untersucht, die innerhalb eines Jahres drei oder mehr starke Stress-Situationen zu bewältigen hatten (Entlassung, Scheidung, finanzielle Probleme o. Ä.). Bei alleinlebenden Männern, die *keine* Unterstützung durch Familie oder Freunde hatten, verdreifachte sich danach die Todesrate! Bei denjenigen, die ihre Sorgen mit anderen teilen konnte, war dagegen kein Anstieg zu verzeichnen. Fazit der Forscher: »Männer mit adäquater emotionaler Unterstützung scheinen geschützt«.[3]

Was als »adäquate« emotionale Unterstützung erfahren wird, kann dabei natürlich individuell stark variieren. Die eine braucht dazu ihre Großfamilie um sich, dem anderen genügt es, alle paar Tage mit einem Freund zu telefonieren. Entscheidend ist das subjektive Gefühl: Wer sich selbst als sozial gut eingebunden erlebt, ist zum Beispiel weniger anfällig für Herz-Kreislauf-Erkrankungen, für bestimmte Krebsarten[4] oder Infektionen. Und wer doch krank wird, hat bessere Heilungschancen: Wer intensiven Beistand von Partnern oder Freunden hat, kommt mit Krebserkrankungen besser klar und benötigt nach Operationen im Schnitt weniger Schmerzmittel.[5]

Einer, der diese Kraft des sozialen Miteinander hautnah erlebte, ist der Fernsehproduzent Jörg Hoppe, der vor einigen Jahren an Krebs erkrankte. »Während der Therapie hatte ich eine schlimme Krise«, berichtet Hoppe. »Ich fühlte mich total zerschossen, hatte keine Kraft mehr, weiterzumachen. Lieber noch die fünf einigermaßen guten Monate, die mir prognostiziert waren, mit dem Krebs verbringen und dann sterben, als mich weiter behandeln zu lassen.« Doch dann hätten ihn Familie und Freunde dazu gebracht, nicht aufzugeben. »Sie sagten: ›Wir schaffen das.‹ Nicht ›Du schaffst das‹ oder ›Es wird schon wieder‹, sondern ›Wir schaffen das.‹ Dieses ›Wir‹ hat mir den Mut gegeben, weiterzumachen.«[6]

Auch über die sozialen Medien spürte Hoppe diesen Beistand, was ihn dazu brachte, selbst aktiv zu werden. Mittlerweile hat er mit anderen das Netzwerk *yeswecan!cer* für Krebskranke und ihre Angehörigen gegründet.[7] Denn viel zu häufig führe Krebs in die soziale Isolation, sagt Hoppe. »Es ist eine Tabu-Krankheit. Das ist auch deshalb schlimm, weil wir aus vielen Studien wissen, dass Kommunikation die Heilung fördert. Unser Claim bringt auf den Punkt, was wir erreichen wollen: ›Du bist nicht allein.‹«

Ein Medikament namens Zuneigung

Einsamkeit dagegen kann im wahrsten Sinne des Wortes krankmachen, wie die Forschung zeigt.[8] Nicht nur, dass Singles ein höheres Herzinfarkt-Risiko haben als Menschen in einer Beziehung.[9] Auch im Hinblick auf viele andere Faktoren wirkt sich Einsamkeit negativ aus: Einsame Menschen leiden in der Regel häufiger unter Depressionen, Schlafstörungen, schnellerem Gehirnabbau, Kreislaufproblemen, Störungen des Immunsystems etc. pp.[10] Das Gefühl, nicht dazuzugehören, löst im Gehirn sogar ähnliche Aktivitätsmuster aus wie ein körperlicher Schmerz.[11]

Dagegen gibt es kaum ein besseres Mittel als die Verbundenheit mit anderen. In einer großen Meta-Analyse verglichen Forscher 148 Studien und gelangten zu dem Schluss, gute Sozialkontakte und das Gefühl der Zugehörigkeit reduzierten das Sterblichkeitsrisiko durchschnittlich um 50 Prozent. Damit ist der positive Einfluss menschlicher Nähe deutlich größer als jener, der durch sportliche Aktivität oder das Einhalten eines gesunden Gewichts erreicht wird, und entspricht etwa jenem Gesundheitseffekt, den ein starker Raucher erzielt, wenn er seine Nikotinsucht aufgibt.[12]

Angesichts all dieser Resultate müssten Mediziner eigentlich »Zuwendung« als hocheffektives Therapeutikum verschreiben. Vielen Ärztinnen und Ärzten ist das auch bewusst; bei alleinstehenden älteren Leuten ist die effektivste medizinische Maßnahme oft nicht das verordnete Medikament, sondern das verständnisvolle Gespräch und die Anteilnahme im Sprechzimmer, die dem Ausstellen eines Rezeptes vorausgeht. Leider wird der heilsame Effekt von Beziehungen im üblichen »schulmedizinischen« System viel zu wenig honoriert (was nicht zuletzt den Zulauf zu Heilpraktikern, Homöopathen und anderen Alternativmedizinern erklärt; egal auf welche Methode die »Alternativen« schwören: Die meisten nehmen sich viel Zeit für ihre Patienten, was für diese oft schon heilsam ist).

Die soziale Energie

Der Einfluss unserer Mitmenschen geht allerdings weit über den biologisch-medizinischen Bereich hinaus (auch wenn er dort am klarsten wissenschaftlich nachweisbar ist). Auch Gedanken, Gefühle und nicht zuletzt unsere Kreativität hängen vom sozialen Umfeld ab, können durch andere entweder angeregt oder gedämpft werden.

In dieser Hinsicht stellte die Zeit der Corona-Pandemie ein einzigartiges soziales Großexperiment dar: Durch das verordnete »social distancing« und andere Maßnahmen konnte man plötzlich am eigenen Leib erleben, wie sich eine Veränderung des sozialen Umfelds auswirkt. Während Familien mit kleinen Kindern die Zeiten des »Lockdowns« oder der Quarantäne als verdichteten Sozialstress erlebten und das ständige Zusammensein auf engem Raum vielfach die Nerven zersägte, stellte sich bei anderen der gegenteilige Effekt ein: Mit einem Mal brachen fast alle üblichen Kontakte weg. Statt die Kollegen im Büro zu treffen, saß man allein im Homeoffice; Treffen in der Kantine oder an der Kaffeemaschine entfielen; auch auf Theater- oder Konzertabende musste man verzichten, ebenso wie auf Besuche in Clubs, Schwimmbädern, Museen oder Kirchen; und statt mit anderen im Stadion zu jubeln, mussten sich Fußballfans zu Hause allein »Geisterspiele« ansehen.

Anfangs empfanden manche die unerwartete Entschleunigung sogar als wohltuend; endlich Zeit, die guten Bücher zu lesen, die man schon immer lesen wollte, ausführlich zu kochen oder Brot zu backen! Doch je länger die Corona-Zeit dauerte, umso weniger konnte man sie genießen. Während die gestressten Familienmenschen einfach nur enorm erschöpft waren, machte sich bei vielen Alleinlebenden eine seltsame Ermüdung breit, eine Art von Lethargie, die weniger mit körperlicher Erschöpfung zu tun hatte als mit einer Form geistiger Antriebslosigkeit. Viele fühlten sich, so diagnostizierte der Soziologe Hartmut Rosa, »auf eine unbestimmte Weise müde und träge« und »als überziehe eine Art Mehltau ihre Wahrnehmungen«. Sie hatten den Eindruck, »nicht mehr zu schaffen, was sie eigentlich schaffen müssten oder was sie gern tun würden«.[13] Aus

Sicht des Soziologen war das »nicht einfach etwas Individuelles oder nur in der persönlichen Erfahrung Liegendes«, sondern ein soziales Phänomen, denn »dieser Mehltau überzieht ja die Gesellschaft insgesamt.«

Und weil es an klaren Konzepten und Theorien für so einen Zustand fehlt, hat Rosa seine Beobachtungen auf den Begriff der »sozialen Energie« gebracht. Damit knüpft er an den US-amerikanischen Soziologen Randall Collins an, der schon 1993 von »emotionaler Energie« als treibender sozialer Kraft sprach.[14] »Wir haben immer geglaubt, Energie sei eine individuelle und psychische Eigenschaft«, erläuterte Rosa in einem Interview: »Inzwischen glaube ich: Die Energie, die wir haben und in soziale Interaktion umsetzen, kommt aus der dichten Interaktion selber. Auch aus der irritierenden Interaktion, wenn mich zum Beispiel jemand anrempelt.« Das gelte für körperliche Begegnungen ebenso wie für geistige. Auch gedanklich brauche man »das Irritierende, das Überraschende, die erfreuliche oder unerfreuliche soziale Interaktion«, und zwar, »um aus unseren Routinen, auch den gedanklichen, herauskommen zu können.«[15]

Vieles davon sei in der Corona-Zeit weggefallen, und genau das habe die Mehltau-Stimmung verursacht, glaubt Rosa. Der verstärkte digitale Austausch habe da nur bedingt geholfen: Der sei zwar gut, um schnell Informationen auszutauschen – ersetze aber nicht die konkrete Begegnung mit anderen, die auf vielen Ebenen stattfinde und auch zufällige oder irritierende Momente enthalte. »Ohne sie laufen wir emotional, psychosozial und sogar intellektuell in den immer gleichen Bahnen. Und zwar in denen, die wir kennen.«

Warum man sich selbst nicht kitzeln kann

Vielleicht kann man das Wesen der sozialen Energie mit einer Analogie illustrieren: mit der Frage nämlich, warum man sich selbst nicht kitzeln kann. Rein körperlich ist der Reiz ja derselbe, ob man selbst Hand anlegt oder ob es jemand anderes tut. Doch das emotionale Erleben ist völlig unterschiedlich: Beim Kitzeln durch einen anderen schwingt immer ein Moment der Überraschung mit, des Unverfügbaren – und genau dies macht den Reiz aus.

Auch die Hirnforschung (die bekanntlich vor keinem Rätsel zurückschreckt) hat sich des Themas Fremd- und Selbstkitzeln angenommen. Ergebnis: Von außen kommende Reize aktivieren das Gehirn viel stärker als selbst erzeugte Reize (wie die Berührung des Körpers mit der eigenen Hand).[16] Berliner Forscher haben sogar Ratten gekitzelt (und eine Vorrichtung ersonnen, mit der diese sich selbst kitzeln können), um der Sache auf den Grund zu gehen. Dabei zeigte sich, dass Selbstberührungen eine »inhibitorische Bremse« im somatosensorischen Kortex aktivieren.[17] Anders gesagt: Wenn man die Aktion selbst initiiert, weiß das Gehirn schon, was kommt und schaltet weitgehend ab.

Vermutlich lässt sich auf diese Weise die energetisierende Wirkung sozialer Begegnungen erklären (auch wenn dafür die definitiven neurophysiologischen Belege noch fehlen): Ähnlich wie beim Kitzeln weiß man im Gespräch mit anderen nie so genau, was kommt und wohin sich der Austausch entwickelt. Und genau diese Offenheit und Unberechenbarkeit aktiviert das Gehirn auf eine völlig andere Weise, als wenn man gedanklich nur um sich selbst kreist.

In der Corona-Pandemie, als viele Kontakte wegbrachen, konnte man diesen Unterschied gut spüren. Der Journalist Peter Unfried hat seine Erfahrung im Gespräch mit Hartmut Rosa so formuliert: »Ich habe jetzt Zeit zum neu Denken, aber ich denke nur das, was ich immer denke. Ich denke dann, Mensch, jetzt denk doch mal was anderes. Geht aber nicht. Es geht erst, wenn ich Leute anrufe, die mich intellektuell irritieren.« Oder, wie Unfried es drastisch auf den Punkt brachte: »Im Corona-Exil fehlen einem auch die Arschlöcher.«[18]

Tatsächlich können selbst Irritationen und Meinungsverschiedenheiten inspirierend sein, weil sie helfen, den eigenen Standpunkt zu bestimmen und sich der eigenen Argumente zu vergewissern. Gerade die Unberechenbarkeit menschlicher Interaktionen macht ihre Lebendigkeit aus. Denn dadurch erst öffnet sich der Raum für Hoffnungen, Wünsche, Ängste, Zuneigung und alle möglichen anderen Gefühle.

Emotionen nämlich sind gleichsam die »Alarmanlagen« des Organismus: Sie werden vor allem dann ausgelöst, wenn etwas Wichtiges, Neues oder Überraschendes geschieht. Deshalb erzeugt eine neue Liebe (oder ein plötzliches Unglück) vor allem *am Anfang* starke Gefühle; mit der Zeit aber nimmt die Emotionsdichte jeweils ab.* Denn der Ablauf des vorhersehbar Immergleichen erfordert keine mentale Aktivität und lässt jede emotionale Spannung aus dem Geschehen entweichen. Auch deshalb fühlten sich die abwechslungsarmen Tage des Pandemie-Lockdowns (oder der Quarantäne in den eigenen vier Wänden) nach einiger Zeit so öde und leblos an.

»Soziale Energie« gehört für Hartmut Rosa daher – wie Vertrauen – zu jenen sozialen Ressourcen, die durch den Gebrauch wachsen und nicht weniger werden wie fossile Ressourcen. »Der

* Ausführlich erläutert wird dies in meinem Buch: Was kostet ein Lächeln? Von der Macht der Emotionen in unserer Gesellschaft. Blessing Verlag, 2015.

Wunsch und die Kraft zu sozialem Kontakt entsteht durch sozialen Kontakt«, sagt Rosa. »Und wo dieser Kontakt fehlt, nimmt erstaunlicherweise der Wunsch ab.«

Die Weisheit der Vielen

Auch wenn die Theorie der sozialen Energie noch nicht fertig ausgearbeitet ist – das entsprechende Buch ist bei Hartmut Rosa derzeit in Arbeit –, ist doch bereits die Perspektive bemerkenswert: die Beschreibung *positiver* Wirkungen von sozialen Interaktionen und größeren Menschenansammlungen war in der Forschung nämlich lange Zeit eher die Ausnahme als die Regel. Im Fokus des wissenschaftlichen Interesses standen oft mehr die negativen Aspekte der Gruppendynamik, etwa der Drang zu Konformismus und Herdenverhalten und die irrationalen Verhaltensweisen, zu denen Menschen in der Masse fähig sind (siehe Kapitel 6).

Diese Sichtweise verdanken wir nicht zuletzt Gustave Le Bon, dem Begründer der Massenpsychologie. Der französische Arzt und Anthropologe prägte lange Zeit das moderne Bild der Masse als barbarischem Gemeinschaftswesen, das vor allem zu Dummheit und Irrationalität neige. »Allein durch die Tatsache, Glied einer Masse zu sein, steigt der Mensch mehrere Stufen von der Leiter der Kultur hinab. Als Einzelner war er vielleicht ein gebildetes Individuum, in der Masse ist er ein Triebwesen, also ein Barbar«, postulierte Le Bon 1895 in seinem Hauptwerk *Psychologie der Massen*. Ihn besorgte vor allem die moderne Tendenz der Gleichmacherei, die zu einer Einebnung der Standesunterschiede führte. Früher seien »die Kulturen von einer kleinen, intellektuellen Aristokratie geschaffen und geleitet«

worden, klagte Le Bon, »niemals von den Massen«. Eine demokratische Herrschaft des Volkes konnte er sich nicht vorstellen. Die Massen hätten »nur Kraft zur Zerstörung. Ihre Herrschaft bedeutet stets eine Stufe der Auflösung.«[19]

Kein halbes Jahrhundert nach dieser Veröffentlichung schienen die Nationalsozialisten – die Le Bon genau gelesen hatten – seine Thesen von der Barbarei des Kollektivs aufs Fürchterlichste zu bestätigen. Kein Wunder, dass danach die Masse einen miserablen Ruf hatte, insbesondere in Deutschland. Es dauerte lange, bis Forscher auch die positiven Aspekte von großen Gruppen zu thematisieren wagten. Dabei konnten sie an einen Mann anknüpfen, der zur selben Zeit wie Le Bon lebte, aber ganz andere Ideen vertrat: Sir Francis Galton, ein britischer Universalgelehrter, der mathematische, psychologische und genetische Studien betrieb, sich aber auch als Geograph, Meteorologe, Anthropologe oder Erfinder hervortrat.

Galton verdanken wir nicht nur die Idee des Fingerabdrucks; auf ihn geht auch der Begriff der »Weisheit der Vielen« zurück, die ihren modernen Ausdruck in der »Schwarmintelligenz« findet. Der vielseitige Forscher beobachtete 1906 beim Besuch einer Nutztiermesse im englischen Plymouth, wie die Besucher das Gewicht eines Ochsen schätzen sollten. Das war damals eine beliebte Wette, die dem Sieger ein Preisgeld einbrachte. Allerdings lagen die Angaben der Besucher zum Teil weit daneben, niemand erriet das Gewicht genau. Als Galton jedoch den Mittelwert aller 787 Schätzungen bildete, traf dieser nahezu exakt ins Schwarze. Daraus folgerte Galton: Wenn man die kollektive Weisheit gut zu nutzen weiß, sind Menschen gemeinsam viel klüger als allein.

Der Witz liegt allerdings in den unscheinbaren Wörtchen »gut zu nutzen«. Denn längst nicht jede Menschenmenge ist automatisch intelligent, manchmal überwiegt eher die »Schwarmdummheit«.[20] Die »Weisheit der Vielen« funktioniert nur, wenn jede und jeder seine Meinung oder Prognose unbeeinflusst und unabhängig von den anderen äußert – und erst danach ein Mittelwert gebildet wird.

In vielen Gruppen, Unternehmen oder Parteien hingegen läuft es umgekehrt: Dort geben häufig Wortführer einen bestimmten Ton vor und ermutigen damit jene, die derselben Ansicht sind, während andere mit abweichender Meinung eher hinter dem Berg halten – was in die berühmte Schweigespirale führt. Dieser Prozess bringt nicht Weisheit hervor, sondern Konformismus. Ähnliches passiert, wenn sich die Mitglieder eines »Schwarms« untereinander absprechen oder alle Anhänger derselben Theorie sind; das führt eher zur Verzerrung der gemeinsamen Intelligenz – was zum Beispiel auf dem Aktienmarkt, im politischen Betrieb oder auch in der medialen Berichterstattung immer wieder zu beobachten ist: Weil einer sich am anderen orientiert, statt auf sein eigenes Urteil zu vertrauen, kann sich ein Aktienkurs, eine politische Frage oder ein mediales Thema enorm aufschaukeln und jeglichen Kontakt zur Realität verlieren.

Die Weisheit der Vielen hängt also gerade an der Eigenständigkeit der einzelnen »Vielen«. Auch Patienten, die bei einem medizinischen Problem eine zweite oder dritte Meinung einholen, tun gut daran, auf die Unabhängigkeit der Ärzte zu achten. Wenn alle sich am selben Chefarzt orientieren, entsteht aus den einzelnen Meinungen keine übergeordnete Weisheit.

Wie geschaffen für die Weisheit der Vielen schien das digitale Netz. Gemeinschaftsprojekte wie Wikipedia nährten anfangs die Hoffnung, im Internet entstehe die »Schwarmintelligenz« quasi automatisch. Inzwischen weiß man, dass die digitalen »Vielen« längst nicht immer größere Intelligenz hervorbringen und das Netz auch ein Ort des primitivsten Herdentriebs sein kann (siehe Kapitel 8). Doch es gibt durchaus Beispiele für digitale Schwarmintelligenz: Sogenannte Wahlbörsen etwa prognostizieren den Ausgang von politischen Wahlen meist besser und genauer als klassische Meinungsumfragen.[21] Auf ähnliche Weise lassen Firmen wie Media Predict eine möglichst große Anzahl von Menschen auf den Erfolg von Kinofilmen oder Büchern wetten – um damit genauere Vorhersagen zu erstellen.*

Dass die Menge oft klüger als der Einzelne ist, bewies vor einigen Jahren auch der »Netflix-Preis«. Ausgelobt hatte ihn der Videodienst Netflix, der seinen Kunden Filme und Serien vorschlägt. Um dafür einen besseren Empfehlungs-Algorithmus zu finden, bot er eine Million Dollar Preisgeld. Viele Teams machten mit, keines erreichte die geforderte Verbesserung. Schließlich verfiel einer der Entwickler auf die Idee, mehrere Lösungen unterschiedlicher Teams zu kombinieren – und räumte den Preis ab. Das zeigt: Nicht der einzelne Geniestreich, sondern Vielfalt siegt.

Der Mythos vom einsamen Genie

Dennoch hält sich in vielen Bereichen immer noch die Idee vom einsamen Genie, das im Alleingang den Lauf der Welt verändert. Das klassische Vorbild dafür ist Albert Einstein, der als

* Die Methode funktioniert vor allem bei Blockbustern wie *James Bond* oder *Jurassic World*. Bei unbekannten Autoren dagegen ist das Urteil der »Vielen« nicht unbedingt verlässlich. Überraschungserfolge sehen sie meist nicht voraus.

junger, unbekannter Physiker quasi im Handstreich seine Wissenschaft revolutionierte und mit der Relativitätstheorie das damalige Weltbild auf den Kopf stellte. Doch das romantische Bild des zerzausten Einzelgängers ist eher von nostalgischem Wert. (Selbst bei Einstein stimmt der Mythos nicht wirklich: Zum einen baute er auf der Arbeit anderer Physiker wie Henri Poincaré und Hendrik Lorentz auf; zum anderen entwickelte er viele Ideen im Gespräch mit seinen Freunden der »Akademie Olympia«. Auch Einsteins Genialität entstand in Interaktion.[22]

Heute ist die Wissenschaft längst ein Massenbetrieb, in dem Erfolge fast nur noch im Team glücken. Manche dieser Teams haben Hunderte oder gar Tausende von Mitgliedern. Den bisherigen Rekord hält eine Veröffentlichung von Physikern des Teilchenforschungszentrums CERN in Genf im Jahre 2015, die sage und schreibe 5154 Autorinnen und Autoren aufführte (dabei waren nur 9 von 33 Seiten der Forschung gewidmet, die restlichen 24 Seiten waren mit den Autorennamen gefüllt).[23] Und als 2017 erstmals die Vermessung eines kosmisches Großereignisses mithilfe von Gravitationswellen gelang, war das nur möglich, weil 70 Observatorien rund um den Globus und über tausend Forscher zusammenarbeiteten.[24] Wissenschaftlicher Erfolg hat heute viele Väter und Mütter.

Nur die Schwedische Akademie der Wissenschaften, die alljährlich die Nobelpreise verleiht, ignoriert diese Entwicklung bislang hartnäckig. Obwohl wissenschaftliche Meilensteine wie etwa die Entschlüsselung des Humangenoms, die Entdeckung des Higgs-Teilchens oder die Beschreibung des Klimawandels in der Regel auf weltumspannenden Gemeinschaftsaktionen beruhen, werden die Nobelpreise an (maximal drei) einzelne Forscher oder Forscherinnen pro Fachgebiet verliehen, ganz so, als lebten wir noch immer im heroischen Zeitalter der einsamen

Giganten wie Newton, Darwin oder Einstein. Das führt jedes Jahr bei der Verkündung der Nobelpreise zu peinlichen Verwerfungen, da die Diskrepanz zwischen den (wenigen) Geehrten und den (vielen) Beteiligten immer größer wird. Man darf gespannt sein, wie lange es dauert, bis auch die Stockholmer Akademie die Zeichen der Zeit erkennt und anfängt, wissenschaftliche Teams statt Einzelpersonen auszuzeichnen.

In der Kunst ist man da schon weiter. Als 2019 der Turner-Preis in London verliehen werden sollte, die wichtigste britische Auszeichnung für moderne Kunst, passierte etwas nie zuvor Dagewesenes: Die vier Künstlerinnen und Künstler, die einzeln für den Preis nominiert waren, baten die Jury darum, nicht eine/n von ihnen zu bevorzugen, sondern alle vier gemeinsam zum Sieger zu küren. Schließlich gebe es in der Welt »schon genug, das Menschen und Gemeinschaften trennt und voneinander isoliert«, schrieben sie in einem kollektiven Statement. Die Jury ließ sich überzeugen und verlieh im Namen von »Gemeinsamkeit, Vielfalt und Solidarität« und unter dem Jubel der Anwesenden den Preis erstmals nicht an einen Einzelkünstler, sondern an das kurzfristig vereinte Gewinnerkollektiv.[25]

Seither bröckelt in der Kunst der Mythos vom einsamen Genie. Während Künstler sich früher gern für ihre einzigartige Originalität feiern ließen und als Ausnahmefiguren galten, ist seit einiger Zeit eine Trendwende zu spüren: Die Ich-Künstler werden immer häufiger von Kollektiven abgelöst, die ihre Ideen nicht aus der individuellen Besonderheit, sondern aus der Energie des Zusammenseins schöpfen. Zwar gab es auch früher schon Künstlergruppen oder -kolonien. Doch diese alten Bündnisse verstanden sich vor allem als Stilgemeinschaften, die ähnliche ästhetische Ideale vertraten und sich gegenseitig in ihrem Schaffen unterstützten. Die modernen Künstlerkollektive dagegen begreifen ihre Arbeit von vornherein als Gemeinschaftsprojekt, bei dem weniger das Ergebnis, sondern eher der Prozess im Vordergrund steht. Für die neuen Kollektive zähle »nicht das Werk im herkömmlichen Sinn, es zählt das Handeln«, erklärt der ZEIT-Kunstkritiker Hanno Rauterberg.[26] »Nicht das Museum interessiert sie, sondern der öffentliche Raum. Nicht eine Kunst, die Ewigkeit will, sondern das Gespräch, das Fest, das teetrinkende Beisammensein.«*

Die Kraft der großen Sache

Die Kunst fungiert hier – wie so oft in der Geschichte – als Seismograf für einen Bewusstseins-Wandel, der auch in anderen Bereichen spürbar wird: Er speist sich aus der Erkenntnis, dass viele Probleme unserer Zeit schlicht und einfach zu groß und umfassend sind, um von Einzelnen allein gelöst werden zu können. Das gilt insbesondere für den Umgang mit jenen Gütern und Ressourcen, auf die wir alle gleichermaßen angewiesen sind und die wir alle teilen – Elemente wie Wasser, Luft und Erde, aber auch das Klima und die Atmosphäre, die (endlichen) Rohstoffe, sowie Ressourcen wie Zeit, Wissen oder Energie.

Für solche Gemeinschaftsgüter passt der alte Begriff der Allmende, abgeleitet vom mittelhochdeutschen *»al(ge)meinde«*, womit im Hochmittelalter jene Grundstücke oder Weiden bezeichnet wurden, die im Besitz einer Dorfgemeinschaft waren und von allen benutzt wurden. Heute erfährt der Allmende-Be-

* Wobei die Umsetzung in ein konkretes Werk – ein Bild, ein Buch, eine Symphonie – häufig dann doch wieder Sache des Einzelnen ist. Aus dem Kollektiv kommen vor allem Energie und Ideen; eine Form bekommen diese aber im individuellen Gestalten.

griff eine Renaissance, denn im globalen Dorf werden auch Klima, Umwelt oder Artenreichtum als wertvolle Güter erfahren, die wir nicht nur gemeinsam nutzen, sondern für die wir gemeinsam verantwortlich sind (siehe auch Kapitel 10). Und es ist kein Wunder, dass mit dem Bewusstsein für den Wert der Allmende auch der Kollektivgedanke aufblüht – in der Kunst ebenso wie in Kommunen, Nachbarschafts-Netzwerken oder Initiativen wie Fridays for Future (die inzwischen zahlreiche Ableger wie die *Scientists for Future,* die *Entrepreneurs for Future* oder auch die *Omas for Future* gefunden haben).

Denn es ist klar, dass die Lösung der großen Zukunftsfragen nicht von den Geistesblitzen einzelner Genies zu erwarten ist, sondern nur im gemeinsamen Handeln entstehen kann, unter Beteiligung möglichst vieler Nationen, Menschen und Unternehmen. Anders gesagt: sowohl kommunal wie global brauchen wir die Weisheit der Vielen, mit all ihren unterschiedlichen Perspektiven, Ansichten und Ideen. Denn ähnlich wie seinerzeit kein Besucher der Nutztiermesse in Plymouth das Gewicht des Ochsen richtig schätzte, wird sich auch der Weg in die Zukunft nur aus der Kombination vieler unterschiedlicher Fähigkeiten, Interessen und Perspektiven ergeben.

Dabei kann das gemeinsame Handeln nicht nur bessere Ideen hervorbringen, als einzelne Köpfe sich auszudenken in der Lage wären; es kann auch jene besondere Art von »sozialer Energie« erzeugen, die das einzelne Individuum zu Dingen befähigt, zu denen es allein nie imstande wäre. Wie es die Anonymen Alkoholiker formulieren würden: Was allein undenkbar scheint, kann mithilfe einer »Macht, die größer als wir selbst« ist, durchaus gelingen.

Von der »Kraft der großen Sache« sprach in diesem Zusammenhang einmal Nelson Mandela. Der große Freiheitskämpfer, der 27 Jahre im Gefängnis saß und später zum ersten schwarzen Präsidenten Südafrikas gewählt wurde, machte diese Erfahrung, als er 1963 zusammen mit anderen Führern der Befreiungsbewegung ANC inhaftiert wurde. In seinen Memoiren beschreibt Mandela, wie die Gefangenen jeden Tag Freiheitslieder sangen und manchmal auch zusammen tanzten. Daraus sei ein starkes Verbundenheitsgefühl entstanden zu »unserer gemeinsamen Geschichte, unserer Kultur, unserem Land und unserem Volk«, berichtet Mandela und fasst das in die Worte: »Wir spürten die Hand der großen Vergangenheit, die uns zu dem machte, wer wir waren, und die Kraft der großen Sache, die uns alle verband.«[27]

Selbst später in der Isolationshaft habe er sich nie wirklich allein gefühlt, sondern unterstützt und getragen vom Rückhalt seiner Weggefährten. Den Gefangenen gelang es, kleine Nachrichten auszutauschen, die sie in Streichholzschachteln oder auf den Toiletten versteckten und die sie sogar – über das Küchenpersonal – nach draußen schleusten. »Wir unterstützten einander und gewannen Kraft voneinander«, beschrieb Mandela später diese Erfahrung. »Was immer wir lernten, was immer wir erfuhren, wir teilten es miteinander, und indem wir es miteinander teilten, vervielfachten wir, was immer wir an individuellem Mut besaßen.«[28]

Das sollte man sich merken: Auch wenn der eigene Mut, die Hoffnung und die eigene Energie begrenzt scheinen, lässt sich damit doch vieles bewegen. Denn indem wir Mut, Hoffnung oder Energie als kollektive Ressourcen verstehen und mit anderen teilen, können wir die erstaunliche Erfahrung machen, dass sie sich auf wundersame Weise vermehren.

Wer das nicht glaubt (oder meint, solche Erfahrungen seien nur Ausnahmefiguren wie Mandela zugänglich), braucht nur einmal zu beobachten, wie sich die eigene Stimmung verändert, wenn man etwas mit vielen Gleichgesinnten unternimmt, statt es allein zu tun. Die »Kraft der großen Sache« kann man bei vielen Gelegenheiten spüren, zum Beispiel schon beim Fahrradfahren – wenn nur die Gruppe der Mitfahrenden groß genug ist.

Critical Mass (kritische Masse) nennt sich die Bewegung, die immer mehr Städte erfasst und auf dem Prinzip basiert, dass eine entsprechend große radelnde Menge die Verkehrsregeln für Individualfahrer außer Kraft setzen kann.[29] In Deutschland etwa gilt laut Straßenverkehrsordnung, dass mehr als 15 gemeinsam Radfahrende einen »geschlossenen Verband« bilden, der in einem Zug über eine Kreuzung fahren darf, selbst wenn die Ampel zwischenzeitlich auf Rot umschaltet. Das nützt die critical-mass-Bewegung aus, um sich ein natürliches Vorfahrtsrecht zu sichern: Wenn große Pulks von Hunderten oder gar Tausenden von Radlerinnen und Radlern geschlossen durch Großstädte fahren, müssen die sonst dominierenden Autos warten, und die Straße gehört den Fahrrädern.

Einfacher lässt sich kaum demonstrieren, wie leicht sich aus der beschränkten Energie vieler schwacher Einzelner die große Kraft der Gemeinschaft entwickeln kann. Und plötzlich fühlt sich auch das Fahren auf dem eigenen Rad ganz anders an. Vielleicht fahren Sie einmal probehalber mit? Die Erfahrung lohnt sich.

DAS KONVERSATIONSDINNER

Gemeinsam essen und reden – nichts klingt einfacher als das. Doch nicht immer entsteht dabei die positive Energie des Zusammenseins. Redet man über heikle Themen wie Politik, Religion oder Kindererziehung, kann ein gemeinsames Essen leicht im Streit enden. Manche flüchten sich deshalb vorsichtshalber in *small talk* und äußern nur Belanglosigkeiten; dann wieder gibt es Konversationen, in denen die Gäste vor allem damit beschäftigt sind, sich ins rechte Licht zu rücken und ihren Status zur Schau zu stellen. All das fördert nicht den Zusammenhalt, sondern stört ihn eher.

Der Historiker, Soziologe und Philosoph Theodore Zeldin schlägt deshalb eine andere Form des Austauschs vor: das von ihm konzipierte »Konversationsmenü«. Der gebürtige Israeli, der an der University of Oxford das Centre for International Studies mitbegründete, möchte den Menschen helfen, wieder ehrliche und tiefgründige Gespräche zu führen.[30] Dazu werden sie von einem »Gesprächsmenü« geleitet, das (zum Teil kuriose) Fragen und Themen enthält und aus dem sich die Diskutanten gemeinsam einige auswählen. Die Fragen umgehen einerseits die klassischen Klischeethemen (»Und was arbeiten Sie so?«) und vermeiden andererseits das übliche Klatsch-und-Tratsch-Niveau.

Erprobt hat Zeldin die Methode mittlerweile an allen möglichen Orten: Im italienischen Turin meldeten sich auf eine öffentliche Einladung hin 800 Menschen, so dass die Veranstalter den größtmöglichen Ort, eine Kirche, mieten mussten. »Es war phantastisch, wie die Menschen in der dunklen Kirche saßen und miteinander sprachen«, schwärmt Zeldin.[31] Konversationsdinner wurden aber auch schon in Museen veranstaltet, in Universitäten, Kunstgalerien und Parks. »Die Menschen sind von überall angereist. Das Fest der Fremden hat die Atmosphäre eines Festivals.«

Die Teilnehmenden werden zufällig in Paare eingeteilt, die mindestens zwei Stunden lang nur miteinander sprechen. Geleitet von den Fragen des »Menüs«, erörtern sie Themen, über die man normalerweise kaum spricht (geschweige denn mit Fremden). Zusätzlich denken beide gemeinsam darüber nach, wie ihre Lebenserfahrung für andere nützlich sein könnte. Auf diese Weise können tiefgehende Gespräche entstehen, in denen beide mit den (sonst verborgenen) Gedanken und Erfahrungen eines anderen konfrontiert werden. Das macht nicht nur Freude, sondern ist auch eine ideale Methode zur Stärkung des Gemeinsinns.

Zeldins Stiftung Oxford Muse wacht allerdings streng über ihren Fragenkatalog und duldet keine Veröffentlichung außerhalb der Abendessen. Man kann sich aber von dem herrlichen Fragenbuch *Findet mich das Glück?* des Künstlerduos Fischli und Weiss inspirieren lassen[32] (oder seine eigene Phantasie spielen lassen) und so zu originellen Fragen kommen, die weder im Tagesaktuellen hängen bleiben noch ins Seichte abrutschen, sondern auf jene existenzielle Ebene zielen, die wir miteinander teilen.

Als Anregung kann man beispielsweise mit dem folgenden Fragenmenü starten (und es durch weitere eigene Ideen ergänzen). Wählen Sie zu jedem Gang gemeinsam eine Frage aus und »verspeisen« Sie diese genüsslich:

Vorschlag für ein Fragenmenü

Vorspeise

- *Wenn es eine Zeitmaschine gäbe, wohin würden Sie reisen?*
- *Welche Erfahrungen mit einem Tier haben Sie geprägt und was haben Sie dabei gelernt?*
- *Welches Reise-Erlebnis hat Sie nachhaltig verändert und woran haben Sie die Veränderung bemerkt?*

Hauptspeise

- *Was wissen Sie wirklich sicher und was gibt Ihnen Sicherheit?*
- *Wann haben Sie zum letzten Mal über ein wichtiges Thema Ihre Meinung geändert und warum?*
- *Welchen Teil Ihrer Persönlichkeit mögen Sie am wenigsten und was stört Sie am meisten an anderen?*
- *Was brauchen Sie, das Sie mit Geld nicht kaufen können?*
- *Kann man alles falsch machen?*

Nachspeise

» *Könnte man Sie in einem guten Film gebrauchen und wenn ja, in welchem und in welcher Rolle?*
» *Wenn Sie aus allen Personen weltweit eine zum Abendessen auswählen dürften, wen würden Sie wählen und warum?*
» *Hätte aus Ihnen etwas anderes werden können? Wenn ja, was?*
» *Ist der Teufel zufrieden mit Ihnen?*

Bei all dem geht es nicht um möglichst kluge Antworten, sondern vor allem um Entschleunigung und das allmähliche Verfertigen der Gedanken beim Reden.[33] Das heißt, man muss noch gar nicht so genau wissen, was man alles sagen wird, wenn man zu reden beginnt. Einfach anfangen – und sich überraschen lassen, wohin die eigenen Gedanken führen.

Es kommt aber auch auf das Zuhören an. Normalerweise formulieren wir im Kopf oft schon Antworten oder Einwände, wenn wir jemandem zuhören. Dies *nicht* zu tun, erfordert regelrechte Anstrengung. Und doch ist es für das Gelingen eines Konversationsmenüs essenziell: Möglichst offen und vorurteilslos sollte man seinem Gegenüber begegnen, das Gesagte nicht bewerten, sondern nur aufmerksam zur Kenntnis nehmen. Zugleich bedeutet dies, nicht innerlich abzuschweifen, heimlich aufs Handy zu schauen oder an etwas anderes zu denken.

Erst dieses stille Wohlwollen eröffnet den Sprechenden den Raum, auch ungewohnte und neue Gedanken zuzulassen. (Nach diesem Prinzip funktioniert übrigens auch die erfolgreiche Methode der »Zwiegespräche« für Ehe- und andere Paare, die der Psychoanalytiker Michael Lukas Möller empfiehlt.[34])

Der wichtigste Tipp aber lautet, wie bei jedem Menü: Genießen. Genießen Sie Ihre Redezeit, ohne darüber nachzudenken, wie Ihr/e Gesprächspartner/in das findet; genießen Sie Ihre Zuhörzeit, ohne darüber nachzudenken, was Sie dazu sagen oder antworten sollen. Genießen Sie die Pausen und die Stille. All das ist Ihre Lebenszeit.

Guten Appetit!

KAPITEL 2: VON FEUER- UND WASSERWESEN

WAS MODERNER GEMEINSINN HEUTE BEDEUTET

Die wohl schönste Metapher für das Wesen des Gemeinsinns ist die Geschichte vom »Kristall der Ewigkeit«, die der Schriftsteller Michael Ende in seinem Kinderbuch-Klassiker *Jim Knopf und die Wilde 13* erzählt. Dieses Kristall besitzt höchst außergewöhnliche Eigenschaften: es ist klar und durchsichtig wie Glas, lässt sich schmieden und hämmern wie Metall und ist bei all dem völlig unzerstörbar. Allerdings kann die Herstellung dieses Wunderstoffes nur gelingen, wenn ein Feuer- und ein Wasserwesen mit gänzlich unterschiedlichen Eigenschaften und Fähigkeiten zusammenarbeiten – was leider seit Tausenden von Jahren nicht mehr vorgekommen ist. Denn vor Urzeiten haben sich Feuer- und Wasserwesen verfeindet und bekämpfen sich seither, statt zu kooperieren.[1]

Wie so oft bei Michael Ende lässt sich das als ebenso märchenhafte wie treffende Beschreibung der Wirklichkeit lesen. Denn der große Autor, der mit seinen Kinderbüchern ganze Generationen prägte, verstand es stets, phantasievolle Ideen mit philosophischen Einsichten zu verbinden. Unvergessen etwa der von Ende erfundene Scheinriese, der aus der Ferne gewaltig erscheint, beim Näherkommen aber immer kleiner und unbedarfter wirkt (was manche Figuren des öffentlichen Lebens perfekt beschreibt); ebenso zielsicher auch das Bild der »grauen Herren« in der Geschichte von *Momo* und den Zeitdieben, die Menschen zum Sparen der Zeit animieren, um ihnen just diese zu stehlen.

Das wundersame Kristall der Ewigkeit wiederum illustriert nichts anderes als die große Herausforderung des Gemeinsinns: verschiedene Akteure mit konträren Fähigkeiten und Perspektiven zusammenzubringen und auf diese Weise etwas zu schaffen, das weit über die Fähigkeiten der Einzelnen hinausgeht. Eine Kooperation von lauter Gleichgesinnten funktioniert zwar in der Regel problemlos, führt aber auch zu wenig überraschenden Ergebnissen. Doch wenn gegensätzliche Charaktere aufeinanderprallen und ihre Kenntnisse vereinen – statt darüber zu streiten, wer recht habe oder besser sei –, kann Außergewöhnliches entstehen.

Das klingt leichter, als es ist. Für gewöhnlich empfinden wir alle abweichende Meinungen und Präferenzen schnell als Angriff auf die eigene Meinung/Präferenz, so dass jede Verschiedenheit das Potenzial für Dissens und Streit beinhaltet. Die Kluft zwischen »Feuer- und Wasserwesen« tut sich jedenfalls nicht nur im Kinderbuch auf, sondern in unser aller Alltag.

Naheliegendstes Beispiel ist die biologische Verschiedenartigkeit der Geschlechter, die einerseits eine Quelle unendlicher Konflikte und Differenzen ist – von #MeToo bis hin zu den Verästelungen der Gender-Debatte; zugleich ist andererseits aber gerade die biologische Polarität die Voraussetzung für die Entstehung neuen Lebens (was Eltern oft als ähnlich sagenhaft empfinden wie die Herstellung von Ewigkeitskristall). Oder nehmen wir die Politik, die von den Differenzen verschiedener Parteien und Positionen geradezu lebt; zugleich muss sie die Kunst beherrschen, diese Unterschiede zu überwinden und

Kompromisse zu finden. Gelingt dies nicht mehr – wie etwa in den USA, wo sich Republikaner und Demokraten heute ähnlich feindselig gegenüberstehen wie Feuer- und Wasserwesen –, wird eine konstruktive Politik unmöglich.

Auch wissenschaftliche Durchbrüche, neue Kunststile oder kreative Innovationen entstehen häufig aus dem Zusammentreffen unterschiedlicher Fähigkeiten und Charaktere und dem Vermögen, aus den Differenzen Funken zu schlagen. Ein Beispiel ist die Entwicklung der revolutionären Quantenphysik am Anfang des 20. Jahrhunderts, die von unterschiedlichen Charakteren mit sehr ungleichen Ansichten geschaffen wurde. Jahrelang stritten die Physiker darüber, ob atomare Objekte eher als feste Partikel oder als formlose Wellen zu verstehen seien; irgendwann setzte sich die Erkenntnis durch, dass die Antwort nicht im »Entweder-oder« zu finden war, sondern im »Sowohl-als-auch«: Die Bausteine der Materie verhalten sich je nach Versuchsanordnung mal als fassbare Teilchen und mal als unfassbare Wellen – ein Paradoxon, an dem selbst Einstein irre wurde und das heute doch durch unzählige Messungen und Experimente eindeutig belegt ist.[2]

Ein ganz anders gelagertes Beispiel ist das Netzwerk der Widerständler gegen die Nazis, die während des Zweiten Weltkriegs unter Lebensgefahr Juden versteckten. Dabei wurden die Helfer von ganz divergierenden Motiven geleitet, wie der Historiker Marten Düring[3] feststellte: Manche handelten aus Pflichtgefühl, andere aus Menschlichkeit, wieder andere folgten politischen Idealen oder wollten schlicht Geld verdienen. Doch als zentral für ihren Erfolg erwies sich die Tatsache, dass sie mit anderen zusammenarbeiteten, die abweichende Fähigkeiten hatten. So bildeten in Berlin Kirchenmitglieder mit Kommunisten und Kleinkriminellen ein Helfernetzwerk, in dem sowohl Gelder gesammelt und Reisen organisiert als auch Pässe gefälscht wurden. Die Kirchenmitglieder hatten oft Geld, aber Skrupel, Gesetze zu übertreten; die Kleinkriminellen wiederum wussten, wie man außerhalb gesellschaftlicher Normen agiert. So machte damals die Kooperation von Angepassten und Unangepassten, von Geschäftemachern und Idealisten Dinge möglich, an denen jeder allein gescheitert wäre.*

Michael Ende hätte das vermutlich als perfekte Umsetzung seiner Feuer- und Wasserwesen-Theorie angesehen: Nur weil Gauner mit Geistlichen gemeinsame Sache machten, konnten Menschen gerettet werden.

Im Zeitalter der Krisen und Katastrophen

Solche ungewöhnlichen Kooperationen zwischen gegensätzlichen Akteuren gelingen oft nur unter besonderen Umständen. Im Fall der Berliner Helfernetzwerke war es das unmenschliche Nazi-Regime, das Kirchgänger und Kriminelle zu Verbündeten machte. Der Angriff Wladimir Putins auf die Ukraine wiederum führte dazu, dass die – vorher keinesfalls einigen – Europäer sich plötzlich eng zusammenschlossen. Es klingt wie eine Binsenweisheit, aber äußerer Druck oder eine alle betreffende Katastrophe birgt eben immer auch die Chance, Differenzen zu überwinden und eine Grundlage für Gemeinsamkeiten zu finden.

So gesehen herrschen derzeit weltweit beste Voraussetzungen für die Entwicklung eines mehr gemeinschaftlich orientierten

* Dieses Prinzip gilt natürlich nicht nur im positiven Sinne: Die Kooperation von Kirchenmitgliedern und Kriminellen kann auch recht unschöne Ergebnisse zeitigen, wie etwa die Skandale in der katholischen Kirche belegen.

Denkens: Denn kaum jemals in den vergangenen Jahren schienen die Krisen und Katastrophen größer: (Atom-)Kriegsgefahr, Pandemien, Klimawandel, Umweltprobleme, Flüchtlingselend, Artensterben … Die Liste der planetaren Herausforderungen lässt sich fast unendlich fortsetzen (und vielleicht sind bis zum Erscheinen dieses Buches schon wieder einige neue hinzugekommen).

Denn wir werden derzeit Zeugen gleich mehrerer großer weltgeschichtlicher Transformationen, die miteinander verbunden sind und wie tektonische Platten langsam, aber unaufhaltsam die Koordinaten unserer gewohnten Selbstverständlichkeiten verschieben. Wir erleben, wie sich die weltpolitische Balance verändert und mit dem Aufstieg Chinas eine fast fünfhundert Jahre währende Vorherrschaft des Westens zu Ende geht; wie die digitale Revolution bisherige Arbeits-, Kommunikations- und Denkweisen zertrümmert und neue hervorbringt; wie die ökologische Herausforderung eine andere Art des Wirtschaftens erfordert; und zugleich erleben wir (zumindest im Westen) eine demografische Transformation, die uns alle immer älter werden lässt und eine neue Form der Lebensplanung verlangt als jene, die bisher als Normalität galt.

Nun stand noch fast jede Generation vor der Aufgabe, bisher nicht da gewesene Herausforderungen bewältigen zu müssen. Und oft brauchte es dafür neue Denkweisen, neue Erfindungen oder Techniken, die man sich zuvor kaum vorzustellen vermochte. Neu an der gegenwärtigen historischen Situation ist allerdings die Tatsache, dass die aktuellen Probleme alle eine besondere Art von Gemeinsinn erfordern: Die demografische Transformation erfordert eine neue Verständigung zwischen Jung und Alt, die ökologische Herausforderung bringt Umweltschützer und Unternehmer einander näher (und mit Robert Habeck erstmals einen Grünen als Bundeswirtschaftsminister ins Amt), die Digitalisierung wird zur Gemeinschaftsaufgabe von Gesellschaft und Politik, quer über alle Lager hinweg, und als wäre das alles nicht genug, braucht es auch noch die Fähigkeit zur globalen Zusammenarbeit, um die Herausforderungen von Klimawandel, Artensterben oder möglichen neuen Seuchen zu bewältigen.

All das erfordert einen geschärften Sinn für unsere gegenseitige Abhängigkeit und Verbundenheit, eine neue Form von Gemein-Sinn, die in der bisherigen Menschheitsgeschichte ein Novum darstellt. Denn die Fähigkeit zur Kooperation und zum Zusammenhalt war in der Vergangenheit hauptsächlich auf die eigene Gruppe, Stammesgemeinschaft, Region, Stadt oder Nation beschränkt. Schon der Zusammenschluss der europäischen Staaten – die sich jahrhundertelang erbittert bekämpft hatten – war in dieser Hinsicht ein enormer Schritt in der Evolution des Gemeinsinns; doch nun geht es um die Entwicklung einer planetaren Zusammenarbeit selbst zwischen Staaten, die sich mehr als Konkurrenten denn als Verbündete sehen.

Die gute Nachricht: Zumindest die Grundvoraussetzungen dafür bringt die Menschheit mit. Schließlich hat erst die Fähigkeit zur Kooperation einst den evolutionären Siegeszug der Spezies Homo sapiens ermöglicht. Nur weil unsere Vorfahren in der Lage waren, gemeinschaftlich zu denken und sich in andere Menschen hineinzuversetzen, konnten sie gemeinsame Jagd-Strategien, Sprachen, moralische Grundsätze und Kulturen entwickeln, die sich immer weiter verfeinerten, bis sie entsprechende Institutionen hervorbrachten und uns heute in das Zeitalter der Globalisierung geführt haben, in dem acht Milliarden Menschen die Bewohnbarkeit der Erde sicherstellen müssen.

Vielleicht lässt sich die Corona-Pandemie in dieser Hinsicht als eine Art Weckruf an die Menschheit begreifen: »Hört auf, nur euer individuelles oder nationales Wohl im Blick zu haben«, schien sie uns mitteilen zu wollen; »fangt an, größer zu denken und jenes globale Bewusstsein zu entwickeln, das die Menschheit künftig fürs Überleben braucht«. Denn die Pandemie hat gnadenlos die Defizite in puncto Gemeinsinn aufgezeigt; von einem gemeinsamen globalen Vorgehen war wenig zu sehen, was die Entwicklung immer neuer gefährlicher Virus-Varianten begünstigte. Und besonders schwer getan mit der Bekämpfung der Pandemie haben sich ausgerechnet die Industrieländer, in denen Freiheit groß- und gemeinsame Verantwortung eher kleingeschrieben wird.

Dass etwa die Zahl der Covid-Toten in westlichen Ländern wie den USA deutlich höher lag als in ostasiatischen Nationen, wurde von deren Einwohnern genau registriert. Manche, wie der ehemalige Botschafter Singapurs, Kishore Mahbubani, machten keinen Hehl aus ihrer Ansicht, dass der individualistische Westen den Systemvergleich mit den asiatischen Staaten verloren habe. »Daten lügen nicht«, schrieb Mahbubani im Herbst 2021.[4] »Der Unterschied in der Zahl der Covid-Toten pro eine Million Einwohner zwischen westlichen und ostasiatischen Gesellschaften ist gravierend.« Zudem hätten die westlichen Staats- und Regierungschefs die wichtigste Lektion von Covid-19 nicht verstanden: »Die Menschheit lebt in einem Boot.« In der Vergangenheit habe sich die Welt in 193 Boote (Länder) aufgeteilt, »heute aber leben 7,8 Milliarden Menschen verteilt auf 193 Kabinen auf ein und demselben Boot, was auch erklärt, warum sich das Virus so schnell verbreiten konnte.

Fängt eine der Kabinen Feuer, wäre es das Klügste, alle Passagiere zuerst dazu zu bringen, zusammen das Feuer zu löschen. Das Dümmste wäre, einen Streit darüber anzufangen, wer das Feuer gelegt hat. Genau das machte die Trump-Administration. …« Auch die europäischen Verbündeten hätten sich nicht konsequent verhalten. 50 Milliarden Dollar hätten gereicht, das Virus zu beseitigen, wenn der Westen und China zusammengefunden hätten. Doch diese Lektion sei nicht verstanden worden. »Der Westen hat nicht rational und vernünftig gehandelt«, schrieb Mahbubani. »Er hat versagt.«

Andere urteilten ähnlich, und im Westen fragten sich manche selbstzweifelnd, ob angesichts der Pandemie ein strikteres Vorgehen wie in Korea oder China – wo auf individuelle Freiheiten wenig oder gar nicht Rücksicht genommen wurde – nicht seine Vorteile gehabt hätte. Doch bei aller Sehnsucht nach einem starken Staat: für europäisch oder westlich geprägte Bürgerinnen und Bürger ist das asiatische Modell der strengen Kollektiv-Gemeinschaft kein Vorbild. Niemand wünscht sich hierzulande eine ähnliche staatliche Überwachung, die alles Unliebsame zensiert und das Verhalten der Bürger bis in die privatesten Regungen hinein kontrolliert.

Abgesehen davon erweisen sich die strengen Zwangs-Kollektive nur vordergründig als erfolgreich. Geistige Stromlinienförmigkeit verhindert eher Effektivität, statt sie zu fördern. Und auch in asiatischen Gesellschaften offenbaren die Kollektiv-Modelle teils erhebliche Schattenseiten. Nicht nur, dass die extrem strengen Corona-Maßnahmen selbst in China zu zunehmenden Protesten führten.[5] Zudem geht der Gemeinsinn in vielen asiatischen Ländern meist zulasten der Frauen, die traditionell alles zusammenhalten – sich neuerdings aber dieser Rolle zunehmend verweigern.

Ein drastisches Beispiel ist Südkorea, wo die Geburtenrate seit Jahren dramatisch sinkt.[6] 2018 lag die Fertilitätsrate erstmals bei weniger als einem Kind pro Frau, 2020 bereits bei 0,84.[7] Dabei müsste die Rate mindestens bei 2,1 liegen, um zu verhindern, dass die Bevölkerung schrumpft. Grund für den Rückgang ist die Weigerung vieler junger Frauen, sich in das klassische koreanische Mütterschema – Kinder, Küche, Haushalt – pressen zu lassen. Wie es eine junge Lehrerin ausdrückt: »Kinder zu bekommen, heißt, seine Träume aufzugeben«.[8] Es gibt sogar schon eine wachsende Bewegung von Koreanerinnen, die sich »4b« nennt: die viermal Nein sagt – zu Sex, Beziehungen, Ehe und Kindern.

Solche Beispiele zeigen, dass fernöstliche Romantik wenig hilft bei der Suche nach einer modernen Form von Gemeinsinn, die im Westen zukunftsfähig ist. Jedes Land hat seine eigene Geschichte und Tradition, die es zu berücksichtigen gilt. Für die westlichen Industrieländer führt das zu der Herausforderung, den Gemeinsinn zu stärken, ohne Werte wie individuelle Freiheit, Autonomie und Verantwortung – das, was Karl Popper die offene Gesellschaft genannt hat[9] – über Bord zu werfen.

Insbesondere die Wertschätzung der individuellen Freiheit ist eine der wichtigsten kulturellen Errungenschaften der westlich-europäischen Kultur, vielleicht sogar die wichtigste Idee, die der Westen in den vergangenen 500 Jahren zur Moderne beigetragen hat. Diese Errungenschaft zieht sich durch alle Bereiche des Lebens, von der Kunstgeschichte – nachzuverfolgen von den ersten Bürgerporträts bis zur Kultur der Selfies – über die Entwicklung demokratischer Strukturen und juristischer Grundsätze wie etwa der Erklärung der Allgemeinen Menschenrechte.

Dieses Erbe aufzugeben, käme einer Art kulturellem Selbstmord gleich.

Es geht also nicht um einen totalen Persönlichkeitswandel westlich geprägter Individuen, sondern um eine neue Balance zwischen Gemein- und Eigensinn: Es gilt, die gegenseitige Verbundenheit zu stärken, ohne die Individualität aufzugeben; eine Form von gemeinschaftlichem Bewusstsein zu entwickeln, die nicht auf Gleichmacherei beruht, sondern auf der Wertschätzung all unserer Differenzen, von unterschiedlichen Ansichten und Meinungen bis hin zu diversen sexuellen Orientierungen und Identitäten.

Eine solch aufgeklärte Art von Gemeinsinn ist nicht nur denkbar, sondern wird auf diese Weise erst richtig fruchtbar. Denn wie in der Parabel vom Kristall der Ewigkeit sind unterschiedliche Positionen kein Hindernis für ein gemeinsinniges Arbeiten, sondern deren kreativer Motor. Auch moderne demokratische Gesellschaften leben vom Dissens und Streit – wenn er konstruktiv ausgetragen wird. Wem das zu anstrengend erscheint und wer sich als Einzelwesen sieht, das nichts und niemanden braucht, sollte sich klarmachen, dass auch die Idee eines freien Individuums zwingend auf eine stabile Gemeinschaft und demokratische Strukturen angewiesen ist. Denn Individualität kann nur in einem Rahmen gedeihen, in dem die Rechte der Einzelnen durch entsprechende Institutionen geschützt werden – zerbröckeln diese, gilt irgendwann nur noch das Recht des Stärkeren. Und dann ist es schnell vorbei mit Meinungs-, Gewissens- oder Glaubensfreiheit. So gesehen lebt das Individuum vom Gemeinsinn ebenso wie die Gemeinschaft von Eigensinn ihrer Mitglieder lebt.

Das vergiftete Erbe der Nazis

Um zu einem solch modernen Verständnis von Gemeinsinn zu kommen, muss man ihn zunächst von seinen Altlasten befreien und diverse Missverständnisse zur Seite räumen, die sich um diesen alten Begriff ranken. Denn der *Sensus communis* lässt sich mit vielfältigen (und zum Teil widersprüchlichen) Bedeutungen füllen – vom *common sense*, dem gesunden Menschenverstand, bis hin zum »gesunden Volksempfinden«, das die Nationalsozialisten gern beschworen, um Andersdenkende zu drangsalieren.

Gerade in Deutschland ist der Begriff des Gemeinsinns daher schwer belastet. Allergisch reagierten darauf vor allem jene, die selbst unter den Verfolgungen der Nazis gelitten hatten – wie etwa der jüdische Politikwissenschaftler Albert Hirschmann (1915–2012), der während des Zweiten Weltkrieges in Europa in verschiedenen Widerstandsgruppen kämpfte und später am Institute for Advanced Study in Princeton lehrte. Der »Schwärmerei« für Gemeinsinn stand Hirschmann zeitlebens kritisch gegenüber und befand: »Die jüngere deutsche Geschichte ist in dieser Hinsicht eine eindringliche Warnung.« Schließlich sei auch in der Weimarer Republik oft Klage über den Mangel an bestimmten sozialen Eigenschaften geführt worden. »Vermisst wurden ein Sinn von Mission, ein Gefühl von Zusammengehörigkeit und Wärme – kurz: Gemeinsinn«, sagte Hirschmann 1993 in einem Vortrag in Dresden und erinnerte daran, dass die Nazibewegung ihren Aufstieg nicht zuletzt dem Versprechen verdankte, »all diese angeblichen ›Bedürfnisse‹ in Hülle und Fülle durch die Schaffung einer neu gefestigten ›Volksgemeinschaft‹ zu befriedigen«. Die nachfolgende Katastrophe, befand Hirschmann, habe »die Begriffe Gemeinschaft und Gemeinsinn konsequent und langfristig in Verruf gebracht, zumindest in der Bundesrepublik.«[10]

Die Forderung nach mehr Gemeinsinn sahen Forscher wie Hirschmann daher geradezu als Gefahr für die junge deutsche Demokratie; diese lebe davon, dass Individuen ihre unterschiedlichen Interessen frei formulieren und durch Argumente auszuhandeln vermögen – so wie es der einstige Bundeskanzler Helmut Schmidt einmal formulierte: »Eine Demokratie, in der nicht gestritten wird, ist keine.«

Das Lob des Streits steht allerdings nur dann im Gegensatz zum Gemeinsinn, wenn man diesen als konformistische Gleichmacherei versteht oder als Zwang zur Unterordnung unter einen (von oben verordneten) Mainstream. Anders ist es, wenn mit dem Begriff des Gemeinsinns auch das Bewusstsein einhergeht, dass eine offene Gesellschaft sich über gewisse Grundwerte einig sein muss, um all ihren Mitgliedern die individuelle Freiheit zu garantieren. Und diese Werte müssen nicht nur im Grundgesetz niedergeschrieben, sondern von der Mehrheit gelebt und respektiert werden. Diese Art von Gemeinsinn hatte jedenfalls der Verfassungsrichter Ernst-Wolfgang Böckenförde im Sinn, als er seinen berühmten Satz formulierte, »der freiheitliche säkularisierte Staat lebt von Voraussetzungen, die er selbst nicht garantieren kann«. So brauche die freiheitliche Grundordnung »ein verbindendes Ethos, eine Art ›Gemeinsinn‹ bei denen, die in diesem Staat leben«. Und dieses »Ethos, das vom Staat weder erzwungen noch hoheitlich durchgesetzt werden kann« speise sich vor allem »von der gelebten Kultur«.[11]

Der erodierende Grundkonsens

Wie schnell diese »gelebte Kultur« erodieren kann, hat sich in den Vereinigten Staaten unter der Präsidentschaft von Donald Trump gezeigt. Offensichtliche Fakten negierte er, missliebigen Medien warf er »Fake News« vor (obwohl er diese häufig selbst verbreitete), er ignorierte die Grundregeln des menschlichen Anstandes und erhob die Lüge zum offiziellen Mittel seiner Politik – alles Dinge, die sich kein Politiker zuvor in diesem Maß erlaubt hatte. Wer so offenkundig gegen demokratische Grundwerte verstieß, hätte früher mit landesweiter Ächtung rechnen müssen. Doch unter Trump war dieser Grundkonsens bereits so ausgehöhlt, dass ein großer Teil der Amerikaner über seine Tabubrüche einfach hinwegsah; der amerikanische Gemeinsinn war brüchig geworden, anstelle des Zugehörigkeitsgefühls zu einer gemeinsamen Nation war eine Polarisierung in »die« und »wir« getreten. Am Ende galt nicht einmal mehr die gemeinschaftliche Vereinbarung, ein demokratisches Wahlergebnis zu akzeptieren – stattdessen schwadronierte Trump von »Wahlbetrug« und trieb seine Fans zum Sturm auf das Kapitol.

Dass so etwas in einer der ältesten Demokratien der Welt passieren würde, die sich gern selbst als »Hort und Schützerin der Demokratie« sieht, hätten wohl selbst Skeptiker wie Albert Hirschmann nicht für möglich gehalten. Es zeigt, dass die vielbeschworenen *checks and balances* und all die ehrwürdigen Institutionen des amerikanischen Systems die Demokratie nicht schützen, wenn die gemeinsame Basis bröckelt, wenn der demokratische Zusammenhalt schwindet und die »gelebte Kultur« eher den Hass auf andere schürt, als deren Verständnis zu fördern. Unter diesen Bedingungen hätte vermutlich auch Hirschmann dringend dafür plädiert, jene Form von gemeinschaftlicher Verständigung zu fördern, die überhaupt erst die Grundlage eines demokratischen Zusammenlebens bildet.

Wer übrigens meinte, dies sei lediglich ein amerikanisches Problem, wurde am 29. August 2020 in Deutschland eines Besseren belehrt: damals versuchten »Querdenker« und Rechtsextremisten im Rahmen einer Corona-Demonstration den Berliner Reichstag zu stürmen und gelangten immerhin bis zu dessen Eingang. Nur mit Mühe konnten die Polizisten sie zurückdrängen. Wie weit verbreitet hierzulande die Zweifel am demokratischen System sind, belegte im Frühjahr 2022 auch eine Umfrage des Allensbach Institutes: Der Aussage *»Wir leben nur scheinbar in einer Demokratie. Tatsächlich haben die Bürger nichts zu sagen«* stimmten 31 Prozent der Befragten zu.[12]

Das zeigt, wie marode auch in Deutschland das Fundament des gemeinsamen Konsenses geworden ist. Und viele, die öffentlich das Wort ergreifen – Politikerinnen, Wissenschaftler oder Journalistinnen –, müssen heute damit rechnen, mit Hassmails, Anfeindungen oder gar Morddrohungen überschüttet zu werden.

»Wenn in Zukunft die Verfehlungen der *Coronakrise* aufgearbeitet werden, dann werden Sie der erste Medienvertreter sein, der sich (…) vor Gericht verantworten muss.«

»Aufgrund dieser und weiterer Ihrer Veröffentlichungen werden wir für Sie zu angemessener Zeit die Todesstrafe in einem demokratischen Verfahren bei einem ordentlichen Gericht beantragen …«

Solche Zuschriften erhielt etwa der SPIEGEL-Kolumnist Christian Stöcker, nachdem er sich in einem Text kritisch mit den Behauptungen von Impfgegnern auseinandergesetzt hatte.[13] »Viele derer, die da schreiben, scheinen wirklich zu glauben, dass demnächst eine politische Situation in diesem Land entstehen könnte, in der Leute wie ich hingerichtet werden«, wundert sich Stöcker. »In den Telegram- oder Facebook-Gruppen, in denen meine Mailadresse wohl herumgereicht wurde, existiert also nicht nur in Bezug auf Covid-19 und Impfungen eine mit den Fakten nicht übereinstimmende Parallelrealität. Sondern auch in Bezug auf die Gesellschaft als Ganzes.«

Eine Verständigung zwischen diesen Parallelwelten scheint zunehmend schwieriger. Denn was die einen als valide Argumente und Gründe anerkennen – zum Beispiel die Aussagen von etablierten Institutionen, Wissenschaftlerinnen oder Expertengremien –, sehen die anderen als staatlich verordnete Fake News. Ein modernes Verständnis von Gemeinsinn muss daher zwangsläufig auch die Frage einschließen, wie man Parallelrealitäten verhindert und den Boden für eine gemeinsam erlebte Wirklichkeit bereitet. Praktisch formuliert: Wie sorgt man für eine gemeinsame Informationsbasis, woran erkennt man vertrauenswürdige Expertise und anhand welcher Merkmale lassen sich verlässliche Erkenntnisse von wilden Gerüchten unterscheiden? Das sind Fragen, die alle möglichen Bereiche berühren, vom Schulunterricht bis zur Medienpolitik, und die deshalb ausführlich in Kapitel 8 diskutiert werden.

Wie man einen Begriff entstaubt

All das macht deutlich, dass zu einem tragfähigen Gemeinsinn stets die Fähigkeit gehört, Kritik auszuhalten und Differenzen auszutragen. Damit unterscheidet er sich diametral von der Vorstellung eines »homogenen Volksempfindens«, das die Nazis propagierten und in dem jede Abweichung verpönt war.

»Es gilt, den Begriff des Gemeinsinns zu entstauben und mit neuer Bedeutung zu füllen«, sagt die Literaturwissenschaftlerin Aleida Assmann, die mit ihrem Mann Jan Assmann an der Universität Konstanz eine eigene Projektgruppe zum Thema Gemeinsinn ins Leben gerufen hat.[14] Wichtig sei es, »über das hinauszugehen, was man automatisch als verbindend und gemeinsam ansetzen kann«. Zum Beispiel reiche es nicht, den Gemeinsinn nur an einer gemeinsamen Herkunft festzumachen – wonach Franzosen nur mit Franzosen solidarisch wären, Deutsche nur mit Deutschen –, sondern das Gemeinsame jenseits solcher Grenzen zu entdecken.

Deshalb unterscheidet Assmann den Gemeinsinn auch deutlich vom – derzeit so populären – Begriff des Zusammenhalts. Der wird neuerdings von Politikern ebenso gern beschworen wie von Unternehmen (dort in Form des modern klingenden »Team-Spirits«). Dabei geht es meist darum, die eigene Gruppe (Firma, Nation) gegen fremde Gruppen (Firmen, Nationen) zusammenzuschweißen. »Wir gegen die«, heißt es dann, wir müssen stärker, einiger, wettbewerbsfähiger als die Konkurrenz sein. Das Lob des Zusammenhalts lässt sich dabei nahtlos mit dem Abbau bisheriger Selbstverständlichkeiten verbinden: Indem die Politik etwa mehr ehrenamtliches Engagement für die Gemeinschaft einfordert, kann sie zugleich Stellen und Kosten im sozialen Bereich einsparen; und wenn eine Firma an den gemeinsamen Team-Spirit oder an die »Community« der Kunden appelliert, verbergen sich dahinter gern unangenehme Forderungen: zum Beispiel nach unbezahlter Mehrarbeit der Angestellten oder zum ungehinderten Zugriff auf die Kundendaten. Diesen Versuch, knallharte ökonomische Interessen als heimeliges Gruppengefühl zu verpacken, kritisieren die Soziologinnen Silke van Dyk und Tine Haubner zu Recht als »Community-Kapitalismus«.[15]

Man muss also genau hinschauen, welche Interessen im Spiel sind, wenn Begriffe wie Zusammenhalt oder Gemeinwohl benutzt werden. Denn wie jede positive Eigenschaft lässt sich auch die Tendenz zur Kooperation missbrauchen oder geradezu ins Gegenteil verdrehen. Auch fremdenfeindliche Gruppierungen und Parteien wie die AfD bringen den Begriff des Zusammenhalts gerne gegen Andersdenkende in Stellung. Echter Gemeinsinn dagegen beginnt dort, wo man über die eigene Gruppe hinausdenkt und das Wohl eines größeren Ganzen in den Blick nimmt.

Anders als beim Zusammenhalt, bei dem etwas »von oben und außen zusammengehalten werden muss, weil es aus den Fugen gerät«, komme beim Gemeinsinn die Bewegung »von innen, nicht von außen, sie muss von den Menschen selbst hergestellt und aufgebaut werden«, präzisiert Aleida Assmann. Deshalb bedeute Gemeinsinn auch »nicht das Gegenteil von Individualismus, sondern von Egoismus«.[16]

Bei aller Begriffsschärfung ist allerdings auch klar, dass »Gemeinsinn« nicht etwas Festes, Unverrückbares ist, sondern zu tun hat mit der Suche nach dem, was Menschen jeweils in einer bestimmten Situation verbindet. »Beim Gemeinsinn geht es nicht um eine Abstraktion, es geht nicht um einen Sinn, den man hat oder nicht hat, sondern es geht um ein Projekt, es geht ums Tun«, sagt Assmann.[17] Nach Abschluss eines solchen Projekts könne sich der Gemeinsinn wieder auflösen oder neue Formen finden. Damit sei der Gemeinsinn ein »offener Begriff« und eher eine »Klammer für viele menschliche Regungen, die in diese Richtung gehen«.

Wie das gehen kann, hat übrigens schon Michael Ende in *Jim Knopf und die Wilde 13* beschrieben: Über weite Strecken erscheint darin die Piratenbande der »Wilden 13« als Gegensatz und Bedrohung der heilen Lummerland-Welt, in der der Titelheld mit Lukas dem Lokomotivführer und anderen braven Bürgern lebt. Dabei halten sowohl die Lummerländer als auch die Piraten untereinander eng zusammen, ihre jeweilige Solidarität wird nicht zuletzt durch das Feindbild der anderen gestärkt. Doch am Ende dreht sich die Geschichte auf märchenhafte Art, aus erbittertem Kampf wird Versöhnung, Jim Knopf wird zum Piratenhauptmann ernannt, und es stellt sich heraus, dass ausgerechnet seine bisherigen Feinde als Einzige in der Lage sind, ihm zu seinem wahren Glück zu verhelfen.

Viel schöner lässt sich die Evolution eines zunächst begrenzten Zusammenhalts hin zu einem großen und umfassenden Gemeinsinn kaum illustrieren. Auch wenn es »nur« ein Kinderbuch ist, kann man von Michael Ende lernen, dass es sich lohnt, die Brücken niemals ganz abzubrechen und nach verbindenden Interessen Ausschau zu halten. Und ganz zum Schluss entsteht sogar, nach Tausenden von Jahren, endlich wieder das »Kristall der Ewigkeit«.

WIE MAN EMOTIONALE KONFLIKTE LÖST

Ein Gespräch mit dem Schweizer Konfliktberater Daniel Remigius Auf der Mauer

Auseinandersetzungen sind unvermeidlich, wenn echter Gemeinsinn entstehen soll. Denn gutes Zusammenleben zeichnet sich nicht dadurch aus, dass es stets konfliktfrei wäre, sondern dass wir in der Lage sind, mit Konflikten gut umzugehen. Diese Kunst aber beherrschen nur wenige. Zum Glück gibt es geschulte »Konfliktmediatoren« wie Daniel Remigius Auf der Mauer, der international Menschen, Paare oder Gruppen berät und in Konfliktlösung ausbildet.[18] Seine Sicht auf den Umgang mit Differenzen ist anders als das, was man üblicherweise hört – und gerade deshalb für den Gemeinsinn extrem relevant.

Herr Auf der Mauer, wir lieben Harmonie und hassen Konflikte. Kommt es doch einmal zum Streit, wollen wir diesen möglichst schnell aus der Welt schaffen. Doch häufig klappt das nicht. Warum?

Daniel Remigius Auf der Mauer: Weil uns meist nicht klar ist, was in uns abläuft. Wir vergessen gerne, dass wir biologische Wesen sind und unser ganzes Erleben im Nervensystem stattfindet. Deshalb ist bei Konflikten die Neurobiologie ausschlaggebend.

Was erklärt uns die Neurobiologie des Konflikts?

Eine entscheidende Rolle spielen die Emotionen: Sie sind Antwortmuster, die von der Evolution in Jahrmillionen optimiert wurden. Sie zeigen dem Organismus, dass irgendein Ereignis sehr wichtig ist. Zugleich strukturieren die Emotionen unser ganzes Verhalten von der Ebene der Zellen bis zum sozialen Ausdruck, etwa im Weinen oder Schreien, was der Umgebung signalisiert: Hier geht es um etwas Wichtiges. Dabei läuft das ganz automatisch ab, wir können das also nur begrenzt steuern.

Aber im Alltag kann ich meine Emotionen doch einigermaßen kontrollieren.

Im Normalfall geht das. Aber in Konfliktsituationen geht das nicht mehr. Dann ist die emotionale Aktivierung größer, als es das Nervensystem verdauen oder »metabolisieren«, also umwandeln kann. Und dann ergreift der Organismus bestimmte Notfallmaßnahmen: Zum einen schalten einige evolutionär moderne Hirnregionen ab. Das ist, wie wenn sie zu Hause zu viele Elektrogeräte gleichzeitig an das Stromnetz anschließen: dann fliegt die Sicherung raus. So etwas Ähnliches passiert auch im Gehirn. Wird die neuronale Schnittstelle überladen, gehen die Hirnregionen für rationales Denken oder Empathie sozusagen offline.

Da hilft es dann wenig zu sagen: »Nun bleib doch mal sachlich«?

Genau. Wer emotional überladen ist, kann gar nicht sachlich denken – nicht, weil der- oder diejenige grundsätzlich unfähig dazu wäre, sondern weil die entsprechenden Hirnareale offline sind. Ratschläge wie »Bleib doch sachlich!« oder »Tu mal dies oder jenes!« sorgen in solchen Situationen sogar noch für zusätzlichen emotionalen Druck. Hinzu kommt, dass im Notfallmodus die Selbstwahrnehmung unterdrückt wird, der- oder diejenige kann sich also selbst nicht mehr gut spüren. Und die emotionale Intensität wird gerne nach außen verlagert, um sie abzubauen – das nennt sich Projektion. Dann heißt es: Das ist alles DEINE Schuld!

Ein Konflikt ist demnach der Versuch, eine emotionale Überlast irgendwie zu bewältigen?

Ja. Das Problem ist in der Regel, dass bei einem Konflikt die emotionale Wucht so groß ist, dass sich nun das Gegenüber angegriffen und emotional überwältigt fühlt. Und wenn sich zwei emotional überforderte Parteien gegenüberstehen, läuft nichts mehr. Dann ist Verständigung nicht mehr möglich.

Wie kann man besser mit solchen Situationen umgehen?

Das Erste wäre, zu merken, wann etwas nicht mehr geht. Wenn auf beiden Seiten zu viel emotionale Aktivierung da ist, kann man sagen: Wir brauchen eine Pause. Oder: Wir schaffen das nicht zu zweit und holen uns Hilfe von außen. Das gilt für den Notfall.

Und wenn ich den Konflikt ohne Hilfe von außen lösen will?
Entscheidend ist, auf die Emotionen des anderen nicht selbst mit emotionaler Überforderung zu reagieren, sondern die eigenen Emotionen verarbeiten zu können. Ich vergleiche das gerne mit dem Kochen von Nudeln, wenn das Wasser überkocht. Man kann dann versuchen, den Deckel fest auf den Topf zu drücken, damit das Wasser nicht übersprudelt. Aber dadurch steigt der Druck ja noch mehr. Deshalb müssen wir lernen, die Hitze zu reduzieren.

Klingt gut, aber wie kann man das lernen?
Das braucht Übung. Man braucht einen guten Zugang zu den eigenen Emotionen und muss lernen, sich selbst auch in schwierigeren Situationen spüren zu können, ohne dass es im Gehirn zu einem Kurzschluss kommt. Das kann man zum Beispiel in der Meditation üben.

Was kann jemand tun, der nicht jahrelang meditiert hat?
Es gibt auch hilfreiche Techniken, die man im Gespräch einsetzen kann. Etwa der »Loop of Understanding«, der Kreislauf des Verstehens: Immer wieder zurückzufragen und zu wiederholen, was der andere gesagt hat. Das mache ich auch als Konfliktberater …

Wenn ich jetzt zu Ihnen käme und von einem Streit mit meiner Frau berichten würde …
Dann würde ich nach kurzer Zeit einhaken und sagen: Okay, ich habe gehört, dass Sie eine Frau haben. Ja genau, sagen Sie, ich habe eine Frau, das stimmt – und gestern hat sie das und jenes gemacht. Dann sage ich: Moment, bei mir kommt an, dass sie gestern eine schwierige Situation hatten. Ja, antworten Sie, das stimmt, das war für mich schwer … Dabei geht es nicht darum, den genauen Hergang der Sache zu verstehen. Es geht vielmehr darum, das emotionale Erleben des anderen in sich abzubilden. Wenn das der andere merkt, hat das eine extrem beruhigende Wirkung. Denn er fühlt sich verstanden und nicht mehr allein.

Der Konflikt ist dadurch ja aber noch nicht gelöst?
Nein, aber die Atmosphäre verändert sich und der emotionale Druck sinkt. Und plötzlich gehen die Schultern runter, die Anspannung nimmt ab, der Blick

wird wieder klar. Und das wirklich Verblüffende ist: Ist der emotionale Druck erst einmal weg, entstehen oft ganz von selbst Lösungen. Denn eigentlich sind Menschen enorm lösungsfähig. Nur verschwindet diese Fähigkeit, wenn die emotionale Überwältigung zu groß wird. Statt auf Lösungen fixiert zu sein, ist es daher hilfreicher, dem Gegenüber zu helfen, seine Emotionen zu verarbeiten. Dann kommen die Menschen von selbst auf Ideen.

Sie schlagen als Konfliktmediator also gar keine Lösungen vor?
Nein. Ich helfe meinen Klienten nur, die emotionale Intensität zu regulieren. Gelingt das, sind die Menschen von selbst lösungsfähig.

Klingt verblüffend einfach.
Das geht aber nur, wenn ich als Konfliktberater gelernt habe, mich selbst so gut wahrzunehmen, dass ich ruhig bleiben und atmen kann. Das ist wie im Flugzeug, wenn plötzlich der Luftdruck abnimmt und die Sauerstoff-Masken runterfallen: zuerst muss ich die eigene Maske anziehen, bevor ich anderen helfen kann. Deshalb üben wir in unseren Trainings auch die eigene körperliche Wahrnehmung. Etwa zu merken: Aha, wenn das Gegenüber so aggressiv ist, bin ich total angespannt. Wenn ich dann entspannen kann, beginnt oft auch der andere zu entspannen.

Die Entspannung überträgt sich von einer Person zur anderen?
Ja, das ist das Faszinierende. Ich vergleiche unsere emotionale Metabolisierungskapazität gerne mit einer Badewanne, die bei manchen breiter, bei anderen enger ist. Fällt ein Stein rein, schwappt eine enge Badewanne schnell über, die Wellen schlagen gegen die Wände. Wenn aber jemand mit einer größeren Badewanne andockt, laufen die Wellen da rein und ebben sanft ab. So beeinflussen wir uns gegenseitig und drehen die emotionale »Hitze« herunter. Und ein professioneller Konfliktberater, der das viele Jahre geübt hat, kommt mit einem ganzen Swimmingpool und kann auch große Wellen aufnehmen.

Warum fällt uns diese Art von Emotionsmanagement so schwer?
In unserer Kultur setzen wir generell stark auf kognitives Wissen, auch in unserem Bildungssystem. Die Auseinandersetzung mit emotionaler Intensität

dagegen lernen wir kaum mehr. Davon sind wir fast alle überfordert. Das war in früheren Kulturen zum Teil anders; da fand die emotionale Verarbeitung oft auch über spirituelle Praktiken statt. Doch die haben wir in der Moderne über Bord geworfen. Hinzu kommt, dass wir heute mit Informationen so überschwemmt werden, dass wir permanent emotional überfordert sind. Da wird es schwer mit der emotionalen Metabolisierung.

Stichwort Gesellschaft: Lässt sich Ihre Art der Konfliktverarbeitung auch auf Kollektive oder ganze Gesellschaften übertragen?
Ich denke schon. Viele Gegenwartskonflikte resultieren daraus, dass uns keine emotionale Integration gelingt. Das hat sich auch während der Corona-Zeit gezeigt: Da ist so viel emotionales »Wasser« hochgekocht, dass wir nicht mehr genug Deckel zum Zuhalten hatten. Und alle Seiten waren emotional überfordert: Die einen hatten Angst vor dem Impfen und den Nebenwirkungen, hatten vielleicht auch ein Misstrauen gegenüber einer staatlichen Autorität, die so einen Eingriff in den Körper verlangte; die anderen hatten Angst vor dem Virus und vor organischen Krankheitsprozessen. Und kaum jemand hat diese Ängste und Emotionen aufgegriffen und gesellschaftlich verarbeitet. Alle wollten nur, dass die jeweils andere Seite endlich aufhört mit ihren Argumenten.

Hätte das die Politik stärker adressieren müssen? Hätte es geholfen, wenn diese emotionale Überforderung im öffentlichen Raum mehr thematisiert und anerkannt worden wäre?
Das hätte sicher geholfen. Es geht aber nicht nur darum, was Politik sagt. Der rationale Diskurs allein hilft nicht weiter. Wichtiger ist die emotionale Verarbeitung. Ein gutes Beispiel dafür gab es nach der Ermordung von George Floyd in den USA: Da zogen viele wütende Afroamerikaner durch die Städte und randalierten. Meist versuchte die Polizei, diese Wut einfach zu unterdrücken. Aber in Miami haben sich Polizisten vor einem Demonstrationszug einmal hingekniet, so wie der schwarze Footballspieler Colin Kaepernick, der während der Nationalhymne kniete, um an die Unterdrückung der Afroamerikaner zu erinnern. Dieses Symbol haben die weißen Polizisten übernommen und den Demonstranten gezeigt: Wir verstehen euren Schmerz. Das hat die

gesamte Aggression aus der Situation genommen. Emotionale Metabolisierung kann also auch kollektiv funktionieren. Wenn das eine Kollektiv den Schmerz des anderen abbilden kann, entsteht Heilung.

Für solche kollektiven Prozesse fehlt es aber nicht nur an Verständnis, sondern auch an Institutionen. Wer könnte das leisten?
Das ist eine wichtige Frage. Politiker können das manchmal punktuell leisten – Barack Obama hat zum Beispiel nach einem Amoklauf an einer Schule einmal vor den Kameras begonnen zu weinen. Das heißt, er hat als politische Führungsfigur den tief sitzenden kollektiven Schmerz zum Ausdruck gebracht und verarbeitet. Aber natürlich kann das nicht eine einzelne Person für eine ganze Nation leisten. Deshalb gab es ja in früheren Kulturen oft zwei getrennte Führungsfunktionen, den König und den Schamanen: Könige standen für das ordnende Prinzip, waren vor allem mit praktischen, organisatorischen Fragen beschäftigt, Schamanen waren für emotionale Integration zuständig. Aber solche »Schamanen« haben wir eben heute nicht mehr, auch die Kirche füllt diese Rolle nicht mehr glaubwürdig aus. Die Frage, wie man so etwas kollektiv und gesellschaftlich organisieren könnte, beschäftigt mich derzeit sehr. Denn wir brauchen dringend kollektive Räume, in denen wir die emotionale Intensität verarbeiten können – auch, damit sich nicht dauernd vergangene Traumata wiederholen.

Gilt das eventuell auch für den Ukraine-Krieg? Holt uns auch da die Vergangenheit ein?
Kann man so sagen. Wenn Sie zum Beispiel Putins Pressekonferenz anschauen, als er den Krieg ankündigte, sehen Sie einen Mann, der in einer tiefen Trauer um die Vergangenheits-Wunden seines Landes ist. Der scheint emotional richtig gequält. Und das hat auch mit der Vorgeschichte zu tun: mit dem Zweiten Weltkrieg und wie der Westen mit Russland umgegangen ist.

Verstehen Sie Putin?
Moment! Ich sage nur, dass es Gründe gibt, warum es der russischen Seele so geht, wie es ihr geht. Und dass das mehr mit uns zu tun hat, als wir möchten. Aber das heißt nicht, dass wir Putins Aggression durchgehen lassen. Natürlich

muss man sich wehren und sagen: Stopp, so geht es nicht. Das gilt übrigens für jede gesunde Streitkultur: Die Kunst besteht darin, den anderen emotional zu verstehen UND gleichzeitig zu sagen: Stopp, was du da machst, ist nicht okay für mich.

Ich muss bei allem Verständnis für den anderen auch immer meine eigenen Grenzen im Blick haben?

Richtig. Häufig gibt es, gerade in alternativen Kreisen, eine falsch verstandene Toleranz, die anderen erlaubt, ständig Grenzen zu überschreiten. Das geht nicht. Man muss klar sagen, was man nicht will. Und zugleich sollten wir versuchen, die Verbindung zum anderen in angemessenem Abstand aufrechtzuerhalten. Verbindung läuft eben nicht nur über rationalen Diskurs, sondern über die ganz körperliche Fähigkeit, emotionale Intensität zu metabolisieren – meine eigene, wie auch diejenige von anderen. Das ist die Kunst.

KAPITEL 3: ZWISCHEN EGOISMUS UND HILFSBEREITSCHAFT

WOVON GEMEINSCHAFTLICHES HANDELN ABHÄNGT

Jedes Jahr stellt der Sozialpsychologe Tom Postmes von der Universität Groningen seinen Studenten dieselbe Frage: Leben wir auf einem egoistischen oder altruistischen Planeten? Dazu sollen sich die Studenten folgende dramatische Situation vorstellen: Ein Flugzeug muss notlanden und bricht in mehrere Teile. Die Kabine füllt sich mit Rauch. Allen Insassen ist klar: Wir müssen hier raus. Was passiert?

Szenario A: Wir leben in einer egoistischen Welt. Jede und jeder kämpft für sich allein und will möglichst schnell zum Ausgang; es wird getreten und geschubst, Panik bricht aus. Kinder, Ältere oder Menschen mit Behinderungen werden erbarmungslos niedergetrampelt. Am Ende gibt es zahlreiche Verletzte und sogar Tote unter den Menschen, die eigentlich hätten überleben können.

Szenario B: Wir leben auf einem altruistischen Planeten. Dort geben die Passagiere aufeinander acht, kümmern sich um die Schwächeren. Sie unterstützen sich gegenseitig, lassen Hilfsbedürftigen den Vortritt, und wenn es die Situation erfordert, sind manche sogar bereit, für andere ihr Leben zu opfern. Auf diese Weise werden möglichst viele gerettet.

Was meinen Sie: In welcher Welt leben wir?

Das Ergebnis der studentischen Befragung ist eindeutig: »Die überwältigende Mehrheit denkt, wir lebten auf dem egoistischen Planeten«, sagt Postmes.[1] Unabhängig von ihrer Studienerfahrung, ihrer ökonomischen Situation oder politischen Einstellung glauben die allermeisten, in der Notlage käme die wahre, eigensüchtige Natur des Menschen zum Vorschein, die um des eigenen Überlebens willen notfalls über Leichen ginge.

Damit folgen Postmes' Studierende einer tief verwurzelten Überzeugung, die besagt: Der Mensch ist von seinem Wesen aus selbstsüchtig und muss deshalb erst zivilisiert und zum Gemeinsinn erzogen werden. So haben es jedenfalls zahlreiche Denker und Wissenschaftler postuliert – von Thomas Hobbes über Niccolò Machiavelli bis hin zu Sigmund Freud und Richard Dawkins. Die Vorstellung vom egoistischen Homo sapiens liegt letztlich auch der Vorstellung zugrunde, der Kapitalismus sei für uns Menschen die angemessenste Wirtschaftsform, da wir von unserer Natur her stets nach Eigennutz und persönlichem Profit strebten.

Nur: Stimmt das? Ist sich wirklich jeder selbst der Nächste, haben wir im Katastrophenfall nur Augen für uns selbst?

»Die Wahrheit ist: In der überwiegenden Anzahl der Fälle leben wir auf einem altruistischen Planeten«, sagt Tom Postmes. Die Menschen verhielten sich für gewöhnlich hilfsbereit und rücksichtsvoll – insbesondere in Krisen und Katastrophensituationen: Statt in solchen Zeiten zu selbstsüchtigen Egoisten zu werden, würden die Menschen eher ihre Fähigkeit zum Gemeinsinn entdecken. »In 97 Prozent aller Flugzeug-Notlandungen verlassen die Passagiere ruhig und geordnet die Kabine«, erklärt der Sozialpsychologe. Von Panik und Niedertrampeln keine Spur. Selbst als die Titanic sank, sei es erstaunlich gesittet zugegangen. Natürlich gebe es auch einzelne Gegenbeispiele – etwa die Katastrophe der Loveparade 2010 in Duisburg, als zu wenig Ausgänge offen standen und die überforderten Besucher in Panik gerieten und über 20 Menschen zu Tode quetschten. Doch solche Fälle, sagt Postmes, seien »deutlich seltener, als die meisten annehmen«.[2]

Der niederländische Psychologe hält daher die These vom rein ichbezogenen Homo sapiens für ebenso überzogen wie die Gegenthese von der rein altruistischen Natur des Menschen. Letztere hatte etwa der Historiker Rutger Bregman in seinem Bestseller *Im Grunde gut* aufgestellt, in dem er den Menschen (auch mit Bezug auf Postmes' Ergebnisse) als durchweg freundlich und hilfsbereit beschreibt.[3] Diese rosarote Sicht teilt Postmes nicht. Er findet, man müsste Bregmans grundgute Titelzeile noch durch die Worte »in den meisten Fällen« ergänzen. Aber dem Psychologen ist auch klar, dass eine solch differenzierte Botschaft wenig verkaufsfördernd wäre. »Sie sehen, warum ich kein Bestseller-Autor bin«, sagt Postmes ironisch.

Das Missverständnis der Eigensüchtigkeit

Tatsächlich ist der Mensch ein vielschichtiges Wesen, das in ein und derselben Person mannigfache Widersprüche vereint; er besitzt die Anlage zum Eigensinn ebenso wie zum Gemeinsinn und kann sich je nach Situation mal als skrupelloses Ego-Monster und mal als empathisches Wesen verhalten. Erstaunlicherweise aber scheinen gerade Notlagen eher seine guten Seiten zu aktivieren.

Das zeigt sich etwa am 14. Juli 2021, als Deutschlands Westen ein Jahrhundert-Hochwasser historischen Ausmaßes erlebt.

Von den zuständigen Politikern und Katastrophenschützern ist an diesem Abend wenig zu sehen. Dafür liest man hinterher von erstaunlichen Beispielen nachbarschaftlicher Solidarität. So wie etwa im Örtchen Langenholthausen im Märkischen Kreis, wo das Wasser die Bäckerei der Familie Grote unter Wasser zu setzen droht. In der Not aktivieren die Grotes all ihre Kontakte: Freunde und Nachbarn werden angerufen, der Fußballverein ebenso wie die Landjugend. Und die Resonanz ist überwältigend. »Es kamen Menschen aus dem ganzen Dorf. Manche kannte ich gar nicht«, berichtet später Wolfgang Grote, der als Serviceleiter der örtlichen Autowerkstatt ebenfalls zur Backstube der Familie eilt. Jede und jeder greift sich einen Eimer, eine Flitsche oder einen Besen und versucht das Wasser aus der Backstube zu schöpfen. »Mit fünfzig Menschen haben wir eine Reihe zum tiefsten Punkt der Stube gebildet und Eimer voll mit Wasser nach oben durchgereicht. Insgesamt waren dreißig Feuerwehrleute und mehr als hundert Freiwillige im Einsatz«, sagt Grote.[4]

Stundenlang schuften die Helfer, türmen Sandsäcke auf, um zumindest die Technikräume der Bäckerei zu schützen. Irgendwann hört es endlich auf zu regnen. Nach einer Stunde sinkt der Wasserpegel und das Wasser zieht sich zurück. Die Grotes haben noch einmal Glück im Unglück. Und während die letzten Helfer in der Nacht noch am Putzen sind, stellen die Bäcker schon die Öfen an, erzählt Grote: »Um Brötchen zu backen – als Erstes für die Helfer.«

Ähnliches passiert an vielen andern Orten. In Bergisch-Gladbach etwa schreibt die »Back-Company« in ihrem »Katastrophen-Tagebuch«: »Am Tag 1 (nach der Flut) hatten wir unglaublich selbstlose Hilfe von Mitarbeitern, Familie und Freunden. Wir sind ergriffen von dieser überwältigenden Anteilnahme und möchten allen ehrenamtlichen Helfern in dieser Katastrophe ein ganz großes DANKESCHÖN aussprechen.«[5]

Der überschwängliche Ton verrät: Was die Flut-Opfer in diesen Tagen erlebten, war etwas Außergewöhnliches. Nicht nur, weil sie von einer Katastrophe ungeahnten Ausmaßes überrascht wurden, sondern auch von einer ebenso prompten Bereitschaft zum Gemeinsinn, mit der sie offenbar nicht gerechnet hatten. Schließlich kommt es nicht alle Tage vor, dass Nachbarn oder völlig Fremde einem ungefragt zu Hilfe eilen. Insbesondere im wohlsituierten Deutschland scheint diese Art von spontaner Solidarität eher Seltenheitswert zu haben.

Denn leben wir hierzulande nicht in einer Leistungsgesellschaft, in der sich jeder selbst der Nächste ist? Sind wir nicht eine Ansammlung kalter Egoisten, die nur mit ihrem eigenen Fortkommen beschäftigt sind und keinen Sinn für die Sorgen und Nöte ihrer Nachbarn haben? Dieses Menschenbild scheint nicht nur unter den Studierenden des Sozialpsychologen Tom Postmes vorzuherrschen, sondern auch bei der Mehrheit der deutschen Bevölkerung.

Alle paar Jahre erheben Forscher des Leibniz-Instituts für Sozialwissenschaften in Köln und Mannheim in ihrer »Allgemeinen Bevölkerungsumfrage der Sozialwissenschaften« (Allbus), wie es um den Gemeinsinn in Deutschland bestellt ist.[6] Demnach geht die Mehrheit der Bürger davon aus, dass die Mehrheit wenig gemeinsinnig denkt und vor allem auf ihren eigenen Vorteil bedacht ist. »Die meisten Leute kümmern sich in Wirklichkeit nicht darum, was mit ihren Mitmenschen geschieht« – dieser Aussage stimmten in den vergangenen Jahren fast drei Viertel der Befragten in Deutschland zu.[7] Und etwa die Hälfte glaubt: »In unserer Gesellschaft muss jeder für sich schauen, dass er auf einen grünen Zweig kommt. Es hilft nicht viel, sich mit anderen zusammenzuschließen, um politisch oder gewerkschaftlich für seine Sache zu kämpfen.« So weit, so egoistisch.

Allerdings: Fragt man die Menschen nach ihrem *eigenen* Verhalten, sieht die Sache plötzlich anders aus: Dann erscheint Deutschland als Land der Gemeinsinnigen. Als etwa die Uni Bielefeld im Zuge der Corona-Pandemie mehr als 3000 Menschen nach ihrer Bereitschaft zur Solidarität befragte, erklärten mehr als 90 Prozent, sie wären bereit, für ihre Nachbarn Einkäufe zu erledigen, mehr als 80 Prozent gaben an, mit ihnen Vorräte oder Medikamente zu teilen.[8] Ähnliche Ergebnisse erbrachte eine Umfrage der Berliner Katastrophenforschungsstelle im Jahr 2015. Gefragt, ob sie anderen Menschen bei einer Sturmkatastrophe zu Hilfe eilen würden, antworteten 67,7 Prozent der Berliner mit Ja, bei einem hypothetischen Großbrand lag die Hilfsbereitschaft mit 83,6 Prozent sogar noch höher.[9]

Auch die sogenannte »Vermächtnis-Studie«, die vom Wissenschaftszentrum Berlin (WZB) und dem infas-Institut für die ZEIT durchgeführt wurde, zeigte diese Diskrepanz zwischen Eigen- und Fremdwahrnehmung.[10] Gefragt nach dem »Wir-Gefühl« erklärten fast 80 Prozent, für sie persönlich sei ein Wir-Gefühl »sehr wichtig«; dass dies auch für ihre Mitmenschen gilt, glauben jedoch nur knapp 25 Prozent. »Sie selbst also schätzen das Wir-Gefühl, die anderen dagegen angeblich nicht«, kommentieren die Soziologin Jutta Allmendinger und Jan Wetzel vom WZB und fassen das Ergebnis so zusammen: Deutschland sehe sich selbst »als Land der Ichlinge«, dabei sei es in Wahrheit »ein Land des Wir«.[11]

Die paradoxe Wirkung von Katastrophen

Wie kann das sein, dass die Mehrheit zwar *alle anderen* als eigensinnige Egoisten beschreibt, *sich selbst* aber als ganz anders wahrnimmt? Liegt unserer Vorstellung von der Eigensüchtigkeit des Menschen vielleicht ein Missverständnis zugrunde? Sagen wir so: Offenbar hängen die meisten Menschen einem alten Klischee an, das von der Forschung inzwischen längst widerlegt ist.

Nicht nur, dass Menschen sich oft deutlich weniger selbstsüchtig verhalten, als es das übliche Bild vom geborenen Egoisten nahelegt; vor allem in Krisenzeiten kommen bei vielen Eigenschaften zum Vorschein, die ihnen die Mehrheit (und sie sich selbst) nicht zugetraut hätten: Hilfsbereitschaft, Rücksichtnahme und die Fähigkeit, gemeinsinnig zu denken. In der Not scheint sich der Mensch daran zu erinnern, dass er ein Gemeinschaftswesen ist.

Einer der Ersten, dem dies auffiel, war der amerikanische Offizier Charles Fritz, der im Zweiten Weltkrieg die psychologische Wirkung von Bombardierungen untersuchte. Die Alliierten gingen damals davon aus, dass Luftangriffe (wie etwa jene der deutschen Flugwaffe auf London oder der britischen Air Force auf Dresden) die Bevölkerung demoralisieren und zu Massenhysterien führen würden. Erstaunt stellte Fritz fest, dass dies nicht der Fall war: Die Bombardierungen stärkten sowohl in London als auch in Dresden den Zusammenhalt der jeweiligen Einwohner sowie ihre Entschlossenheit (ein Phänomen, das sich ganz ähnlich auch im Ukraine-Krieg beobachten ließ: Statt von den russischen Angriffen entmutigt und demoralisiert zu werden, schien die Widerstandskraft der Ukrainerinnen und Ukrainer dadurch noch zu wachsen.)

Natürlich geht es an dieser Stelle nicht darum, solche Katastrophen zu verherrlichen. Doch erstaunlich ist es schon, wie solidarisch sich Menschen in Krisensituationen oft verhalten. Charles Fritz war seinerzeit von seinen Befunden jedenfalls so verblüfft, dass er nach dem Zweiten Weltkrieg zu einem Pionier der modernen Resilienzforschung wurde und der Frage nachging, wie Gemeinschaften mit schweren Unglücken fertigwerden – mit Krieg ebenso wie mit Natur- oder anderen Katastrophen. Als Fritz 1961 seine Ergebnisse in einer längeren Abhandlung zusammenfasste, leitete er diese mit der denkwürdigen Frage ein: »Warum verursachen große Katastrophen eine so gesunde mentale Verfassung?« Seine Antwort: Statt in Panik oder Anarchie zu verfallen, rückten die Menschen in der Katastrophe enger zusammen. Es entstehe eine »Schicksalsgemeinschaft«, in der sich die üblichen Klassen- oder Einkommensunterschiede verwischten und die auf ihre Mitglieder einen tröstenden, ermutigenden Einfluss habe.[12]

Fritzens Assistent Enrico Quarantelli setzte die Forschung fort und gründete später das Disaster Research Center an der University of Delaware. Heute verfügt diese Forschungsstelle über die weltweit größte Datenbank menschlichen Verhaltens in Katastrophenfällen. Sie dokumentiert, dass es in Notsituationen eher selten zu massenhaftem Panikverhalten oder brutalem Egoismus kommt.[13] Nichtsdestotrotz halten sich solche Vorstellungen hartnäckig in der Öffentlichkeit; auch zahlreiche Hollywood-Filme reproduzieren immer wieder das Klischee der panikgesteuerten Katastrophenopfer, die entweder in hilflose Ohnmacht versinken oder blindwütig flüchten und dabei gnadenlos Arme und Schwache niedertrampeln. »Die Forschung belegt das Gegenteil dieser mystischen Annahmen«, resümiert Quarantelli: »Bei Katastrophen werden die Betroffenen nicht panisch, sie verhalten sich nicht passiv oder antisozial und sind nicht alle traumatisiert.«[14]

Selbst nach dem Terror-Anschlag auf das World Trade Center am 11. September 2001 kam es in New York nicht zu einer Massenpanik – obwohl die Einwohner allen Grund dazu gehabt hätten. Wohl waren viele geschockt, manche auch traumatisiert (wenn auch weniger, als man erwarten würde), doch im Großen und Ganzen blieben die New Yorker erstaunlich gefasst.[15] Statt von Panik wurden die Rettungskräfte eher von der Flut an freiwilligen Helfern überrascht. Noch am Tag des Anschlages boten in New York 40 000 Ärzte freiwillig ihren Einsatz an.

»Im Rest des Landes gab es großes Gejammer und patriotisches Geschrei, aber in New York war davon nichts zu spüren«, erinnert sich die Schriftstellerin Irene Dische, die damals in Manhattan wohnte. Sie erlebte, wie die New Yorker eher zusammenrückten und – statt wie sonst nur ihre eigene Karriere zu verfolgen – plötzlich den Gemeinsinn entdeckten: »Die Menschen haben sich geholfen, waren freundlich zueinander, haben getan, was zu tun war«, sagt Dische. »Man könnte sagen: Das waren zwei herrliche Wochen nach dem Anschlag.«[16]

Von »Katastrophen-Mitgefühl« spricht in diesem Zusammenhang auch der Psychologe Jamil Zaki von der Stanford University. »Überlebende von Katastrophen entwickeln Gemeinschaften, in denen sie sich gegenseitig helfen, altruistisch handeln und Solidarität miteinander empfinden«, schreibt Zaki.[17]

Was im Superdome wirklich geschah

In der Öffentlichkeit aber ist diese Erkenntnis der Katastrophenforscher bis heute nicht angekommen. Stattdessen wird dort ein ums andere Mal das Klischee von der egoistischen menschlichen Natur bemüht, die sich in Krisen angeblich Bahn bricht. Und weil dieses Bild so vertraut ist, springen auch die Medien immer wieder darauf an.[18]

Nehmen wir beispielsweise die Vorgänge in New Orleans im August 2005. Damals war der Hurrikan Katrina über die US-amerikanische Stadt gezogen und hatte eine Spur der Verwüstung hinterlassen. Kurz danach begannen manche Medien von Raubüberfällen, Vergewaltigungen, Plünderungen oder Schüssen auf Rettungshubschrauber zu berichten. Besonders dramatisch ging es angeblich im »Superdome« zu, dem größten Stadion der Stadt, in das 30 000 Menschen geflüchtet waren. Dort schienen animalische Zustände zu herrschen, es hieß, Hunderte von bewaffneten Gangmitgliedern würden vergewaltigen und morden. Der Fernsehsender *Fox News* fabulierte von einer »Szene des Terrors, des Chaos, der Konfusion, Anarchie, Gewalt, Vergewaltigungen, Morden, toten Babys und toten Menschen«.[19] Die *Times-Picayune* berichtete von angeblich 30 bis 40 verrottenden Körpern, die in einer Kühltruhe in dem Stadion gefunden worden seien. Insgesamt war von bis zu 200 Toten im Superdome die Rede.

Später stellte sich heraus, dass die Horrorberichte zum allergrößten Teil reine Erfindung waren. Der Abschlussbericht des Untersuchungsausschusses des US-Repräsentantenhauses stellte nüchtern fest: »Viele der Medienberichte, insbesondere über zügellose Gewalt im Superdome, scheinen vollkommen unbegründet gewesen zu sein.«[20] Statt 200 Toter waren im Superdome lediglich sechs Tote zu beklagen, von denen niemand Opfer eines Verbrechens wurde. Von Morden oder gar »verrottenden Körpern in der Kühltruhe« keine Spur.

Was hatte die Journalisten in die Irre geführt? Offensichtlich nicht nur die wilden umlaufenden Gerüchte, sondern auch ihre Bereitschaft, diese schnell für bare Münze zu nehmen; denn wie bestellt schienen sie das Vorurteil zu bestätigen, dass der Mensch in der Krise zum wilden Tier wird.

Fatalerweise beeinflussen solche Falschberichte wiederum das Handeln zahlreicher Menschen. Die gruseligen News aus dem Superdome etwa erschwerten die Rettungsarbeiten erheblich; Lkw- oder Busfahrer, die Rettungseinsätze hätten fahren sollen, trauten sich kaum noch in die Nähe des Stadions; und auch viele der dort ausharrenden Menschen wurden zusätzlich verängstigt.

Gerade in Krisen orientieren wir uns verständlicherweise nicht nur an unseren eigenen Prämissen, sondern immer auch daran, welches Handeln wir von den Menschen in unserer Umgebung erwarten. Wer davon ausgeht, alle anderen kümmerten sich nur um sich selbst, wird auch selbst eine »Rette-sich-wer-kann«-Haltung einnehmen. Wer mit Plünderungen oder gar Mord rechnet, begegnet anderen vor allem abwehrend (was wiederum deren Angst und Abwehr verstärkt). Wer hingegen ein kooperatives, gemeinschaftliches Verhalten der anderen erwartet, wird selbst eher gemeinsinnig agieren.

So gesehen, erweisen sich solch furchteinflößende Medienberichte als *selffulfilling prophecy*: Indem sie ein mitleidslos-egoistisches Bild vom Menschen verbreiten, schaffen sie die Grundlage dafür, dass sich tatsächlich immer mehr Menschen so verhalten. Umgekehrt lässt sich nach demselben Prinzip aber auch gemeinsinniges Verhalten fördern: indem man das falsche Klischee der Hartherzigkeit korrigiert und – so wie etwa Tom Postmes – positive Geschichten verbreitet.

Auch die Experten der Berliner Katastrophenforschungsstelle weisen darauf hin, »wie sehr spezifische Stereotype die Vorstellungen vom Verlauf einer Katastrophe beeinflussen und wie sehr dieser Verlauf somit auch beeinflussbar wäre, wenn an die Stelle unrealistischer Mythen ein realistisches Bild menschlichen Verhaltens in der Katastrophe träte«.[21] Leider sei die Idee vom panisch-egoistischen Verhalten tief verwurzelt. Aus Sicht eines modernen Katastrophenschutzes aber könne man »sich solche Mythen schlicht nicht mehr leisten«.

Maria und Josef im Ghetto des Geldes

Unterm Strich bleibt festzuhalten, dass die gern gestellte Frage nach der »wahren« Natur des Menschen – selbstlos oder egoistisch? – falsch formuliert ist: Grundsätzlich sind wir zu jeder Verhaltensweise in der Lage; und es hängt von den Umständen und dem erwarteten Verhalten unserer Mitmenschen ab, welcher Seite wir den Vorzug geben.

Ebenso gibt es nicht *den einen* menschlichen Gemeinsinn, den man entweder hat oder nicht, sondern viele verschiedene Ausprägungen. Zwar bringen wir alle einen »Sozialsinn« mit, der uns hilft, uns in andere Menschen hineinzuversetzen, ihre Absichten zu erahnen und gemeinsame Interessen zu definieren. Doch welche Formen das Zusammenleben, -arbeiten und -denken jeweils annimmt, hängt von allen möglichen Faktoren ab, von der aktuellen Situation ebenso wie von ökonomischen Zwängen oder der vorherrschenden Kultur. Selbst bei ein und demselben Menschen ist der Gemeinsinn keine fixe Eigenschaft, sondern etwas Fluides, das sich je nach Gegebenheit mal so und mal anders darstellt.

So untersuchte zum Beispiel die US-Psychologin Kathleen Vohs vor einigen Jahren in einer Reihe von Experimenten, wie allein der Gedanke an Geld und Finanzwirtschaft die Hilfsbereitschaft von Menschen verändert. Dabei beeinflusste sie das Unbewusste ihrer Probanden durch sogenanntes *priming*, durch subtile Hinweise auf Begriffe aus der Finanzwelt – Rätsel etwa, in denen Wörter wie »Gehalt« oder »Vermögen« vorkamen. Danach testete sie das Sozialverhalten, indem sie um eine kleine Hilfeleistung bat, etwa ein paar heruntergefallene Stifte aufzuheben. Erstaunliches Ergebnis: Jene Versuchspersonen, die man mit Floskeln aus der Finanzwelt »geprägt« hatte, waren weniger hilfsbereit als jene, die ein Rätsel mit neutralen Begriffen gelöst hatten. Auch waren Erstere weniger willens, selbst Hilfe in Anspruch zu nehmen oder für eine gute Sache zu spenden.[22]

Diese Ergebnisse riefen in der Wissenschaft eine lebhafte Diskussion hervor. Deshalb nahm sich Vohs zehn Jahre später die Sache noch einmal vor. Diesmal stand ihr Ergebnis schon im Titel ihrer Studie: »Geld-Assoziationen können die Gedanken, Gefühle, Absichten und das Verhalten von Menschen verändern«.[23] Der bloße Gedanke an Geld, so Vohs, rufe eine Illusion persönlicher Unabhängigkeit wach: Mit einem vollen Portemonnaie meinen wir eher, andere nicht zu brauchen, und erwarten umgekehrt auch von ihnen, dass sie ihre Probleme selbst lösen.

Nun sind solche Priming-Versuche heute durchaus umstritten. Welch große Sprengkraft jedoch in solchen ökonomischen Fragen steckt, zeigt sich beim Blick auf die weltweit zunehmende wirtschaftliche Ungleichheit (siehe Kapitel 9). Auch andere psychologische Studien kommen zu dem Ergebnis, dass Menschen, die alles im Griff zu haben glauben, sich in der Regel weniger um das Schicksal ihrer Mitmenschen kümmern.[24] Wer dagegen selbst erlebt, wie leicht man ins Unglück geraten kann, wird nachsichtiger und freigebiger gegenüber anderen. Als zum Beispiel Psychologen die Hilfsbereitschaft von Probanden unterschiedlicher sozialer Schichten prüften – indem sie ihnen Bilder krebskranker Kinder zeigten und dabei ihren Puls maßen oder indem sie beiläufig Stifte fallen ließen, um zu schauen, wer sie aufhob –, zeigten sich die Ärmeren immer wieder mitfühlender als Wohlhabende. Menschen aus unteren sozialen Schichten würden selber Sorgen kennen, meinte Studienleiter Michael Kraus, daher »entwickeln sie ein besseres Gespür für die Emotionen ihrer Mitmenschen«.[25] Andere Studien zeigen, dass schon allein das Erleben einer unkontrollierbaren Situation – etwa das Warten auf einen neuen Job oder das Ergebnis einer schwerwiegenden medizinischen Untersuchung – Menschen hilfsbereiter und mitfühlender macht.[26]

So erklärt sich auch das merkwürdige, im Alltag vielfach zu beobachtende Paradox, dass ausgerechnet Reiche oft weniger hilfsbereit und spendabel sind als Ärmere. Natürlich gilt das nicht pauschal: es gibt auch extrem großzügige Wohlhabende und sehr verkniffen-geizige Arme. Aber die generelle Tendenz zeigt in die Gegenrichtung.

Einen – zwar nicht streng wissenschaftlichen, aber erhellenden – Selbstversuch dazu unternahm einmal der ZEIT-Redakteur Henning Sußebach gemeinsam mit einer Schauspielerin: Als obdachloses Paar verkleidet, tippelten die beiden kurz vor Weihnachten durch jenen Ort, wo laut Statistik die reichsten Deutschen leben: Kronberg im Taunus. »Maria und Josef im Ghetto des Geldes« nannten sie ihr Experiment.[27] Dort, wo die halbe Führungsriege der Deutschen Bank wohnt, nebst anderen millionenschweren Managern und Industriellen, baten die beiden um Spenden – und wurden meist rüde abgewiesen. Ein Jahr später wiederholten sie den Versuch im armen Berlin-Neukölln – und erfuhren dort eine zum Teil erstaunliche Solidarität. Während in Kronberg nicht einmal der Pfarrer Platz für das Pärchen hatte, mühten sich in Neukölln sogar Skatbrüder, den beiden einen Schlafplatz oder einen Job zu besorgen.[28]

Auch das kulturelle Umfeld beeinflusst den Gemeinsinn, wie diverse Studien belegen. Eine der ambitioniertesten dazu stammt von dem US-Anthropologen Joseph Henrich, der 2001 den Eigen- und Gemeinsinn verschiedener Völker quer über den ganzen Globus vermaß.[29] Dazu reisten Henrich und seine Mitarbeiter zu Ureinwohnern im südamerikanischen Regenwald, zu mongolischen Hirten und Bauern in Afrika, erhoben Daten in Los Angeles, Tokyo und Jerusalem. Überall ließen die Forscher ihre Probanden an einem sogenannten Ultimatumspiel teilnehmen, mit dem Ökonomen gerne die Großzügigkeit (beziehungsweise den Egoismus) testen.

In diesem wird einem Probanden eine beträchtliche Summe als Geschenk angeboten – die dieser allerdings mit einem unbekannten Mitspieler teilen muss. Wie viel er abgibt, kann der erste Spieler selbst bestimmen; behalten dürfen beide ihren Betrag aber nur, wenn der zweite die Offerte akzeptiert. Auf diese Weise lässt sich geradezu paradigmatisch der Gemeinsinn der Spieler messen: Ist der Erste ein purer Egoist, bietet er so wenig an wie möglich – mit dem Kalkül, dass der Zweite den Minimalbetrag schon annehmen werde, weil er sich denke: besser ein bisschen Geld als keines. Tatsächlich aber handelt kaum jemand so kaltherzig, wie die reine ökonomische Logik nahelegt; vielmehr spielt das Gerechtigkeitsgefühl eine wichtige Rolle. In der Regel lehnen die »Empfänger« empört ab, wenn ihnen weniger als ein Viertel der Summe angeboten wird. Und die »Verteiler« scheinen das instinktiv zu ahnen und machen höchst selten solche knickerigen Angebote; in den meisten Fällen teilen die Spieler das Geld eher brüderlich. So ist es zumindest in wohlhabenden Ländern wie Deutschland oder der Schweiz.

Wie würde das Ultimatum-Spiel in anderen Ländern ausgehen, fragte sich Henrich, wie reagierten die Menschen im Regenwald oder in der Mongolei? Was würde geschehen, wenn man dem einen Spieler eine Summe von zwei Tageslöhnen anbieten würde mit der Bitte, diese nach eigenem Gusto zu verteilen?

Erste Erkenntnis: Das Gerechtigkeitsempfinden ist global fast überall gleich – sowohl in Industrie- wie in den meisten Entwicklungsländern teilen die Spieler relativ gerecht. Anders ist es jedoch bei einigen ursprünglichen Stammesvölkern: dort schwankt der als »gerecht« empfundene Betrag zum Teil sehr. Als am wenigsten spendabel zeigte sich in Henrichs Studie das Volk der Machiguenga, die im Regenwaldgebiet Perus leben: Dort strich der erste Spieler in der Regel drei Viertel der Summe ein, was die jeweiligen Mitspieler klaglos akzeptierten. Am großzügigsten waren dagegen die Walfänger von Lamalera, einem kleinen Ort auf dem Solor-Archipel in Indonesien: Sie boten ihren Mitspielern regelmäßig fast zwei Drittel des Geldbetrags an.

Wie ist das zu erklären? Was lässt die Lamalera so großherzig handeln und die Machiguenga so egoistisch?

Um das zu erklären, prüften Henrich und seine Kollegen alle möglichen Hypothesen von der Einwohnerzahl der Ansiedlungen über die Gesellschaftsform bis hin zur Fähigkeit der Menschen, ein Geheimnis für sich zu bewahren. Nichts davon taugte als Erklärung. Fündig wurden die Forscher erst, als sie untersuchten, in welchem Maß die Menschen in den einzelnen Kulturen miteinander handeln und zusammenarbeiten – auch mit jenen außerhalb des eigenen Clans.

Die Machiguenga sind Individualisten. Jede Familie lebt für sich und bekommt von den Freuden und Sorgen der anderen wenig mit. Zu den raren Gelegenheiten, bei denen sich die Mitglieder verschiedener Clans treffen, gehört das Fischen. Gemeinsam versperren die Indianer Flüsse mit einem Damm und vergiften das Wasser; sobald aber die toten Fische an der Oberfläche treiben, rennt jeder los und versucht, so viel Beute wie möglich zu ergattern. Keiner stört sich an dem wenig sozialen Verhalten.

Die Lamalera hingegen können nur gemeinsam überleben. Der steile Vulkanfels unter ihren Dörfern bietet kaum Ackerland, weshalb sie alle gemeinsam auf Walfang gehen – und zwar nach denselben traditionellen Methoden wie vor Hunderten von Jahren: In Gruppen fahren die Männer in kleinen Holzbooten hinaus und stellen den vorbeiziehenden Spermwalen mit simplen Bambusharpunen nach. Die Jagd ist gefährlich, mitunter kentern die Boote oder werden beschädigt. Die Besatzung muss sehr präzise zusammenarbeiten, um Erfolg zu haben. Wird ein Wal gefangen, wird das Fleisch nicht nur unter allen Besatzungsmitgliedern aufgeteilt, auch die Bootsbauer und Segelmacher an Land bekommen ihre Ration nach einem genau ausgeklügelten Schlüssel ab. Wer die Regeln verletzt, wird von der Jagd ausgeschlossen und muss während des Banns hungern.

Die Frage, ob jemand sich gemeinsinnig oder eigennützig verhält, hängt also von der Lebensweise ab, schloss Henrich. Je mehr die Menschen im alltäglichen Leben auf andere angewiesen sind, umso bereitwilliger teilen sie. Die Lamalera, die von Kindesbeinen an die Erfahrung des Zusammenarbeitens machen, erweisen sich deshalb als besonders freigiebig. Bei den Machiguenga hingegen, deren Familien sich im peruanischen Urwald jeweils allein versorgen, regiert eher der Eigennutz.

Gemeinsinn, so kann man folgern, hängt von den Umständen ab: von der aktuellen (Not-)Lage wie vom eigenen Geldbeutel; vom vermutlich zu erwartenden Verhalten der Mitmenschen ebenso wie von der ererbten Kultur. Und je mehr sich die Mitglieder einer Gemeinschaft als verbunden und voneinander abhängig erleben, umso solidarischer verhalten sie sich in der Regel.

Das heißt aber auch, dass Gemeinsinn Vorbilder braucht und durch Tun entsteht: je kooperativer sich eine Mehrheit verhält, umso eher werden auch andere dazu angeregt. Gemeinsinn ist daher (ebenso wie Egoismus) regelrecht ansteckend. Und die effektivste Art, ein solches Denken und Verhalten zu stärken, ist es, sich selbst entsprechend zu verhalten und andere davon wissen zu lassen.

Ebenso hat Gemeinsinn mit einem Bewusstsein unserer Verbundenheit mit anderen zu tun – die selbst dann groß sein kann, wenn man sich selbst als völlig eigenständig und individualistisch empfindet. Das führt zwangsläufig zu der Frage, wie Gemeinsinn und Individualität zusammenhängen; und weshalb, um John Donne zu zitieren, tatsächlich kein Mensch eine Insel ist. Darum geht es in den folgenden zwei Kapiteln.

WO IST MEIN PLATZ IM SCHWARM?

Der folgende Test dient der Selbsterkenntnis: Wo verorte ich mich in einer Gemeinschaft, wie sehe ich mich im Verhältnis zu anderen, in welcher Rolle fühle ich mich wohl?

Betrachten Sie dazu einmal das folgende Bild eines stilisierten Schwarms und stellen sich vor, Sie wären einer dieser Fische. Mit welchem davon assoziieren Sie sich am ehesten? Sehen Sie sich vorne oder hinten, mittendrin oder am Rand? Oder schwimmen Sie vielleicht eher in die Gegenrichtung des Schwarms?

Sie können das Bild auch auf verschiedene Situationen beziehen, etwa auf Ihren Beruf oder auf die Stellung innerhalb Ihres Familien- und Bekanntenkreises. Ändert sich dabei Ihre Position?

Dieser Test entstammt der sogenannten Vermächtnis-Studie der ZEIT, die 2015 und 2019 vom Wissenschaftszentrum Berlin (WZB) und dem Institut für angewandte Sozialwissenschaft (infas) durchgeführt wurde. Dabei wurden in der ersten Runde mehr als 3.000 Menschen aller Altersgruppen, Einkommensklassen und Herkünfte befragt, auch mit ungewöhnlichen Methoden, wie etwa dem Schwarmtest.[30] Dieser sollte Aufschluss darüber geben, welche Rolle die Befragten ihrer Meinung nach im Berufsleben einnehmen.

Das Ergebnis war bemerkenswert: 25 Prozent, also ein Viertel aller Befragten, sahen sich im Berufsleben ganz oder fast an der Spitze. Das galt vor allem für Männer – obwohl weit weniger Menschen tatsächlich in einer Führungsposition arbeiten. Auch im vorderen Mittelfeld sahen sich mit 31 Prozent überproportional viele der Befragten, ähnlich viele (33 Prozent) ordneten sich dem eigentlichen Mittelfeld zu, das in Wahrheit größer ist.

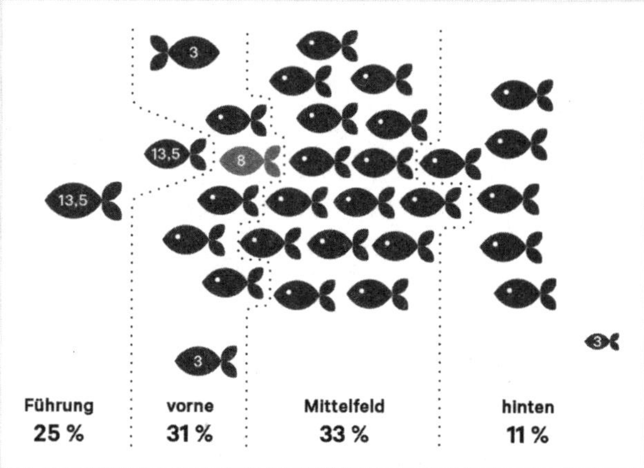

Als besonders beliebt erwies sich der andersfarbige Fisch (der hier grau erscheint, im Original aber eine orange Farbe hatte), der zwar in der Mitte des Schwarms schwimmt, aber dennoch sofort als Individuum erkennbar ist – acht Prozent sahen sich in dessen Rolle. Als gegen den Strom oder abseits des Schwarms schwimmend beschrieben sich dagegen nur jeweils drei Prozent der Befragten – der Wunsch, irgendwie dazu zu gehören, überwiegt offenbar bei Weitem das Bedürfnis nach Abgrenzung und Widerstreit.

Bat man die Befragten übrigens, das Schwarmbild auf ihre familiäre Situation zu beziehen, verschoben sich die Gewichte: Dann sah sich ein Großteil eher im Mittelfeld.

KAPITEL 4: UNSERE »ULTRASOZIALE« NATUR

WIE MAN AM DU ZUM ICH WIRD.

Beginnen wir mit einer kleinen gedanklichen Dehn-Übung: Wie eigenständig und unabhängig sind Sie? Und wie sehr sind Sie auf andere angewiesen, selbst in kleinen Dingen, sagen wir: um eine Tasse Kaffee zu trinken?

Lächerlich, werden Sie sagen. Meinen Kaffee kann ich immer noch allein trinken. Auch zur Herstellung brauche ich niemanden. Kaffeemaschine auffüllen, einschalten, fertig.

Doch Moment. Ist das wirklich schon alles? Woher haben Sie den Kaffee? Vermutlich bauen Sie ihn nicht selbst an; Sie sind vielmehr darauf angewiesen, dass irgendwo in der Welt jemand eine Kaffeeplantage betreibt, dass sich Gärtnerinnen um die Bohnen kümmern und Pflücker sie ernten; für den Transport des Kaffees benötigen Sie Zwischenhändler, Schiffsbesatzungen, Zollämter, Hafenpersonal, Spediteure und so weiter. Irgendjemand muss den Kaffee auch für Sie rösten und verpacken. Dann wiederum braucht es Händlerinnen, die einen Laden betreiben, in dem Sie einkaufen können; dort müssen Menschen die Regale auffüllen und an der Kasse sitzen; und Sie selbst müssen irgendwie hinkommen (vielleicht per Auto oder Fahrrad), nutzen also die Arbeitskräfte jener Menschen, die ihr Gefährt gebaut haben sowie die Straßen, die zum Laden führen.

Dasselbe Spiel kann man auch mit Ihrer Kaffeemaschine treiben (wer hat sie ersonnen, entwickelt, gebaut, beworben, verkauft?), mit Ihrer Kaffeetasse (es sei denn, Sie haben Sie selbst getöpfert), mit der Milch, die Sie eventuell in den Kaffee gießen, oder mit dem Zucker; ebenso mit dem Wasser, das Sie vermutlich nicht an einem Brunnen holen, sondern das aus einem Wasserhahn kommt (den andere für Sie gefertigt haben), durch (vom Klempner verlegte) Rohre geflossen ist, von Ihren Wasserwerken aufbereitet und angeliefert wurde, in Staubecken gesammelt wurde, die wiederum jemand angelegt haben muss etc. pp.

Wer wirklich versucht, alles zu bedenken und sämtliche am eigenen Kaffeegenuss Beteiligten zu visualisieren, wird bald feststellen, dass diese Übung ins Uferlose geht. Je länger man nachdenkt, umso mehr Bedingungen fallen einem ein, die für diese Tasse Kaffee zusammenkommen müssen: internationale Handelsverträge, Schiffswerften, Stahlhersteller, Stromlieferanten, Kraftwerksbetreiber und, und, und. Abertausende unsichtbare Hände und Köpfe sind nötig, damit man zu Hause Kaffee kochen kann; wenn man ihn am Ende genießt, ist letztlich fast die ganze Welt beteiligt.

Der Mittelpunkt des Universums

Natürlich gilt das nicht allein für Kaffee, sondern für unseren gesamten Alltag: Nur dank unzähliger unsichtbarer Verbindungen sind wir in der Lage, am Küchentisch oder auf einem Designersofa zu sitzen, Chips zu knabbern, lässige Mode zu tragen, uns an Katzenvideos zu erfreuen oder E-Mails zu verschicken. Doch das komplexe Netzwerk unserer Verstrickungen und die Abhängigkeit von unzähligen anderen blenden wir in der Regel geflissentlich aus und fühlen uns bei all dem höchst unabhängig.

Denn der Mittelpunkt unseres Universums heißt: »Ich«. Wo immer wir sind und was immer wir betrachten, stehen wir im Zentrum unserer Wahrnehmung. Das Ich ist der Punkt, um den sich unser Erleben dreht, jene Sonne, um die unsere Mitmenschen wie Planeten kreisen.

Diese Wahrnehmungsillusion hat schon rein räumliche Gründe: Egal, wo ich mich befinde, stets sehe ich die Welt von *meiner* Warte aus, erlebe sie links oder rechts, vor oder hinter mir, aber immer mit mir im Zentrum. Auch die Gedanken und Gefühle anderer erlebe ich nur indirekt, meine eigenen hingegen erscheinen mir unmittelbar, zwingend und *wirklich*. Kein Wunder, dass wir vor allem uns selbst im Blick haben, unseren eigenen Beitrag zur Welt überdimensional vergrößert wahrnehmen und jenen der anderen leicht übersehen. Unsere übliche »Standardeinstellung«, so drückte es einmal der Schriftsteller David Foster Wallace treffend aus, beruhe auf der unausgesprochenen Überzeugung, man selbst sei »der echteste, lebendigste und bedeutendste existierende Mensch.«[1]

Dummerweise steht dieses Erleben in starkem Gegensatz zur Wirklichkeit. Ohne unsere Mitmenschen wäre es nicht nur schwer, Kaffee zu kochen – wir wären vermutlich gar nicht überlebensfähig. Im weitesten Sinne sind es sogar erst die anderen, die uns zu der Person machen, die wir sind. »Der Mensch wird am Du zum Ich« – dieser berühmte Satz des Religionsphilosophen Martin Buber[2] wird von der modernen Entwicklungspsychologie heute auf vielfältige Weise bestätigt.

»Ein Kind, das auf einer Insel ohne sozialen Kontakt aufwachsen würde, hätte als Erwachsener nicht mehr Geist als ein Affe«, postuliert etwa der Entwicklungspsychologe Michael Tomasello, »wir Menschen sind dafür gemacht, die Köpfe zusammenzustecken«.[3] Als langjähriger Direktor am Max-Planck-Institut für evolutionäre Anthropologie hat Tomasello mit seinem Team unzählige Experimente mit kleinen Kindern und Menschenaffen angestellt, um herauszufinden, was genau Homo sapiens seinen nächsten Verwandten voraus hat. Tomasellos Antwort: Es ist nicht die reine Intelligenz oder das Verständnis von Raum, Mengen und Kausalität, die uns unterscheidet (tatsächlich ähneln sich in diesen Bereichen die Leistungen von Schimpansen und zweijährigen Kindern); was den Menschen ausmacht, ist vielmehr seine *soziale Kognition*, die Fähigkeit, sich in andere hineindenken, mit ihnen kommunizieren und gemeinsam handeln zu können.

Das zeigt sich etwa in Experimenten, bei denen die Versuchsteilnehmer zusammenarbeiten müssen, um eine Belohnung zu erhalten. Wenn zwei Schimpansen gemeinsam einen Apparat bedienen sollen, um an Futter zu gelangen, sind sie dazu vom technischen Verständnis her durchaus imstande; doch an der sozialen Herausforderung scheitern sie: Sobald es ans Teilen geht, trickst der schnellere seinen Partner aus – was dazu führt, dass der langsamere nach kurzer Zeit nicht mehr kooperiert. Zweijährige Menschenkinder lösen eine ähnlich gelagerte Aufgabe dagegen problemlos: Sie verstehen, dass es in beiderseitigem Interesse ist, wenn der schnellere dem langsameren hilft.

Anders als die übrigen Primaten beherrschen Menschen auch die Kunst der *joint attention,* der gemeinsamen (oder geteilten)

Aufmerksamkeit. Kinder zeigen auf interessante Gegenstände nicht nur, wenn sie diese haben wollen, sondern auch, um anderen etwas mitzuteilen, um diese gewissermaßen in die eigene Gedankenwelt mitzunehmen. Und ihre Kameraden folgen nicht nur dem Fingerzeig, sondern schauen auch zurück auf das Gesicht des Zeigenden, um daran abzulesen, welche Gedanken oder Gefühle diesen umtreiben. All das tun Affen nicht, wie Tomasello festgestellt hat.[4] »Affen zeigen nicht für andere Affen«, sagt der Anthropologe.

Zwar folgen Schimpansen instinktiv den Kopfbewegungen ihrer Artgenossen, um herauszufinden, was diese interessiert. Sie besitzen auch eine erstaunliche Sprachfähigkeit und entwickeln in der Gruppe sogar so etwas wie eine eigene, rudimentäre Kultur. Doch weder weisen sie andere durch Fingerzeige auf etwas hin, noch studieren sie dabei aufmerksam deren Gesichtsausdrücke. Die geteilte Aufmerksamkeit der Kinder ist das, was unsere Spezies vor allen anderen Arten auszeichnet. Deshalb ist Homo sapiens auch die einzige von 180 Primatenarten, in deren Augen es – neben der Pupille – einen weißen Rand zu sehen gibt. Warum? Weil man durch das Weiße im Auge dem Blick anderer genauer folgen und so besser erkennen kann, was diese sehen oder möglicherweise vorhaben.

Menschliches Selbstbewusstsein ist für Tomasello daher weniger ein Ausdruck individueller geistiger Fähigkeiten als das Produkt der Interaktion mit anderen: Der Mensch ist das Tier, das »wir« sagt. Er beherrscht die Fähigkeit, mit anderen zu kooperieren, gemeinsame Absichten und Ziele zu verfolgen und dabei den kurzfristigen Eigennutz zurückzustellen – um so am Ende mehr zu erreichen, als es einem Einzelnen je möglich wäre. Für Tomasello ist das nicht nur die Basis der menschlichen

Kommunikation und Kultur, sondern letztlich auch all unserer Institutionen, unserer ethischen Grundsätze und unserer Gesellschaftssysteme.[5]

Warum Affen nicht kochen

Natürlich kooperieren auch andere Tiere: Wölfe machen im Rudel Jagd, Affen beschützen sich gegenseitig in Horden, Ameisen bauen ganze Staaten mit ausgeklügelter Sozialstruktur auf. Doch beim Menschen ist diese Art von sozialer Intelligenz so stark ausgeprägt, dass er Regeln und Institutionen geschaffen hat, die es ihm ermöglichen, selbst mit Menschen am anderen Ende der Welt zu kooperieren, die er nie gesehen hat und vermutlich nie treffen wird – die ihm aber seinen Kaffeegenuss ermöglichen. Menschen sind zudem in der Lage, ihr soziales Tun zu reflektieren und sich dabei auch in die Gedanken- und Gefühlswelt ihres Gegenübers hineinzuversetzen – »Ich weiß, dass du weißt, dass ich weiß, dass wir gemeinsam diesen Turm bauen wollen« –, was die Zusammenarbeit auf ein ganz anderes Niveau hebt.

Ein kurioses (aber schlagendes) Beispiel für die Besonderheit des Menschen ist die Frage, warum Affen nicht kochen. Denn zumindest Schimpansen wären von den geistigen Fähigkeiten her dazu durchaus in der Lage. Das bewies etwa der Bonobo-Schimpanse Kanzi, der gerne als klügster Affe der Welt bezeichnet wird und im *Great Ape Trust Reservoir* in Iowa, USA, lebt. 2014 ging ein Video um die Welt, das Kanzi beim Feuermachen und Marshmallow-Rösten an einem Lagerfeuer zeigte.[6] Selbst das Braten von Spiegeleiern beherrscht Kanzi. Abgeschaut hat er sich diese Fähigkeiten offenbar von einem Film, den ihm seine Betreuer in dem Schutzgebiet gezeigt hatten. Doch lässt sich von Kanzi auf andere Affen schließen? War das reine Nachahmung oder bringen auch Schimpansen in freier Wildbahn die Fähigkeit zum Kochen mit?

Mit dieser Frage im Gepäck reisten die Psychologen Alexandra Rosati (von der Yale University) und Felix Warneken (der früher bei Tomasello arbeitete und heute an der Harvard University lehrt) ins Tchimpounga-Schutzgebiet in der Republik Kongo. Dort prüften sie mit verschiedenen trickreichen Tests die kulinarische Eignung der dort lebenden Schimpansen. Ergebnis: Zumindest theoretisch wären unsere nächsten Artgenossen zum Brutzeln durchaus in der Lage. Erstens zeigen Schimpansen eine klare Präferenz für gekochte Kartoffeln; zweitens bringen sie die Geduld auf, ihr Essen nicht roh zu verspeisen, sondern zu warten, wenn sie es gekocht bekommen. Drittens scheinen sie zu verstehen, dass beim Kochen eine Umwandlung stattfindet; als ihnen die Forscher einen speziellen »Kochtopf« hinstellten, der durch geeignetes Schütteln rohe Kartoffelstückchen in gekochte verwandelte, nutzten ihn die Affen bald begeistert. Und viertens sind sie sogar zum Transfer in der Lage und packten nach einiger Zeit auch Karotten in das Kochgerät – obwohl die Forscher ihnen das »Kochen« von Karotten nie vorgemacht hatten.

Aus all dem schließen Rosati und Warneken, dass Schimpansen die kognitiven Grundvoraussetzungen fürs Kochen mitbringen.[7] Bleibt die Frage: Warum tun sie es dann nicht in freier Wildbahn? Aus zwei Gründen, erklärt Warneken: Erstens tun sich Affen schwer damit, Feuer zu kontrollieren. Zweitens, und das ist fundamentaler, fehlt ihnen der nötige soziale Zusammenhalt. Denn in der extrem hierarchisch organisierten Affenhorde greift sich normalerweise das Alphatier jeden Leckerbissen als Erster. Die anderen Schimpansen tun daher gut daran, sich gefundenes Futter möglichst schnell zwischen die Zähne zu schieben. Wer langwierige Kochexperimente anstellte, müsste stets damit rechnen, dass ihm das angegarte Futter weggenommen wird.[8]

So scheitern die Schimpansen am Ende nicht an mangelnden technischen Fähigkeiten, sondern an einem zu schwach ausgeprägten Gemeinsinn. Daraus folgt umgekehrt: Der evolutionäre Erfolg des Homo sapiens beruht nicht so sehr auf seinen technischen Talenten, sondern vor allem auf seiner Kooperationsfähigkeit und dem ungewöhnlich starken sozialen Zusammenhalt mit anderen Menschen. Denn nur dies versetzt ihn in die Lage, solch umständliche Prozeduren wie das Kochen – und andere höhere kulturelle Fertigkeiten – zu erproben und auszubauen.

Aus solchen (und vielen weiteren) Ergebnissen leiten Verhaltensforscher heute die Definition des Menschen als »ultrasoziales Wesen« ab: Was Homo sapiens zum Erfolgsmodell der Evolution machte, ist seine einzigartige kulturelle Intelligenz und sein ausgeprägter Sinn für kooperatives Denken. Zugleich ist menschliches Denken und sein Bewusstsein durch und durch von diesem ständigen sozialen Austausch geformt. Erst die Interaktion mit den anderen macht uns zu der Persönlichkeit, die wir sind.[9]

Kaspar Hausers Geschwister

Wie wichtig der Austausch mit unseren Mitmenschen ist, zeigt sich vor allem dann, wenn er ausbleibt. Und nirgendwo wird das radikaler und drastischer spürbar als am Anfang des Lebens, wenn unsere geistige Entwicklung beginnt: Ohne die Interaktion mit anderen und ihre *joint attention* bleibt das Denkvermögen rudimentär, das Individuum kann sich nicht entwickeln und verkümmert regelrecht.

Das belegen nicht nur Schicksale wie jenes von Kaspar Hauser im 19. Jahrhundert (der ohne soziale Kontakte aufwuchs, geistig stark zurückgeblieben war und in Gesellschaft nicht lange überlebte), sondern auch ein modernes Drama, das fatal an diese historische Anekdote erinnert: die traurige Geschichte der rumänischen Waisenkinder zur Zeit des Diktators Nicolae Ceauşescu. »Kaspar Hausers Geschwister« nannte sie treffend der *Spiegel*.[10]

Ceauşescu, der von 1965 bis 1989 in Rumänien herrschte, verfolgte eine bizarre Familienpolitik: Der größenwahnsinnige Diktator hatte sich in den Kopf gesetzt, die Größe des rumänischen Volkes zu mehren durch möglichst viele Geburten. Deshalb wurde Verhütung verboten, Frauen wurden mit »Mutter-Medaillen« und Orden zum Gebären angespornt. Wer sich den verordneten Kinderreichtum nicht leisten konnte, durfte überzählige Kinder in die Obhut des Staates geben – der sie in Waisenhäusern unterbrachte.

So wurden Tausende Kinder von ihren Eltern getrennt und in Waisenhäuser gestopft, wo sie zwar mit dem Nötigsten versorgt wurden, aber eben nicht mit emotionaler Zuwendung und »geteilter Aufmerksamkeit«. Teilweise lebten in Rumäniens Waisenhäusern weit über 100 000 Kinder – oder besser: Sie vegetierten unter unwürdigen Bedingungen dahin. Schreiende Babys wurden nicht getröstet, ältere Kinder mit Beruhigungsmitteln vollgestopft, an manchen Orten – wie dem »Horrorschloss« Cighid – ließ man sie gar in ihren eigenen Exkrementen dem Tod entgegendämmern.[11]

Erst 1989, nach dem Sturz Ceauşescus, kamen diese Zustände ans Licht der Öffentlichkeit. Weltweit gab es einen Aufschrei der Empörung, Hilfsprogramme wurden gestartet und – unter anderem – ein wissenschaftliches Projekt, das die Folgen dieser sozialen Deprivation untersuchen sollte. Im *Bucharest Early Intervention Project* (BEIP) begleiteten amerikanische Mediziner, Hirnforscher und Entwicklungspsychologen 136 Kinder, die zuvor im größten Waisenhaus Bukarests, St. Catherine, gelebt hatten.[12] Geschockt seien sie gewesen, erzählt Charles Nelson, der Leiter des Forschungsprojektes: Das Schlimmste war für ihn die Stille in den Schlafsälen, in denen die Säuglinge stumm in ihren Bettchen lagen und an die Decke starrten. »Warum sollten die Kinder auch schreien? Es hat sie ohnehin niemand beachtet«, sagt der Harvard-Psychologe. »Wir dagegen mussten oft den Raum verlassen, damit die Kinder uns nicht weinen sahen.«[13]

In ihrem Abschlussbericht formulieren die Forscher in nüchternen Worten, wie sehr das Fehlen emotionaler Bindung zur Verkümmerung führt: Die Waisenkinder in Bukarest waren deutlich kleiner als normale Altersgenossen (obwohl sie genug zu essen bekamen), ihr Intelligenzquotient lag im Schnitt bei 73 (was am Rande geistiger Behinderung liegt), und keines zeigte eine normale Sprachentwicklung. Viele litten unter Ängsten oder Depression, andere waren hyperaktiv, neigten zu »oppositionellem Trotzverhalten« oder anderen Verhaltensstörungen.[14]

Kamen die Kinder aus den Heimen zu Pflegefamilien, blühten viele regelrecht auf: Vor allem die kleineren, bis zwei Jahre alte Kinder begannen zu wachsen, ihr IQ verbesserte sich, Ängste und Depressionsanfälle nahmen ab, ihre Sprachfähigkeit nahm zu. Bei größeren Kindern (ab drei Jahren und älter) blieben solche Fortschritte dagegen aus. Das zeigt einerseits, welch dramatische Folgen die fehlende Bindung in den ersten Lebensjahren hat; andererseits aber auch, dass sich diese Folgen – wenigstens zum Teil – durch menschliche Gemeinschaft wieder rückgängig machen lassen.

Damit illustriert das Schicksal der rumänischen Waisenkinder, wie wichtig der soziale Kontakt vor allem am Anfang des Lebens zur Entfaltung unserer Fähigkeiten ist: Erst durch die Rückmeldung von anderen kann ein Kind sein geistig-emotionales Repertoire erproben und entwickeln. Wenn zum Beispiel ein Baby schreit, weil es hungrig ist, und wenn es daraufhin gefüttert wird, lernt es auf diese Weise, dass es eine Verbindung zwischen seinen Äußerungen und dem eintretenden Erfolg gibt und dass es selbst etwas bewirken kann. Bleibt die passende Reaktion der Mutter (oder anderer Fürsorgepersonen) aus, kann es diesen Entwicklungsschritt nicht machen.

Erst im Spiegel des anderen findet der Mensch zu sich selbst. In diesem Prinzip sieht der Neuropsychologe Wolfgang Prinz sogar die Erklärung für die Entstehung von Bewusstsein und Selbstverständnis.[15] In seinem Buch *Selbst im Spiegel* vertritt der langjährige Direktor am Max-Planck-Institut für Kognitions- und Neurowissenschaften in Leipzig die These, dass unser Gefühl für Subjektivität erst dadurch entstehe, dass wir andere als Subjekte wahrnähmen – bis wir schließlich begriffen, dass wir selbst ebensolche Wesen seien. Den Kern unseres Menschseins mache letztlich der soziale Austausch mit der Umwelt aus.[16]

Die Wirkung der Isolation

Lange Zeit neigten Psychologen der These zu, all das gelte nur für die ersten Lebensjahre. Das kindliche Gemüt sei eben noch stark formbar, so dachte man, bei Erwachsenen jedoch sei die

Persönlichkeit stabil und werde durch das soziale Umfeld kaum noch nennenswert verändert. Heute weiß man: Das ist eine Illusion. Auch im Erwachsenenalter wird unser Denken, Fühlen und Verhalten massiv von den Menschen in unserer Umgebung beeinflusst; wir sind sogar so sehr auf Rückmeldungen aus unserer Umgebung angewiesen, dass es dramatische psychische Folgen hat, wenn diese Rückmeldungen plötzlich ausbleiben.

Das zeigen nicht nur die zahlreichen – in Kapitel 1 beschriebenen – medizinischen Studien. Das belegen auch Experimente, die zu einem der dunkelsten Kapitel der psychologischen Forschung gehören: Im Auftrag des amerikanischen Geheimdienstes CIA erprobten Psychologen ab den 1950er Jahren an der kanadischen McGill University die Wirkung diverser Methoden zur »Gehirnwäsche«[17]. Eine dieser Methoden war die Isolierung von Versuchspersonen und der vollständige Entzug von Sinnesreizen, die sogenannte sensorische Deprivation. Anfangs mussten die Testpersonen dazu nur einen Tag lang in einem isolierten Raum sitzen. Am Ende gingen die Forscher so weit, ihre – freiwilligen – Probanden bis zu zwei Wochen komplett von der Außenwelt abzuschirmen, mit Augenbinden, Schallisolierung und dicken Handschuhen (um auch den Tastsinn auszuschalten), oder sie gar in sargähnliche Kisten zu stecken, so dass sie sich noch nicht einmal rühren konnten.[18]

Heute wären solche Versuche an einer öffentlichen Universität unmöglich, doch damals herrschten noch andere ethische Standards. Und der CIA finanzierte solche Studien großzügig, um herauszufinden, wie man Menschen am besten psychologisch »knackt« und Gefangene zum Reden bringt. Tatsächlich erwies sich die sensorische Deprivation als »hilfreich«: Schon nach kurzer Isolation zeigten die Probanden Orientierungsstörungen und abnehmende kognitive Fähigkeiten. Unter anderem maßen

Forscher eine Verlangsamung der Hirnstrom-Aktivität, eine Veränderung der elektrischen Hautleitfähigkeit, eine Veränderung des Zeitempfindens und der Körperwahrnehmung, das Auftreten von Halluzinationen sowie eine verminderte Fähigkeit zum Lösen komplexer Aufgaben. Außerdem, und das interessierte die Geheimdienstler besonders, erwiesen sich die Versuchspersonen als empfänglicher für jede Art von Propaganda.

In einem Versuch ließ der kanadische Psychologe Donald Hebb eine Gruppe seiner Studenten einen ganzen Tag lang in einem abgeschotteten Raum sitzen; als einzigen Reiz bekamen sie Stimmen zu hören, die anti-wissenschaftliche oder kreationistische Vorstellungen äußerten – also Ideen, die normalerweise von den Studenten rundweg abgelehnt wurden. Doch schon die eintägige Phase der sensorischen Deprivation machte die Probanden empfänglich dafür: Was sie zuvor als Unsinn empfunden hatten, fanden sie nun plötzlich einleuchtender. »Die Identität der Personen hatte angefangen zu bröckeln«, beschrieb ein Forscher diesen Effekt.[19]

Zur Ehrenrettung Hebbs muss man ergänzen, dass er die Versuche für den CIA bald einstellte und später wegweisende Arbeiten zu den neuronalen Grundlagen des Lernens und Erinnerns leistete. Doch andere setzten die Isolationsforschung fort, vor allem Hebbs ehemaliger Mitarbeiter John Zubek, der an der University of Manitoba jahrelang Experimente zu den Auswirkungen der Deprivation betrieb.[20] Und von diesen Versuchen wiederum führt ein gerader Weg zu jenen Foltermethoden, die später zum Teil in Guantanamo und anderswo eingesetzt wurden – Foltermethoden, die keinerlei Narben oder andere sichtbare Spuren hinterlassen, aber die Psyche und geistige Stabilität umso mehr angreifen.

In einem CIA-Handbuch von 1963 wurden die Ergebnisse der Deprivationsforschung so zusammengefasst: »Je umfassender der Ort der Haft sensorische Reize eliminiert, umso schneller und tiefgreifender wird der Häftling beeinflusst. Dabei können die Resultate, für die man in einer normalen Zelle Wochen oder Monate der Haft benötigt, bereits in Stunden oder Tagen erreicht werden in einer Zelle, die kein Licht hat, schallgedämpft ist, die Gerüche ausschließt und so weiter.«[21] Deshalb wird die Isolationshaft von den meisten Gefangenen zu Recht auch als Folter empfunden.

Die Angst vor dem Abgeschnittensein

In den 1970er Jahren setzte sich auch der Psychoanalytiker Horst-Eberhard Richter mit den Ergebnissen der sensorischen Deprivation auseinander. Gerade weil die Isolation so unerträglich sei, schrieb er, gäbe es »keine ähnlich verwundbare Stelle wie diese, die jederzeit für die Manipulation von Menschen … ausgenützt werden kann«. Denn vom Kontakt mit anderen Menschen oder der Außenwelt hänge nicht nur unser Wohlbefinden ab, sondern bereits unser elementares Denk- und Wahrnehmungsvermögen: »Wenn wir uns nicht mehr mit unserer Umgebung in Beziehung setzen können, ist unser psychisches Gleichgewicht sofort gefährdet, und wir können von Symptomen befallen werden, die über den Grad aller bekannten neurotischen Veränderungen hinausgehen«.[22]

Zwar sind im Alltag solche extremen Isolations-Erfahrungen selten; doch gänzlich ausgeschlossen sind sie nicht. Im Medizinbetrieb zum Beispiel können hin und wieder ähnliche Situationen auftreten – etwa, wenn Patienten allein auf einer Intensivstation liegen (so wie es zum Beispiel manche Corona-Patienten erlebten) oder wenn ihnen nach einer Star-Operation beide Augen abdeckt werden. Fehlen in solchen Fällen menschliche Kontakte oder andere Anregungen, kann das die Psyche ziemlich destabilisieren.

Auch Gesunde können eine Ahnung vom Gefühl des Abgeschnittenseins bekommen – etwa dann, wenn sie sich plötzlich allein einer völlig neuen Umgebung gegenübersehen. Wenn zum Beispiel ein Kind in eine neue Klasse kommt, in der sich alle anderen bereits kennen; oder wenn eine Berufsanfängerin erstmals eine neue Firma betritt; oder wenn man als Reisender in ein wildfremdes Land kommt, in dem man weder Kultur noch Sprache versteht. In solchen Fällen fehlt es zwar nicht an Umweltreizen, aber an vertrauten Kontakten und bekannten Haltepunkten. Und das hat etwas hochgradig Verunsicherndes.

»Die Häuser sind anders, die Menschen sprechen möglicherweise einen fremden Dialekt und benehmen sich in ungewohnter Weise. Man vermisst plötzlich eine Fülle von bekannten Leuten, Gegenständen, Geräuschen, Gerüchen, von denen man bisher umgeben war. Jetzt erst merkt man, wie viele scheinbar unwichtigen und banalen Eigentümlichkeiten des alten Ortes daran beteiligt waren, das Gefühl von Geborgenheit abzustützen, das jäh geschwunden ist.« So beschreibt Horst-Eberhard Richter, was bei einer Reise oder einem Umzug in eine fremde Gegend passiert. Plötzlich sei ein Gefühl von Sicherheit weg, das »einer Art von Dialog entsprungen« war, »den man kontinuierlich mit den belebten und unbelebten Objekten der heimatlichen Szenerie geführt hatte«.[23] Diese Verlässlichkeit und Berechenbarkeit der äußeren Welt habe geholfen, dass man sich auch selbst stabil und verlässlich fühlen konnte.

Gerade bei solch abrupten Veränderungen wird daher spürbar, wie sehr wir Menschen auf den (meist unbewussten) Dialog mit unserer Umgebung angewiesen sind; die plötzliche Abschottung von jeglichem Sozialkontakt kann uns – wie die Deprivationsforschung zeigt – im Innersten unseres Wesens erschüttern. (Der Vollständigkeit halber sei angemerkt: Natürlich gibt es auch positive Formen des Alleinseins – etwa der Rückzug zum konzentrierten Arbeiten, eine einsame Bergwanderung, eine Auszeit im Kloster oder bei der Meditation. Doch diese Zeiten des Alleinseins erfordern in der Regel eine entsprechende Vorbereitung und einen hilfreichen Rahmen – siehe das folgende Kurzkapitel.) Der Mensch ist eben kein Einsiedlerkrebs, der sich selbst genug wäre, sondern ein Wesen, das vom regelmäßigen Austausch und der Resonanz mit der Umgebung lebt.

Manche Forscher beschreiben uns deshalb auch als »offene Schleifen« oder »offene Regelkreise«, als Systeme also, die sensibel auf äußere Einflüsse reagieren und von diesen mit gesteuert werden. Eine geschlossene Schleife wäre zum Beispiel der Blutkreislauf – er wird vom Blutkreislauf anderer Menschen nicht beeinflusst. Hingegen ist das menschliche Nervensystem ein offener Regelkreis: Er ist auf äußeren Input und Austausch geradezu angewiesen. Wir stehen gedanklich und emotional ständig in Interaktion mit unserer Umwelt, werden durch diese Dynamik erst zu lebendigen, fühlenden Wesen.

»Erwachsene bleiben soziale Tiere: Sie brauchen weiterhin eine Quelle der Stabilisierung außerhalb von sich selbst«, schreiben die Psychiater Thomas Lewis, Fari Amini und Richard Lannon in ihrer Erklärung der »offenen Schleife«.[24] Viele biologische Prozesse – Hormonspiegel, Schlafrhythmus, Immunfunktionen – würden nicht nur vom Individuum innerhalb des eigenen Körpers reguliert, sondern auch vom sozialen Umfeld beeinflusst, in dem man sich bewege. Das beste Rezept für innere Stabilität sei es daher, »Menschen zu finden, die einen gut regulieren, und bei ihnen zu bleiben«.

Studien liefern etwa Hinweise darauf, dass gemeinsam lebende Frauen im Laufe der Zeit ihre Menstruationszyklen synchronisieren.[25] Vermutlich werden dabei Pheromone ausgetauscht, chemische Botenstoffe, die unbewusst das biologische Verhalten beeinflussen. Dabei sei die menstruelle Synchronisation, sagt die Psychologin Martha McClintock, die den Effekt vor mehr als 40 Jahren als Erste entdeckte, »nur ein kleiner Teil des zwischenmenschlichen Pheromon-Austauschs«.[26] Andere Experimente zeigen, dass Liebespaare, die im selben Raum sitzen, automatisch die Herz- und Atemfrequenzen angleichen[27]; oder dass sich bei Menschen, die einander an der Hand halten, sogar die Hirnwellen synchronisieren.[28]

Sozialer Schmerz – und was dagegen hilft

Selbst das Empfinden von Schmerz hängt vom sozialen Kontakt und dem Zugehörigkeitsgefühl ab: Hält einem ein geliebter Mensch die Hand, lindert das bereits den Schmerz. Wer sich dagegen allein und ausgeschlossen fühlt, leidet umso mehr. Das wissen nicht nur alle Eltern, die ihre Kinder automatisch in den Arm nehmen, wenn diese sich wehgetan haben. Das hat mittlerweile auch die Wissenschaft nachgewiesen.[29] Britische Forscher haben sogar gezeigt, dass schon gemeinsames Lachen die Schmerzgrenze erhöht.[30] Vermutlich werden durch die soziale Heiterkeit körpereigene Botenstoffe (Endorphine) ausgeschüttet, die im Rückenmark die Schmerzempfindung dämpfen.

Einsamkeit oder Spannungen zwischen Menschen können indes das Gegenteil bewirken: In solchen Situationen nimmt man einen Schmerz als noch stärker wahr. Das Ausgegrenztsein aus einer Gemeinschaft löst im Gehirn sogar ganz ähnliche Aktivitätsmuster aus wie körperliche Qual. Neuropsychologen sprechen von »sozialem Schmerz«.[31] Und der kann ebenso wehtun wie körperlicher. Trennungen, unfreiwillige Einsamkeit und soziale Zurückweisung aktivierten »weitgehend dieselben warnenden Hirnzentren wie ein Schlag mit dem Hammer auf den Daumen«, erklärt der Wissenschaftsjournalist Harro Albrecht in seinem Buch *Schmerz*.[32]

Die enge Verbindung von seelischen und körperlichen Leiden zeigt sich unter anderem daran, dass handelsübliche Schmerzmittel wie Paracetamol (zumindest zeitweilig) auch den sozialen Schmerz lindern können, der durch Zurückweisung entsteht.[33] Von dieser Methode der »Einsamkeitsbehandlung« sei dennoch dringend abgeraten: Auf Dauer machen solche Schmerzmittel süchtig.

Besser ist es, auf ein anderes Mittel zu setzen: Wohlwollende Berührungen und leichtes Streicheln aktivieren jene Hirnbereiche, die für Wohlgefühl zuständig sind und das Alarmsystem des Schmerzes dämpfen.[34] Dass dieser positive Effekt umso stärker ist, je näher und vertrauter uns die betreffende Person steht, überrascht kaum. Ohnehin scheinen gute Beziehungen ein wahres Allheilmittel: Langzeit-Studien belegen beispielsweise, dass Menschen mit einem herzlichen Verhältnis zu ihren Eltern in der Regel weniger oft krank werden als jene, die ihr Elternhaus als kalt und abweisend erleben.[35]

All das zeigt, wie essenziell positive Beziehungen und wohlwollende Kontakte zu anderen Menschen für uns sind – von der Geburt bis ins hohe Alter. Denn Lebendigsein bedeutet: sich auszutauschen. Wer sich abkapselt und verschließt, ist auf Dauer nicht lebensfähig. Das beginnt bei der Atmung über den Stoffwechsel bis zur geistig-emotionalen Ebene: Ohne die Gedanken, Ideen und Gefühle der anderen können sich unsere eigenen Gedanken, Ideen und Gefühle nicht entfalten. Und ohne ein Mindestmaß an Anerkennung und Resonanz verkümmern wir regelrecht.

Diese Tatsache steht allerdings in starkem Kontrast zu unserer üblichen Wahrnehmung als selbstbestimmte Individuen und dem Klischee – das gerne in Hollywood-Western transportiert wird –, wonach die Stärke vieler Helden sich aus ihrer Einsamkeit speist. Manche empfinden daher den Hinweis auf unsere soziale Abhängigkeit geradezu als beleidigend. Darauf hat übrigens schon Horst-Eberhard Richter hingewiesen. Es sei für uns schlimm genug, uns eingestehen zu müssen, »dass wir materiell von der äußeren Realität in unseren Lebensmöglichkeiten allenthalben eingeengt werden. Deshalb ist es unser dringendes Bedürfnis, uns wenigstens seelisch autonom und hinreichend widerstandsfähig gegen äußeren Druck zu wissen.« Die Vorstellung, dass wir auch noch in unserem Denken, Fühlen und in unserem Verhalten von außen unbewusst beeinflusst würden, »mutet unerträglich an«.[36]

Die Herausforderung für uns Menschen besteht daher darin, einen Mittelweg zwischen diesen beiden Polen zu finden: dem Wunsch nach Eigenständigkeit einerseits und jenem nach Anerkennung und sozialer Stabilisierung andererseits. Und dieser Weg beginnt mit der Erkenntnis, dass stets beide Seelen in unserer Brust wohnen, dass es nicht um das Bevorzugen oder Negieren einer der beiden Seiten geht, sondern um ihre Balance.

Wie das aussehen kann, verdeutlichte mir ein Freund, der vor einigen Jahren zum begeisterten Motorradfahrer wurde. Sobald der Frühling kommt, wird die Maschine auf Vordermann gebracht, und es beginnt die Zeit der großen Touren. Was ihm dabei gefalle, so erklärte er mir einmal, sei nicht nur das Fahren, der Spaß an den Kurven, die Beherrschung der Maschine oder die Freude an den schönen Landschaften, sondern vor allem das Gefühl der Freiheit und Autonomie, das sich dabei einstelle. Auf dem Motorrad sei er ganz sein eigener Herr, niemand schreibe ihm vor, wie oder wohin er zu fahren habe, und diese Unabhängigkeit genieße er sehr.

Außerdem, fuhr er nach kurzer Pause fort, könne man dabei ganz zwanglos andere Biker kennenlernen und habe sofort ein verbindendes Gesprächsthema. Viele seiner Fahrten führten deshalb zu bekannten Motorrad-Treffs, wo zum Teil Dutzende von Fahrern Kaffee trinken und über ihre Maschinen klönen, oder auch zu speziellen Biker-Campingplätzen, wo man abends gemeinsam am Feuer sitze und sich gegenseitig von den besten Touren erzähle. »Als Biker bist du nie allein.«

Schöner lässt sich das widersprüchliche Verlangen nach gleichzeitiger Unabhängigkeit *und* Zugehörigkeit wohl kaum illustrieren: Glück heißt für den Motorradfahrer, seine individuelle Freiheit auszukosten – aber in der Gewissheit, am Abend mit anderen Individualisten die Gemeinschaft genießen zu können …

Diese Anekdote verdeutlicht, dass wir nicht *entweder* Individuen *oder* Gemeinschaftswesen sind, sondern immer beides; und dass sich das eine und das andere gegenseitig bedingen: Wir sind sozusagen Gemeinschaftsindividuen. Doch was heißt das für unsere Identität? Um die klassische Frage aufzugreifen: Wer bin ich und wenn ja, wie viele? Um diese Frage geht es im folgenden Kapitel. Denn nur ein vertieftes Verständnis unserer Selbst, unserer Bedürfnisse und Grenzen, hilft uns, Individualität und Kollektivität auszubalancieren. Und nur so kann echter Gemeinsinn entstehen.

VOM GLÜCK DES ALLEINSEINS

»Familie funktioniert nur, wenn du weißt, was alles schiefgehen kann.« Das sagt mir eine lebenskluge Dame, die weit über 90 ist und alle Höhen und Tiefen des Familienlebens durchschritten hat. Nach vielen schwierigen Phasen genießt sie nun im Alter das Glück der Verbundenheit, hat Kinder und Enkel, die sie schätzen und immer für sie da sind. »Aber man muss den richtigen Abstand wahren«, erklärt sie lächelnd. »Wenn ich denen zu sehr auf die Pelle rücke, ist das ebenso schlecht, wie wenn wir uns zu sehr aus den Augen verlieren.« Deshalb hat sie ihre eigene Wohnung, ihre eigenen Freundinnen und Freunde und ihre eigene Arbeit, das Malen, das sie mit großer Begeisterung ausübt. Und an den Wochenenden freut sie sich auf große gemeinsame Essen mit der Familie.

Was diese Dame vorlebt, ist die Kunst der richtigen Balance. Denn bei allem Lob der Gemeinschaft und des Zusammenseins: Manchmal braucht man auch Zeiten des Rückzugs und des Alleinseins. Das gemeinsame Austarieren von Interessen kostet Anstrengung (wie alle Familien wissen); für jede Art von Beziehung ist es essenziell, sich gegenseitig auch Freiraum zu gönnen. Das Allein- und das Zusammensein verhalten sich in dieser Hinsicht ähnlich wie das Ein- und Ausatmen: beide bedingen sich und funktionieren nur im Wechselspiel.

Deshalb sind selbst die engagiertesten Familienmenschen froh, wenn abends ihre Kinder schlafen und sie Ruhe und Zeit für sich haben; deshalb brauchen selbst die umtriebigsten Manager/innen ab und zu eine Auszeit – etwa beim Segeln oder im Schweigekloster –, um ihre seelischen Batterien wieder aufzuladen. Dazu muss man nicht einmal großen Aufwand betreiben: Eine Bekannte, die mit Arbeit und Familie sehr eingebunden war, gönnte sich zu ihrem Geburtstag einen freien Tag in einem schönen Hotel, wo sie sich rundum bedienen ließ und das Ungestörtsein genoss. Ein anderer viel beschäftigter Familienvater organisierte zu seinem 60sten Geburtstag keine große Feier, sondern wanderte eine Woche lang allein durch die Berge – so wie er es als junger Mann öfter getan hatte. »Ich habe ständig Gesellschaft um mich herum«, erklärte er. »Was mir fehlt, ist das Alleinsein.«

Gerade weil wir ultrasoziale Wesen sind und uns so stark an anderen ausrichten, besteht die Gefahr, uns in der Gemeinschaft zu verlieren. Sind wir ständig mit den Ansichten, Wünschen und Ratschlägen anderer Menschen konfrontiert, wissen wir irgendwann nicht mehr, ob wir eigentlich aus eigenem Antrieb handeln – oder weil unser Umfeld das von uns erwartet. Um den inneren Kompass wieder auszurichten, tut es daher gut, sich von all den äußeren Einflüssen einmal abzukoppeln und sich selbst unverstellt zu begegnen. Wie es der Philosoph Walter Benjamin ausdrückte: »Glück ist, zu sich selbst zurückzukommen und nicht zu erschrecken.«

Und dieses Glück erleben wir nur dann, wenn wir nicht ständig auf andere reagieren müssen. Denn auch Wohlwollen kann abhängig machen; wer sein Handeln stets am Beifall des Umfelds ausrichtet, läuft Gefahr, sich mit der Zeit immer unfreier zu fühlen; und eines Tages hilft dann nur der ganz große Bruch, die plötzliche Trennung aus heiterem Himmel, um aus dem schmerzhaften Gefühl der Unstimmigkeit herauszukommen.

Umgekehrt kann man eine Gemeinschaft nur dann bereichern, wenn man ihr auch etwas zu geben hat, wenn man nicht zwangsweise auf sie angewiesen ist. Und das ist nur möglich, wenn man auch fähig ist, allein mit sich selbst auszukommen.

Doch Alleinsein ist gar nicht so leicht. Wer es nicht gewohnt ist, kann sich bald unwohl fühlen, einsam, verloren oder gelangweilt, und sich nach kurzer Zeit nichts mehr wünschen als die Rückkehr in die Gemeinschaft. Der gängige Reflex im Umgang mit dem Alleinsein heißt daher: sich ablenken. Handy raus, Nachrichten checken oder Netflix anwerfen. Alles, bloß keine Langeweile. Selbst wenn die Inhalte dürftig sind, bringt das Geschehen auf dem Bildschirm eine gewisse Struktur in unser Denken und verhindert möglicherweise unliebsame Gedanken und Gefühle.

Passiver Medienkonsum vermittelt allerdings selten das Glücksgefühl des »zu sich selbst Zurückkommens«, von dem Benjamin sprach. Das erleben wir eher in aktiven Seinszuständen, in denen wir uns im Einklang mit uns selbst fühlen. »Muße« nannten das die alten griechischen Philosophen und meinten damit jene Zeiten der glücklichen Zweckfreiheit, in denen wir das Gefühl haben, nichts zu müssen und ganz unseren Neigungen folgen zu können.*

Dabei bedeutet Muße nicht zwangsläufig Däumchendrehen und Faulenzen. Oft stellt sich das Gefühl des Einklangs eher bei Tätigkeiten ein, die wir um ihrer selbst willen ausüben – einfach, weil sie uns Freude machen. Die eine erfährt die Muße bei der Gartenarbeit, der andere beim Musizieren, Dichten, Wandern oder Handwerken. Kinder leben uns die Muße im selbstvergessenen Spiel vor: Plötzlich wird alles andere nebensächlich, und sie gehen ganz in ihrem Tun auf. Das macht nicht nur Spaß, dabei erproben sie ganz nebenbei auch Talente, Phantasien und Fähigkeiten – und lernen sich so im Spielen auf zwanglose Art selbst intensiv kennen.

Mußevolles Alleinsein ist übrigens etwas völlig anderes als das triste Gefühl der Einsamkeit. Allein heißt nicht zwangsläufig einsam zu sein – und umgekehrt. Selbst in der größten Menschenmenge kann man sich einsam fühlen, wenn man von den anderen ausgegrenzt wird. Nicht auf die Zahl der umgebenden Menschen kommt es an, sondern darauf, ob wir so etwas wie Resonanz mit ihnen spüren, ob wir das Gefühl haben, eine gemeinsame Wellenlänge zu finden.[37] Umgekehrt kann man auch im Alleinsein ein Gefühl von Resonanz erleben, etwa im Kontakt mit der Natur, in der Beschäftigung mit Kunst oder beim Lesen eines Buches, wenn man sich der Autorin oder dem Autor nahe fühlt.

Auch die Religionen kennen Rituale des bewussten Rückzugs, um die Resonanz mit einer anderen Dimension des Lebens zu spüren. Vorbilder dafür gibt es viele: Jesus zog sich laut Bibel 40 Tage in die Wüste zurück, um zu fasten (und den Versuchungen des Satans zu widerstehen); der legendäre Begründer des Zen-Buddhismus, Bodhidharma, saß angeblich

* Wer sich ausführlicher mit diesem schönen Zustand beschäftigen will, dem sei mein Buch *Muße. Vom Glück des Nichtstuns* (2010) ans Herz gelegt.

neun Jahre lang allein meditierend in einer Höhle; und der Medizinmann Tahca Ushte, einer der letzten traditionellen Medizinmänner der Sioux, berichtet in seinen Erinnerungen, wie er als Sechzehnjähriger vier Tage lang allein in einem Erdloch auf einem einsamen Hügel ausharrte, um seine große Vision zu finden – jene Kraft, die ihn zu einem Medizinmann machte.[38]

Glaubt man solchen Berichten, schafft gerade das Alleinsein die Voraussetzungen dafür, einer Kraft zu begegnen, die das Selbst übersteigt. Wer das erproben will, sei allerdings gewarnt: es reicht nicht, allein in einem Erdloch zu sitzen oder die Wüste zu durchwandern. Um Gott, der Erleuchtung oder dem Großen Geist näherzukommen, bedarf es kluger Vorbereitungen und geistiger Unterstützung. Tahca Ushte beispielsweise hatte entsprechende Anweisungen erhalten und symbolhaft aufgeladene Gegenstände dabei, wie die Friedenspfeife seiner Vorväter und eine Kürbisrassel, gefüllt mit kleinen Fleischstückchen, die sich seine Großmutter mit einer Rasierklinge aus dem Arm geschnitten hatte. Dank dieser Dinge habe er sich in der Visions-Grube nicht allein, sondern in bester Gesellschaft gefühlt. »Wie hätte ich noch Angst haben können, da so viele Menschen – lebende und tote – mir beistanden?«

Solche Erlebnisse lassen sich zwar beschreiben, aber nur begrenzt verstehen und nachvollziehen. Denn ihre wesentliche Qualität liegt in der Erfahrung von Bewusstseinszuständen, die über die übliche Alltagsvernunft hinausgehen. Wer will, kann die Begegnung mit Gottes Gnade, der buddhistischen Leerheit oder einer großen Vision auch als Illusion, Traumbild oder Wunschvorstellung abtun. Für diejenigen aber, die solche Erfahrungen machen, sind sie von höchstem Wert: Sie vermitteln das Gefühl einer Resonanz mit einem größeren Lebens-Zusammenhang, der über die eigene Person weit hinausreicht. Die Geschichte der Religionen zeigt, dass die Weitergabe solcher Erfahrungen an andere wiederum etwas höchst Gemeinschafts-Stiftendes hat.

KAPITEL 5: DAS ICH UND DIE ANDEREN

WIE IDENTITÄT ENTSTEHT UND WARUM SIE SO UMKÄMPFT IST

Als vor einiger Zeit mein Vater mit 94 Jahren starb – zu Hause, so wie er es sich gewünscht hatte –, saß die Familie zusammen und ließ sein Leben Revue passieren. Dabei kramte meine Mutter alte Fotoalben hervor, von denen ich manche noch nie gesehen hatte: die Bilder reichten zum Teil bis vor den Ersten Weltkrieg zurück. Fasziniert blätterte ich sie durch und erkannte, dass sich darin nicht nur unsere Familiengeschichte spiegelte, sondern der ganze Lauf des turbulenten 20. Jahrhunderts.

Auf den frühesten Bildern waren Männer mit Kaiser-Wilhelm-Bärten zu sehen, die würdevoll und ernst in die Kamera blickten; Fotografiert werden war damals offenbar noch reine Männersache. Später tauchten auch Frauen und Kinder auf, wobei die Fotos wegen der langen Belichtungszeiten sehr statisch waren, ausgeklügelte Inszenierungen im guten Sonntagsstaat. Allmählich verbesserte sich die Technik, es kam Bewegung in die Bilder. Dann, ab 1933, spürte man den Einfluss der Nationalsozialisten: mit einem Mal schienen alle Abgebildeten in ein arisch-völkisches Schema gepresst – die Mädchen artig mit geflochtenen Zöpfen und weißen Kniestrümpfen, die Jungs in kurzen Hosen bei Sportspielen im »Waldlager« der Hitlerjugend.

Wenige Jahre später posierte mein volljährig gewordener Vater stolz in Uniform.

Danach klaffte eine große zeitliche Lücke in den Familienfotos; in der Kriegszeit zwischen 1939–1945 war niemand nach Erinnerungsbildern zumute. Auch die jahrelange Gefangenschaft in der Sowjetunion, in die mein Vater kurz vor Kriegsende geriet, war nicht dokumentiert. Erst ab Mitte der 50er Jahre wurden die Familienbilder wieder zahlreicher; nun kündeten sie vom neuen Leben im Wirtschaftswunderland: Mein Vater stolz vor seinem ersten Auto, meine Mutter mit Hochfrisur inmitten einer adretten Kinderschar – typische bundesrepublikanische Idylle. Wiederum zwei Jahrzehnte später, in den 1970er Jahren, blickten die groß gewordenen Söhne mit langen Mähnen genervt in die Kamera; man spürte in den Bildern die Spannung, ahnte die wilden Diskussionen am Küchentisch über Nazis und RAF-Terroristen, über die Fehler der Vergangenheit und die Utopien der Zukunft …

Aus soziologischer Perspektive liefern unsere Fotoalben also ein ziemlich repräsentatives Abbild der deutschen Geschichte des 20. Jahrhunderts. Das Merkwürdige aber ist: Weder den Fotografen noch den Fotografierten war das bewusst. Niemand hatte den Anspruch, die jeweilige Zeit zu dokumentieren. Die Bilder sollten vielmehr rein private Ereignisse zeigen: Hochzeiten, Konfirmationen, Schulabschlüsse … – gerade so, als spielte der historische Rahmen keine Rolle. Während sich im Hintergrund der Fotos die weltumstürzenden Ereignisse des Jahrhunderts abzeichnen, sind im Vordergrund alle bemüht, unbeeinflusst davon ihr kleines privates Leben zu führen.

Der innere Kosmos

Wer also war mein Vater *wirklich*? Der erfolgreiche Manager und liebende Familienvater, als der er sich selbst gerne sah? Ein unkritischer Mitläufer, der sich an das Naziregime ebenso angepasst hatte wie später an den bundesrepublikanischen Staat, wie wir ihm im Streit manchmal vorwarfen? Der traumatisierte Kriegsgefangene, der bis ins hohe Alter von seinen Lager-Erfahrungen nicht loskam? Oder der sanfte Mensch, der die Mathematik und die Musik liebte und in Urlaubszeiten plötzlich so ganz anders sein konnte, entspannt, aufgeschlossen und voller Humor?

Die zutreffendste Antwort muss wohl lauten: Er war alles zusammen – und noch viel mehr. Was wir von ihm sahen und kannten, war ja nur die äußere, sichtbare Seite. Was in seinem Inneren vor sich ging, welche Träume, Gedanken oder geheime Phantasien ihn umtrieben, ließ sich allenfalls erahnen. Denn die menschliche Innenwelt ist unendlich facettenreich, wie wir alle aus eigener Erfahrung wissen. Und je nach äußeren Umständen kommen mal diese und mal jene Seiten zum Vorschein – so wie wir es bei meinem Vater erlebten. So sehr man sich auch wünscht, einen Menschen auf einen Nenner zu bringen, so schwer bis unmöglich ist es in Wahrheit. Die menschliche Psyche kümmert sich nicht um Eindeutigkeit oder Logik, sondern ist ebenso vielgestaltig, bunt und paradox wie das Leben selbst.

Der Lyriker Durs Grünbein hat diese Tatsache einmal in den poetischen Satz gefasst: »In jedem Menschen platzt, wenn er stirbt, auf Erden ein weiteres All.«[1] Tatsächlich gleicht unsere individuelle Erfahrungswelt einem unendlichen, vieldimensionalen Universum; und wir alle leben in einem eigenen Kosmos, der von persönlichen Sonnensystemen erhellt und von privaten schwarzen Löchern geformt wird, der spezielle Flieh- und Anziehungskräfte kennt, die für Außenstehende nur bruchstückhaft erfahrbar und noch nicht einmal uns selbst vollständig zugänglich sind.

Diese individuelle Einzigartigkeit macht unseren Reichtum aus und prägt unser Erleben, das sich anderen niemals vollständig vermitteln lässt. Genau deshalb kann ja die Begegnung mit anderen Menschen so belebend und inspirierend sein: weil wir uns zwar in vielem ähnlich, aber eben doch nicht gleich sind – und weil sich die Natur eines Menschen niemals ganz ausloten lässt.

Die Suche nach dem »wahren« Gesicht

Der Versuch, die »wahre« Persönlichkeit eines Menschen zu definieren, ist daher ähnlich schwierig wie die Beurteilung der Familienfotos, ohne dabei die historische Zeit in Betracht zu ziehen. Denn die Frage »Wer bin ich?« lässt sich nur vor der Folie der Zeitumstände und dem Verhalten der jeweiligen Mitmenschen beantworten. Wir haben uns zwar angewöhnt, das Individuum als einzelnes Atom zu betrachten, das losgelöst und unabhängig von anderen existiere; und die Summe vieler Individuen, so denken wir, mache die Gesellschaft aus – ähnlich wie sich Atome zu einem Molekül zusammensetzten. Dabei ist es eher umgekehrt: Erst die Gemeinschaft schafft den Rahmen, damit Einzelne überhaupt ihre Individualität ausprägen können.

Dass zum Beispiel mein Vater nach dem Krieg als Mathematiker Karriere machen konnte, war nur möglich, weil es dafür einen Bedarf gab; das aufkommende Computerzeitalter bot ihm eine unerwartete Gelegenheit, sein Talent zu entfalten. Um das wiederum auszubilden, musste er an einer Universität studieren können, brauchte Lehrer, die ihn förderten, Kollegen, die ihn unterstützten, und nicht zuletzt eine tatkräftige Frau, die sich um all die praktischen Belange des Alltags kümmerte (was wiederum zur Folge hatte, dass meine Mutter ihr intellektuelles Potenzial nicht wirklich ausschöpfen konnte).

So ist unsere Persönlichkeit stets von den Zeitumständen geprägt sowie von all den Verbindungen und Verflechtungen, die unser Leben begrenzen oder zur Entfaltung bringen. Damit etwa Sopranistinnen oder Schachgenies gedeihen, braucht es ein Umfeld, in dem solche Musik oder das Schachspiel wertgeschätzt werden; es braucht Vorbilder, Förderer, Mitspielerinnen und Trainingspartner sowie Konzerte beziehungsweise Schachturniere. Würden etwa Talente wie Edda Moser oder Magnus Carlsen in einer Welt ohne Opern oder Schach leben, wären sie keine Stars, sondern unbedeutende Statisten. Und mögliche Genies, die ihre Begabung niemals kennenlernen, werden leicht zu unverstandenen Sonderlingen. In Strafprozessen kommt es nicht selten vor, dass Hochbegabte als Kriminelle auf der Anklagebank sitzen, weil sie niemals die Gelegenheit hatten, ihre echte Begabung zu entfalten.

So gesehen, kann man sagen: Erst die Gemeinschaft bringt das Individuum hervor, nicht umgekehrt.

Welcher Typ bin ich?

Bereits die Tatsache, dass uns die Frage nach der persönlichen Identität überhaupt umtreibt – von der Selbstfindung bis zu den Wirrungen der modernen Identitätspolitik –, ist ein gesellschaftliches Phänomen. Frühere Generationen machten sich nämlich kaum Gedanken über ihre Identität. Erst zum Ende des 19. Jahrhunderts taucht der Begriff erstmals in Lexika wie dem Brockhaus auf.[2] Zuvor war das ganz offensichtlich kein Massenthema.

Wie auch? Jahrhundertelang war die Identität der Menschen durch Kultur, Tradition und Religion weitgehend vorgegeben. Wer etwa im Mittelalter als Kind von Adligen geboren wurde, war automatisch selbst adlig; wer im Hof eines Bauern das Licht der Welt erblickte, gehörte Zeit seines Lebens zum Bauernstand. Und wer katholisch war, blieb es in der Regel bis zu seinem Tod. Viel Raum für persönliche Identitätsfragen war da nicht.

Heute hingegen haben wir uns von all den traditionellen Zwängen, religiösen Dogmen und anderen Konventionen weitgehend befreit. Anstelle der Ehe »bis dass der Tod euch scheidet« sind wechselnde Lebensabschnittspartnerschaften getreten und auch in allen anderen Bereichen hat das moderne Individuum die Wahl – vom Beruf über den passenden Glauben (oder Nicht-Glauben) bis hin zur sexuellen Orientierung. Zugleich wirft diese Freiheit aber die nagende Frage auf: Passt das zu mir, bin ich das wirklich? Schließlich birgt jede Entscheidung das Risiko, die falsche Wahl zu treffen, die beste Option vielleicht zu verpassen – und dafür auch noch selbst verantwortlich zu sein.

So gesehen, boten die einst starren Konventionen auch eine gewisse Sicherheit und Überschaubarkeit. Doch damit ist es vorbei. Heute ist alles im Fluss, vorläufig und auf Abruf. Moderne Subjekte, so beschreibt das der Soziologe Hartmut Rosa, »*sind* nicht mehr Bäcker, sie *arbeiten im Moment* als Bäcker, sie sind nicht mehr konservativ oder progressiv, sie haben lediglich ›das letzte Mal‹ vielleicht links oder rechts gewählt, sie sind nicht mehr Münchnerin, sondern ›leben seit drei Jahren in München‹«.[3] Unter solchen Bedingungen wird die Suche nach dem »wahren« Ich zu einer aufreibenden Dauerbeschäftigung.

Vermutlich erfreuen sich auch deshalb Selbstfindungstests so großer Beliebtheit. Sie versprechen, die schwierige Frage nach der »echten« Persönlichkeit dadurch zu lösen, dass sie dafür eine Auswahl an Schubladen zur Verfügung stellen. Aktuell populär ist zum Beispiel der Myers-Briggs-Typenindikator, kurz MBTI.[4] Er teilt die Menschheit in 16 Persönlichkeiten ein, die sich jeweils aus vier Dimensionen zusammensetzen: Antrieb, Aufmerksamkeit, Entscheidung und Lebensstil. Jede Dimension wird mit einem Buchstaben beschrieben (etwa I für Introvertiert, E für Extrovertiert, F für Fühlen oder P für engl. *perceiving,* wahrnehmen), so dass sich am Ende ein vierstelliger Code ergibt, der die Person charakterisieren soll. Das Kürzel INFP (für Introvertiert, iNtuitiv, Fühlend, Wahrnehmend) steht für »Idealisten« oder »Heiler«, das Kürzel ISTP (Introvertiert, Sensitiv, *Thinking*/Denkend, Wahrnehmend) soll den Typ »Handwerker« kennzeichnen. Tatsächlich tauchen in WG-Gesuchen schon Selbstbeschreibungen wie »Felix ENTJ« oder »Pia ISFP« auf, in Tinderprofilen liest man Dinge wie »Bin INFJ (wenn du weißt, was ich meine)«.[5]

Das klingt hoch wissenschaftlich und passt ins Zeitalter der Algorithmen – auch wenn es aus Sicht ernsthafter Psychologen glatter Kokolores ist.[6] Das Problem dieses – wie auch vieler anderer Persönlichkeitstests – beginnt bereits mit der Auswahl der Kategorien (warum gerade diese und nicht andere?), setzt sich fort mit den (oft plumpen) Fragen, die zur Einsortierung dienen und hängt nicht zuletzt daran, dass die Antworten nur Selbsteinschätzungen sind (von denen wir wissen, wie unzuverlässig sie sind). Bin ich zum Beispiel eher »sachlich« oder »emotional«, wie in einem MBTI-Test gefragt wird?[7] Beschreibe ich mich als »einfallsreich und kreativ« oder eher als »praktisch und realistisch«? Das lässt sich pauschal kaum beantworten, sondern hängt stets von der Situation ab.

Der Autor dieses Buches zum Beispiel fühlt sich manchmal sehr sachlich, manchmal aber auch höchst emotional; hin und wieder hat er den Eindruck, einfallsreich und kreativ zu sein (wenn es um Ideen für neue Kapitel geht), dann aber wiederum eher praktisch und realistisch (wenn das Buch fertig werden soll). Um sich da eindeutig einer Kategorie zuzuordnen, müsste man beide Augen fest vor dem eigenen Leben verschließen und seine vielfältige bunte Innenwelt auf ein radikales Schwarz-Weiß-Muster reduzieren.

Ähnlich verhält es sich mit all den anderen gängigen Schubladen für Charaktertypen. Nehmen wir etwa die alte Einteilung in Melancholiker, Sanguiniker, Choleriker oder Phlegmatiker. Sie geht auf die »Vier-Elemente-Theorie« des griechischen Philosophen Empedokles zurück, der glaubte, alles Sein bestehe aus vier Grundelementen (Erde, Wasser, Luft und Feuer). Die alte chinesische Psychologie hingegen ging von fünf Elementen aus (zu der erstaunlicherweise nicht die Luft, dafür aber die Elemente Metall und Holz gehörten) und leitete daraus fünf Konstitutionstypen ab; etwa den »Holztyp«, der durch »einen kräftigen und robusten Körperbau mit einem ausgeprägten Knochen- und Muskelsystem, breiten Schultern und kräftigem Nacken« gekennzeichnet sei.[8]

Leider müssen sowohl die Experten der Vier- wie der Fünf-Elemente-Lehre zugeben, dass die wenigsten Menschen sich nur einem Typ zuordnen lassen, sondern Mischformen sind, womit die schöne Eindeutigkeit schon wieder dahin ist. Man kann es natürlich auch so machen wie der griechische Gelehrte Theophrastos, der ein höchst differenziertes System mit gleich dreißig Charaktertypen entwarf[9] – das wiederum ist jedoch so unübersichtlich, dass der entsprechende Fragebogen heute in keine Illustrierte passte.

Wirklich gesichert unter Psychologen gilt heute eigentlich nur die Einteilung in die sogenannten *Big Five* – fünf Charaktermerkmale, die sich in psychologischen Tests als relativ stabil erweisen. Dazu gehören Extro- oder Introvertiertheit sowie die Neigung zu Verträglichkeit, Gewissenhaftigkeit, Offenheit und Neurotizismus. Zwar können sie im Laufe eines Lebens eine gewisse Entwicklung und Veränderung durchmachen; die *relativen* Unterschiede zu anderen Personen bleiben aber in der Regel stabil. Heißt: Wer als Kleinkind extrovertierter oder gewissenhafter war als seine Altersgenossen, ist es in der Regel auch im erwachsenen Alter. Diese psychologisch gesicherten Eigenschaften wiederum sind jedoch so allgemein, dass sich daraus nur schwer pauschale Verhaltensprognosen ableiten lassen.

Der Eignungstest der Offiziersanwärter

Wie illusionär die Vorstellung ist, mit einem simplen Test die komplexe Persönlichkeit von Menschen erfassen zu können, hat auch der Kognitionspsychologe (und Nobelpreisträger) Daniel Kahneman erfahren. Als junger Mann leistete der gebürtige Israeli seinen Wehrdienst beim psychologischen Dienst der Armee ab, wo er die Eignung von Offiziersanwärtern beurteilen sollte. Dazu absolvierten die Anwärter einen speziellen Test, eine »Gruppenaufgabe ohne Anführer«: Jeweils acht Kandidaten mussten einen langen Baumstamm vom Boden aufheben und zu einer etwa 1,80 Meter hohen Mauer tragen. Dort sollte die gesamte Gruppe über die Mauer steigen, aber ohne dass der Stamm den Boden oder die Mauer berührt und ohne dass eines der Gruppenmitglieder die Mauer berührt.

Während die Soldaten sich mühten, beobachteten Kahneman und ein Kollege die Übung; sie notieren, wer die Regie übernahm, wer zu führen versuchte oder eher passiv daneben stand und wie kooperativ sich die Einzelnen an der Aufgabe beteiligten. Die Baumstamm-Übung erwies sich dabei als psychologisch aufschlussreich: »Wir sahen, wer störrisch zu sein schien, wer unterwürfig, arrogant, geduldig, jähzornig, beharrlich oder ein Drückeberger war«, berichtet Kahneman. Die Psychologen notierten, wer andere beschimpfte, wenn ein Versuch scheiterte oder wer sich als Anführer hervortat, wenn das erschöpfte Team von vorne beginnen musste. Am Ende fassten sie ihre Beobachtungen zu einem Punktewert zusammen, der angab, wer zur Offiziersausbildung zugelassen werden sollte und wer nicht. »Unser Eindruck vom Charakter jedes Anwärters war so klar und evident wie die Farbe des Himmels«, erzählt Kahneman. »Unter dem Stress des Ereignisses, so schien uns, kam das wahre Naturell jedes Mannes zum Vorschein.«[10]

Leider erwies sich das als Irrglaube: Alle paar Monate gab es eine Feedback-Sitzung, in der die Psychologen erfuhren, welche Leistungen die Kadetten auf der Offiziersschule tatsächlich zeigten und was ihre Kommandeure dort von ihnen hielten. »Es war immer das Gleiche«, berichtet Kahneman. »Unsere Fähigkeit, die Leistung auf der Akademie vorherzusagen, war vernachlässigbar gering.«

Das deprimierte die Psychologen natürlich. Aber dann musste das Leben weitergehen. »Wir waren in der Armee. Ob nützlich oder nicht, es gab bestimmte Abläufe, die einzuhalten und Befehle, die zu befolgen waren.« Wenn also ein neuer Schwung Kandidaten eintraf, führten die Psychologen sie zum Hindernisfeld, wiesen sie in die Baumstammaufgabe ein, und innerhalb weniger Minuten waren sie wieder überzeugt, die wahre Natur der Neulinge zu erkennen. Trotz des Wissens, »dass unsere Vorhersagen kaum besser als blindes Raten waren«, machten Kahneman und sein Kollege weiter, »als wäre jede unserer Vorhersagen gültig«.

Diese Anekdote belegt zweierlei: Zum einen, dass *eine* Situation und *ein* Test eben nichts über das Verhalten in anderen Situationen aussagen (geschweige denn über die Persönlichkeit als Ganzes). Und zum Zweiten, wie hartnäckig wir an die Gültigkeit solch einfacher Prognosemodelle glauben, selbst wenn wir immer wieder das Gegenteil vor Augen geführt bekommen. Auch wenn die Aussagekraft von simplen Persönlichkeitstests oder Horoskopen ein ums andere Mal von der Wissenschaft widerlegt wird: Wir *wollen* einfach daran glauben, dass sich Menschen mit solch einfachen Methoden erfassen lassen.*

Das Zusammenleben der Stachelschweine

Ein echtes Verständnis unserer Identität beginnt daher mit der Erkenntnis, dass wir unser jeweiliges Ich niemals losgelöst von unserem sozialen Umfeld, den Zeitumständen und der Kultur

* Zur Ehrenrettung Kahnemans sei gesagt, dass er später viel zutreffendere Methoden entwickelte: Dabei verließ er sich weniger auf psychologische Einschätzungen, sondern sammelte vor allem Informationen über das konkrete Verhalten der Testpersonen in verschiedenen Situationen: etwa über Arbeitsverhalten, Häufigkeit und Zahl der Kontakte mit Freunden, sportliche Tätigkeiten etc. pp. Aus vielen solcher Daten lässt sich künftiges Verhalten durchaus vorhersagen – so wie es heute auch digitale Algorithmen tun.

verstehen können. Das Selbstbild hängt zum Beispiel bereits stark davon ab, ob wir in einer westlichen oder in einer asiatischen Kultur aufgewachsen sind: Im Westen empfinden sich die Menschen überwiegend als autonome und unabhängige Subjekte; in asiatischen Kulturen hingegen verstehen sie sich mehr als Glieder eines sozialen Netzes; Entscheidungen werden dort dementsprechend seltener allein getroffen, sondern orientieren sich eher an Tradition, (Groß-)Familie oder Betriebszugehörigkeit.

Wie groß der Unterschied zwischen den Kulturen ist, hat der indische Psychoanalytiker Sudhir Kakar erfahren, der häufig zwischen Ost und West pendelt. Als Analytiker habe er öfter erlebt, berichtet Kakar, »dass Familien in Indien einen Patienten zu mir brachten, der in Europa als kerngesund betrachtet worden wäre: Der Patient meine selbst zu wissen, was gut für ihn sei. Was man gegen dieses bedauerliche Symptom, das in Europa ›Autonomie‹ heiße, denn tun könne?«[11]

Das Individuum werde in Indien eben nicht als autarke Einheit betrachtet wie in Europa, erklärt Kakar. »Ein Inder verlässt sich auf die Unterstützung seiner Familie, selbst in den modernen Großstädten. Die Familie hält die Gesellschaft zusammen.« Alle Gefühle, Bedürfnisse stünden miteinander in Beziehungen. Zwar gebe es sowohl in Indien wie Europa die Erwartung an einen erwachsenen Menschen, dass er Verantwortung übernimmt. »Aber die Initiative und die Motivation liegen in Indien darin, etwas zu tun, was in der Familie für Anerkennung und Wertschätzung sorgt. Nicht darin, persönlich etwas zu leisten.«

Dieses kulturell unterschiedliche Verhältnis von Individuum und Gemeinschaft lässt sich gut anhand der Parabel vom Zusammenleben der Stachelschweine beschreiben, die auf Arthur

Schopenhauer zurückgeht:[12] Um sich an einem kalten Wintertag gegenseitig zu wärmen, nähern sich die Stachelschweine einander an, bis sie durch die Stacheln wieder auseinandergetrieben werden. So werden sie zwischen zwei Übeln hin und her geworfen, bis sie die richtige Distanz finden. Doch was ist die »richtige Distanz«? Diese Frage würde jede Kultur anders beantworten, meint Kakar: »In Indien würde man sagen, dass man für die Wärme des anderen mehr Schmerz durch die Stacheln hinnimmt, in Europa zieht man die Kälte des Abstands vor.«

Das erklärt auch, warum gerade im Abendland die Frage der persönlichen Identität so einen großen Raum einnimmt. Wer die »Kälte des Abstands« vorzieht, muss sich permanent vergewissern, was ihn oder sie von anderen unterscheidet, worin die eigene Besonderheit liegt und wie man diese im Trubel des sozialen Lebens aufrechterhält. Anders gesagt: Wer seine Identität nicht aus der Zugehörigkeit zu einem äußeren sozialen Gefüge definiert, muss sie vor allem an den eigenen Werten und Überzeugungen ausrichten.

Innen- und außengeleitete Typen

Diesen Schluss zog übrigens schon 1950 der amerikanische Soziologe David Riesman, der in seinem Buch *Die einsame Masse* ein historisches Entwicklungsmodell entwarf: In traditionellen Gesellschaften mit wenig technischem Fortschritt orientiere sich das Handeln der Einzelnen vor allem an religiösen und moralischen Normen und überlieferten Konventionen. In dem Maße jedoch, in dem die Bevölkerung und Wirtschaft wachse, bilde sich ein »innengeleiteter« Sozialcharakter heraus, der sich weniger nach überkommenen Traditionen richte als nach eigenen, internalisierten Werten und Überzeugungen.[13] Der erste Typus entspricht also dem traditionellen indischen Verständnis, während der zweite Typus das Ideal der europäischen Aufklärung repräsentiert (»Habe Mut, dich deines eigenen Verstandes zu bedienen«).

Doch dann propagierte Riesman noch einen dritten Typ, der sich wie eine hellsichtige Beschreibung des postmodernen Individuums in Zeiten der sozialen Medien liest (die zu Riesmans Zeiten noch nicht einmal zu erahnen waren): Wenn die Rate gesellschaftlicher Innovationen auf hohem Niveau stagniere und der Konsum ökonomisch wichtiger als die Produktion werde, trete der »außengeleitete« Sozialcharakter hervor, der sich vor allem am Handeln der anderen orientiere. Statt wie der innengeleitete Typ seinem inneren Kompass zu folgen, nutze der außengeleitete Typ einen »Radarsinn«, mit dem er ständig das Verhalten seiner Umgebung beobachte und sich an (massen-) medialen Vorbildern, modischen Stilfragen und dem Verhalten seiner jeweiligen »peer-group« orientiere.[14]

Folgt man dieser Diagnose, leben wir heute vor allem im Zeitalter der »Radarmenschen«: Die gesellschaftlichen Umstände begünstigen nicht die »traditionellen« oder »innengeleiteten« Typen, sondern bringen eher Charaktere mit weniger festgefügter Identität hervor. Und da diese sich stets mit anderen abgleichen und den neuesten modischen Strömungen zu folgen versuchen, müssen sie sich auch immer wieder selbst neu definieren, oder anders gesagt: sich in der Veränderung ihrer selbst immer wieder vergewissern.

Auch deshalb werden gesellschaftliche Diskussionen um Gendersternchen, Fleischkonsum oder Klimawandel so erbittert geführt: weil es dabei nie nur um die Sache geht, sondern stets auch um die Versicherung der eigenen Identität – etwa als männlicher Kerl, gleichberechtigte Frau oder Person »diversen« Geschlechts, als Fleischesser oder Veganerin, als Umweltbewahrer oder Fortschrittsoptimistin. Und je nachdem, zu welcher Gruppe man sich zählt, kann man einen entsprechenden Streit nicht nur als Angriff auf die eigene Meinung, sondern auch auf die eigene Identität erleben.

Warum das Gendersternchen so polarisiert

Dabei neigen die Identitäts-Debatten leicht zur emotionalen Eskalation. Denn wer sich in seiner Identität angegriffen fühlt, ist sachlich-rationalen Argumenten nur noch schwer (oder gar nicht mehr) zugänglich. Das zeigen unter anderem die Studien des US-amerikanischen Wirtschaftswissenschaftlers David Mayer.[15]

Diesen trieb die Frage um, warum so viele Anhänger von Donald Trump den Wahlsieg von Joe Biden 2020 nicht anerkannten. Rund drei Viertel der Republikaner erklärten in Umfragen, sie würden dem Wahlergebnis nicht vertrauen; es sei gefälscht, ungenau, unfair oder illegal. Insgesamt fast 60 Gerichtsverfahren wurden angestrengt – die alle zum Ergebnis kamen, die Wahl sei korrekt gelaufen. Warum erwies sich die Mär vom Wahlbetrug dennoch als so wirkmächtig?

Nun, wie psychologische Versuche zeigen, betrachten Menschen den Ausgang einer Entscheidung vor allem dann als fair, wenn diese in ihrem Sinne ausfällt. Wer sich etwa für einen Job bewirbt und diesen erhält, betrachtet das als angemessene Anerkennung der eigenen Qualitäten. Wer dagegen abgelehnt wird, sucht die Schuld nicht nur bei sich, sondern hinterfragt auch den Entscheidungsprozess: Waren die Prüfer voreingenommen, haben sie etwas übersehen, ging etwas nicht mit rechten Dingen zu?

Und diese Tendenz wird immer dann besonders stark, wie Mayer herausfand, wenn das jeweilige Ergebnis wichtig für die eigene Identität ist. Dazu konfrontierte er in einer seiner Studien beispielsweise Studierende mit einer (behaupteten) Anordnung der Universitätsverwaltung zur Einschränkung der studentischen Redefreiheit. Einem Teil der Studierenden wurde gesagt, sie könnten dazu Einwände oder Anmerkungen in einem öffentlichen Forum äußern, anderen wurde diese Möglichkeit nicht in Aussicht gestellt. Zugleich ermittelten die Forscher in einem psychologischen Test, wie sehr die Probanden eine Einschränkung der Redefreiheit als Verletzung ihrer persönlichen Identität empfanden.

Ergebnis: Die Studierenden sahen die universitäre Anordnung vor allem dann als unfair an, wenn sie davon ihre Identität berührt fühlten. Und es machte keinen großen Unterschied, ob sie dabei die Möglichkeit bekamen, ihre eigenen Argumente ausführlich darzulegen oder nicht. Die objektive Fairness des Entscheidungsprozesses hatte also auf ihre Meinung wenig Einfluss; wer seine Identität betroffen fühlte, nahm automatisch an, dass es Fehler im Prozedere gab oder die Sache nicht mit rechten Dingen zuging.[16]

Das erklärt auch, warum gerade in unruhigen Zeiten Verschwörungstheorien so attraktiv werden: Wenn die ganze Welt in Bewegung gerät und ständig neue Selbstverständlichkeiten wegbrechen, gerät das gewohnte Selbstbild stark unter Druck. Doch statt die eigene Identität an die äußeren Veränderungen anzupassen – also etwa zu akzeptieren, dass eine Mehrheit der Amerikaner 2020 *nicht* Trump gewählt hat oder dass man aufgrund einer Pandemie die eigene Freiheit teilweise einschränken muss –, ist es leichter, die Schuld für die Misere im Außen zu suchen, unangenehme Tatsachen zu leugnen oder dafür andere verantwortlich zu machen.

Deshalb raunen Verschwörungsideologen gerne von im Geheimen wirkenden Kräften, weil damit das Problem vom Innen ins Außen verlegt wird. Ähnlich ist es mit dem Identitätsbegriff, den rechtsradikale Gruppen gern propagieren. Für sie ist »Identität« etwas Festes, Unwandelbares, das allein durch die Zugehörigkeit zu einer Nation, einem kulturellen Erbe oder einer historischen Vergangenheit definiert ist. Und angeblich muss die imaginäre Volksidentität dringend vor dem Verfall und dem Einfluss alles Fremden verteidigt werden – vor fremden Kulturen, Immigranten, ökologischen Ideen oder veränderten Geschlechterrollen. Gegen die Vielschichtigkeit der Moderne mit ihren verwirrenden Strömungen, Entwicklungen und Lebenswelten wird eine »gute alte Zeit« beschworen. Und »Identität« wird auf einen ganz schlichten Nenner gebracht, nämlich den Gegensatz zwischen »eigen« und »fremd«.[17]

Die Erfindung der Identitätskrise

Hinter dieser Konstruktion steckt nicht zuletzt die alte Idee, jeder Mensch besitze einen festen, unwandelbaren Wesenskern, den es um jeden Preis zu verteidigen gelte. Diese Vorstellung kann man ideengeschichtlich bis auf den Philosophen René Descartes (1596–1650) zurückführen, der in seiner Substanztheorie den Gedanken entwickelte, es gebe etwas »dauerhaft Seiendes«, das in jedem Ding als Träger bestimmter Eigenschaften fungiere. Daraus leitete sich dann die Vorstellung ab, jedem Menschen wohne zeitlebens ein Wesenskern inne, der sein Verhalten und seine Person bestimme. Für die Vorstellung, es gebe so etwas wie eine festgefügte, unwandelbare Identität, die man durch geeignete Selbstfindungsmethoden zu entdecken habe, kann man also letztlich Descartes verantwortlich machen.

Doch im Laufe der Zeit wandelte sich der Identitätsbegriff deutlich. So zeigte etwa Sigmund Freud, wie sehr das persönliche Ich-Gefühl durch alle möglichen (oft unbewussten) psychischen Mechanismen beeinflusst wird, wie »Ich«, »Es« und »Über-Ich« in einem komplexen Dialog stehen. Zum einflussreichsten Identitätstheoretiker wurde jedoch der Psychoanalytiker Erik H. Erikson: In seinem Buch *Kindheit und Gesellschaft* beschrieb er 1950 ausführlich, wie sich die menschliche Identität im Laufe der psychosozialen Entwicklung herausbilde, und prägte damit das moderne Bild der Identität als prozesshaften Vorgang.[18] Was einst als feststehender innerer Kern verstanden wurde, galt nun als Ergebnis einer langwierigen »Identitätsarbeit«, die am Ende zu dem Gefühl führte, ein zusammengehöriges Ganzes und »auf dem richtigen Weg zu sein«, wie Erikson schrieb.

Doch mit diesem Verständnis der Identität kam auch gleich deren Krise in die Welt. Denn schon Erikson erkannte das »Kernproblem der Identität«, das darin besteht, dass es dem Ich gelingen muss, »angesichts des wechselnden Schicksals Gleichheit und Kontinuität aufrechtzuerhalten«. Der von ihm geprägte Begriff der »Identitätskrise« ist seither einer der populärsten psychologischen Fachbegriffe geworden, der auch aus dem Alltagsvokabular nicht mehr wegzudenken ist.[19]

Hinzu kommt, dass es bei der Identität ja nicht nur darum geht, wie man sich selbst sieht, sondern auch um das, was andere von einem denken. Das Gefühl der Ich-Identität, so definierte es Erikson einmal, sei »das angesammelte Vertrauen darauf, dass der Einheitlichkeit und Kontinuität, die man in den Augen anderer hat, eine Fähigkeit entspricht, eine innere Einheitlichkeit und Kontinuität … aufrechtzuerhalten«.[20] Das heißt: Selbst- und Fremdbild lassen sich bei der Identität gar nicht richtig auseinanderhalten.

Deshalb lässt sich auch ein Großteil der Aktivität in sozialen Netzwerken als Versuch verstehen, das eigene Selbstbild im Spiegel der anderen zu bestimmen. Wie wirke ich, wofür bekomme ich Likes, wem folge ich und wer folgt mir? Dass vor allem junge Leute damit viel Zeit verbringen, wird verständlich, wenn man sich klarmacht, das dies die wesentliche Zeit der eigenen Identitätsentwicklung ist: In diesem Alter erprobt man Talente und Vorlieben, sucht Freunde, Kleidung und Symbole, die mit der Vorstellung vom eigenen Ich korrespondieren, und entwickelt in einem langen, zähen Prozess allmählich die Person, die man werden will.

Das ist meine Musik!

Dabei ist man stets auf die Resonanz seiner Umgebung angewiesen. Musikalische oder schachbegabte Jugendliche suchen beispielsweise die Gesellschaft anderer Musikliebhaber oder Brettspielstrategen und werden dadurch erst zu richtigen Musikern oder Schachspielern. Wirklich abgeschlossen ist dieser Prozess, wenn »man auch andere davon überzeugt hat, dass man der ist, der man scheinen will«, erklärt der Psychologe Klaus Rothermund von der Universität Jena.[21] Das geht meist mit dem Eintritt ins Berufsleben einher, weshalb die Identitätsfindung bei Akademikern besonders lange dauert.

Ist die persönliche Identität dann endlich gefestigt, tun wir in der Regel alles, um sie zu stabilisieren und gegen äußere Attacken zu verteidigen. Schließlich haben wir in unser Bild vom Ich enorm viel Zeit, Mühe und Anstrengung investiert; es lässt sich vergleichen mit einem liebevoll restaurierten Fachwerkhaus, in das man jahrzehntelange Arbeit gesteckt hat und an dem man nun möglichst nichts mehr verändern möchte. Deshalb versuchen wir hartnäckig alles zu ignorieren, was der Vorstellung vom stabilen Ich entgegensteht – zum Beispiel den Alterungsprozess. Auch wenn die Haare ausfallen, der Bauch schwillt und das Gesicht knittert, fühlen wir uns innerlich immer noch gern wie mit 20. Dabei schieben wir nicht nur körperliche, sondern auch geistige Veränderungen geflissentlich beiseite.

Erleichtert wird das durch einen unbewussten psychologischen Trick: indem wir nämlich stets unsere aktuellen Präferenzen für das Maß aller Dinge halten. Diese Neigung haben die Harvard-Psychologen Daniel Gilbert und Jordi Quoidbach in einer groß angelegten Studie mit über 19 000 Probanden nachgewiesen: Egal, ob 18 oder 68 Jahre alt, immer waren die Befragten überzeugt davon, dass sie in Zukunft genau dieselbe Musik mögen, denselben Partner lieben und dieselben Werte für richtig halten werden wie zum Zeitpunkt der Befragung – auch wenn sich all das in der Vergangenheit schon mehrfach verändert hatte. Zwar war den Probanden durchaus bewusst, dass sich ihr früherer Geschmack gewandelt hatte; zugleich aber glaubten sie beharrlich, künftig bleibe nun alles stabil.

Die *Illusion vom Ende der Geschichte* betitelten Gilbert und Quoidbach ihre Studie, und sie schreiben darin: »Menschen betrachten immer die Gegenwart als einen Wendepunkt in ihrer Biografie, an dem sie endlich die Persönlichkeit geworden sind, die sie für den Rest ihres Lebens bleiben werden.«[22]

Diese Stabilitätsillusion funktioniert jedoch nur bei allmählichen Veränderungen reibungslos. Abrupte Umbrüche hingegen bedrohen die eigene Identität massiv: Wenn der strahlende Politiker plötzlich als Plagiator dasteht oder der vorbildliche Manager als Steuerhinterzieher, gerät das Selbstbild extrem in die Krise. Bei manchen Menschen kann das sogar zu psychiatrischen Störungen wie dem Borderlinesyndrom führen, bei dem die Betroffenen Persönlichkeitsteile von sich abspalten, um zu überleben. In weniger dramatischen Fällen versucht das Ich, die Angriffe von außen zu marginalisieren, positive Eigenschaften hervorzuheben, die der eigenen Entlastung dienen und vom eigenen Ich abzulenken (»Eigentlich geht es hier doch um etwas ganz anderes«). Wird der Bruch im (Selbst-)Bild unvermeidbar, folgt die Phase der Anpassung und Umorientierung. Dann verweist der ins Wanken Gebrachte verstärkt auf irgendwelche Verdienste in anderer Sache, die ihm nun als neuer »wahrer« Kern dienen.

Das Ich in Bewegung

Ähnliche Prozesse laufen im Alter ab, wenn sich das Berufsleben dem Ende entgegen neigt, die Kinder aus dem Haus sind, der Körper von Zipperlein heimgesucht wird und das Gedächtnis nachlässt. Um auch unter solchen Umständen das Gefühl einer stabilen Ich-Identität aufrechtzuerhalten, verschiebt man nach und nach die Bewertungsmaßstäbe: Wer merkt, dass er mit Jüngeren nicht mehr mithält, vergleicht sich eben mit Gleichaltrigen – so kann man sich selbst mit 70 noch topfit fühlen. Oder man taucht in die Vergangenheit ein. »Das gelebte Leben kann einem schließlich keiner wegnehmen«, erklärt der Psychologe Rothermund, »auch das erzeugt ein stabiles Identitätsgefühl.«

Letztlich kommt es also darauf an, dass das Selbstbild zu den Lebensumständen passt. Und diese »Passung« ist niemals starr, sondern kann sich laufend verändern – in dem Maße, in dem sich die Umstände verändern. Dabei gibt es natürlich immer wieder glückhafte Momente – etwa in der Liebe –, in denen wir das Gefühl haben, ganz bei uns selbst angekommen und innerlich zu Hause zu sein. Doch keiner dieser Momente lässt sich einfrieren, auch die größte Liebe lässt sich nicht »schockfrosten« (obwohl in Liebesfilmen gern so getan wird), denn sonst würde sie genau die Lebendigkeit verlieren, die ihre Qualität ausmacht.

All das heißt: Das wahre Ich ist das Ich in Bewegung, das sich ständig wandelnde, das gerade dadurch lebendig bleibt, indem es sich immer wieder neu auf die jeweilige Gegenwart und die Mitmenschen einstellt. Und die Konstante der eigenen Persönlichkeit zeigt sich just in dieser Fähigkeit, dem Fluss des Lebens zu folgen. Die Psychologen Franz Neyer und Judith Lehnart haben dafür eine kluge Formel gefunden: »Wir ändern uns, weil wir uns den Anforderungen des Lebens anpassen. Und wir bleiben, wer wir sind, weil wir dies auf die uns eigene Art und Weise tun.«[23]

WIE MAN DEN EIGENEN KOMPASS AUSRICHTET

Auch wenn das Ich ständig in Bewegung ist, gibt es doch grundlegende Werte und Überzeugungen, an denen wir unser Leben ausrichten. Unbewusst liegen sie all unseren Entscheidungen zugrunde, ob wir diesen oder jenen Beruf wählen, uns für bestimmte Partner entscheiden, Karriere oder Familie wichtiger finden, ob wir Kinder wollen oder lieber Single bleiben. Doch selten machen wir uns diese inneren Werte vollständig bewusst. Zudem werden sie stets überschattet von den Ansichten, Ratschlägen und Verhaltensweisen unserer Mitmenschen, von dem, was in unserem Umfeld als »normal« gilt und was Stirnrunzeln hervorruft.

Deshalb ist es gut, sich immer mal wieder die eigenen Prioritäten klar vor Augen zu führen und zu überlegen, wie man sie umsetzen möchte – auch bei äußerem Widerstand. Denn wenn man nicht weiß, welchen Hafen man ansteuern möchte, dann ist kein Wind günstig, wie schon der römische Philosoph Seneca bemerkte.

Es gilt also, den eigenen Kompass auszurichten. Und dazu hilft eine ebenso einfache wie ungewöhnliche Übung: *Schreiben Sie Ihre eigene Grabrede.* Um sich über die (vielleicht versteckten) Werte und Ziele des eigenen Lebens klar zu werden, gibt es kaum ein besseres Mittel, als die Sache vom Ende her zu denken. Auf diese Weise kann man sich Rechenschaft darüber ablegen, wie und womit man seiner Familie, seinen Freunden und Bekannten später einmal in Erinnerung bleiben möchte – und zwar unabhängig von den akuten Dringlichkeiten des Alltags.[24]

Stellen Sie sich also einmal vor, was der Pfarrer oder eine enge Freundin bei Ihrem Begräbnis sagen könnte, wofür man Sie loben und welche Verdienste und Erfolge man besonders hervorheben würde. Falls Ihnen eine Grabrede zu makaber erscheint, denken Sie sich eine Lobrede zu Ihrem neunzigsten Geburtstag aus. Natürlich darf diese Rede etwas geschönt sein, so wie alle Reden zu solchen Anlässen – aber möglichst nicht zu sehr. Es sollten darin nur tatsächlich vorhandene Stärken und Eigenheiten zur Sprache kommen.

Wollen Sie dafür gelobt werden, dass Sie im Büro stets fleißig und zuverlässig waren? Dafür, dass Sie immer für Ihre Freunde da waren? Dass Sie der Mittelpunkt der Familie waren? Dass Sie ein großes Vermögen hinterlassen oder eher dafür, dass Sie jede Menge Spaß im Leben hatten? In Ihrer Phantasie gibt es keine Begrenzungen, fühlen Sie sich beim Verfassen dieser Rede völlig frei. Wichtig ist, dass Sie nicht lange nach eleganten Formulierungen suchen. Lassen Sie lieber ohne innere Zensur all das aus der Feder fließen, was Ihnen in den Kopf kommt. Falls Sie mit dem Schreiben Mühe haben, können Sie den Text auch beim Sprechen aufnehmen, zum Beispiel mit Ihrem Handy.

Am besten ist es, wenn Sie sich für diese Übung Zeit nehmen und ungestört sind. Manchmal dauert es etwas, bis die inneren Werte an die Oberfläche steigen. Sie können auch an einen Ort fahren, den Sie lieben, und dort Ihre Gedanken beim Gehen schweifen lassen (was ich persönlich am liebsten tue) – Hauptsache, Sie kommen in einen inneren Dialog mit sich selbst.

Ist die Rede dann vollendet, betrachten Sie sich selbst in deren Spiegel: Entspricht Ihr aktuelles Leben den Wünschen und Werten, die Sie selbst formuliert haben? Stimmt die grobe Richtung? Oder fehlt etwas, gibt es Bereiche, die momentan zu wenig Aufmerksamkeit bekommen, Ihnen aber eigentlich wichtig sind? Falls ja, wie könnte ein Plan (eventuell auch ein langfristiger) aussehen, um diese Seiten in sich zu stärken? Durchaus möglich, dass diese eigenwillige Übung zu erhellenden Erkenntnissen führt …

KAPITEL 6: DIE GEFAHREN DER GEMEINSCHAFT

KONFORMISMUS, »GROUPTHINK« – UND WIE MAN IHNEN BEGEGNET

Kriege und Krisen bringen bekanntlich das Beste und das Schlechteste im Menschen hervor und der Krieg in der Ukraine ist keine Ausnahme. Neben schrecklichen Berichten von Gräueltaten und Kriegsverbrechen gab es auch immer wieder Geschichten von Mut und Menschlichkeit, die trotz des Kriegsgeschehens auch Hoffnung vermittelten. Eine davon war zweifellos jene von Misha Katsurin, der von der Ukraine aus seinem Vater in Russland das Kriegsgeschehen zu erklären versuchte.

Katsurin wohnte mit seiner Familie in Kiew, als Russland die Stadt zu bombardieren begann. Sein Vater hingegen lebte in einem kleinen Dorf in der Nähe von Nishni Nowgorod in den Wäldern, arbeitete in einem Kloster und war tiefgläubig. Sein Sohn beschreibt ihn als »Christ, der sinnloses Morden niemals gutheißen würde«. Doch als die beiden ein paar Tage nach Kriegsbeginn erstmals telefonierten, kam es prompt zum Streit. Als Katsurin erzählte, dass Kiew bombardiert werde und er versuche, seine Familie aus der Stadt zu bringen, wollte der Vater davon nichts hören. Stattdessen erklärte er dem Sohn, dass die Russen nur eine friedliche Militäroperation durchführten, »dass sie uns Ukrainern warme Kleider und Essen bringen und uns vor einem Nazi-Regime schützen würden«, berichtet Katsurin. Geschockt versuchte der Sohn dem Vater begreiflich zu machen, dass er das alles nicht erfinde, dass er die Bombardierung seiner Stadt mit eigenen Augen sehe. »Aber es war wie ein Gespräch mit einem Menschen, der taub ist und in einer ganz anderen Realität lebt«, erklärte Katsurin in einem Interview.[1]

Bald stellte der Ukrainer fest, dass er damit nicht allein war. Als er sein Kommunikations-Erlebnis auf Instagram postete, ging der Eintrag blitzschnell viral. 135 000 Menschen teilten ihn, zahllose Ukrainerinnen und Ukrainer schrieben Katsurin, dass sie mit ihren Verwandten in Russland ähnliche Erfahrungen gemacht hätten. Auch diese lebten in einer von Lügen durchtränkten Informationswelt und konnten nicht glauben, dass in der Ukraine wirklich Krieg herrsche.

Was Katsurin und andere da erlebten, waren nicht nur die Folgen jahrelanger Desinformationspolitik, sondern es war auch die radikale Unvereinbarkeit verschiedener sozialer Einflusssphären. Denn viele Russen wissen (oder ahnen), dass man den Berichten ihrer Medien nicht trauen kann. Dennoch ist es enorm schwer, sich von einem alltäglich behaupteten Wahrheitsbild zu lösen, das tief in die Gesellschaft eingesickert ist. Wer hätte nicht gern geglaubt, dass die russischen Soldaten mutige Helden sind, die die Ukraine befreien? Von dieser Wahrnehmung zu einer Sicht auf die eigenen Soldaten als verhasste Angreifer ist es mehr als ein kleiner Schritt. Ein solcher Perspektivwechsel erfordert nicht nur ein paar kleine Korrekturen am bisherigen Weltbild, sondern die Abkehr von einem starken sozialen Konsens. Und das ist enorm schwer.

»Die Demontage von Propaganda, die so professionell eingesetzt wird, ist ein langer, weiter Weg. Mit ein paar Anrufen ist es nicht getan«, hat auch Katsurin erfahren. Und doch hat er es in langen geduldigen Gesprächen geschafft, bei seinem Vater allmählich Risse in dem offiziellen Propagandabild zu erzeugen. Nach einigen Wochen sprach der Vater zumindest nicht mehr von einer friedlichen Militäroperation, sondern vom Krieg, der schrecklich sei.

Als Konsequenz gründete der Sohn die Webseite *papapover.com*[2], was auf Deutsch etwa so viel bedeutet wie »Papa, glaub mir«. Dort gibt er anderen Betroffenen Tipps, wie sie ihre Verwandten in Russland von der Wahrheit überzeugen und so die herrschende Informationskontrolle unterlaufen können. Schließlich gebe es rund elf Millionen Russinnen und Russen, die Verwandte in der Ukraine haben, argumentiert Katsurin. Wenn es gelänge, diese Menschen zu erreichen und diese wiederum ihren Freunden davon erzählten, »dann sind das irgendwann 20, 30, 40 Millionen Menschen, eine gewaltige Macht. Und wer die Wahrheit kennt, so denke ich, dem ist es unmöglich, Putins Regime zu unterstützen.«

Wie brave Bürger zu Mördern werden

Katsurins Geschichte zeigt nicht nur, wie wichtig es ist, den Gesprächsfaden nicht abreißen zu lassen, sondern offenbart auch eine der hässlichen Seiten des Gemeinsinns: Dass nämlich der Zusammenhalt in einer Gesellschaft zu extremer Manipulation und der Verdrehung der Wahrheit missbraucht werden kann. Wer wüsste das besser als die Deutschen, die zwischen 1933 und 1945 ganz ähnliche Erfahrungen im eigenen Land machten? Auch die Nationalsozialisten übernahmen als Erstes die Kontrolle über die Medien, zensierten abweichende Stimmen und schufen eine konformistische Stimmung, in der kaum noch jemand wagte, den offiziell verbreiteten Lügen zu widersprechen.

Nach dem Krieg fragten sich viele entsetzt, wie es so weit hatte kommen können, warum eine ganze Nation – die zuvor als Volk der »Dichter und Denker« bekannt war – die unmenschliche Politik der Nazis so lange mitgetragen hatte und warum es so wenige gab, die dagegen rebelliert hatten. Die naheliegende Antwort lautete, dass die Nazis extremen Druck ausübten und alle Abweichler mit Konsequenzen für Leib und Leben rechnen mussten (ähnlich wie in Russland Dissidenten wie Alexej Nawalny um ihr Leben fürchten müssen). Doch beim näheren Hinsehen offenbart sich noch eine zweite, unschöne Antwort: Es machten auch viele Menschen mit, die nicht bedroht wurden und die eigentlich leicht hätten Nein sagen können. Denn nicht nur offener äußerer Druck bringt Menschen zu konformistischem Verhalten; oft reicht schon der schlichte Wunsch, Teil einer Gemeinschaft zu sein und deren Mitglieder nicht zu enttäuschen.

Wie so etwas vonstattengehen kann, belegt die Geschichte des Reservepolizeibataillons 101, das ab 1941 eine ausgesprochen brutale Rolle im Vernichtungskrieg gegen die Juden spielte und später von dem Holocaustforscher Christopher Browning minutiös beschrieben wurde.[3] Die Männer dieses Bataillons ermordeten rund 38 000 Menschen und deportierten weitere 45 000 nach Treblinka; damit gehörten sie mit zu den effektivsten Handlangern des Nazi-Regimes. Dabei, und das war das Erstaunliche, waren die Mitglieder des Bataillons allesamt keine glühenden Nazis. Die Reservepolizisten waren im Schnitt deutlich älter als dreißig Jahre, viele waren rechtschaffene Familienväter, die noch die althergebrachten bürgerlichen Tugenden verinnerlicht hatten, die *vor* der Nazizeit gegolten hatten. Und besonders verstörend: Keiner von ihnen wurde gezwungen, beim Judenmord mitzumachen. Im Gegenteil, als ihnen ihr – allseits beliebter – Kommandeur erstmals den furchtbaren Auftrag erläuterte, der die Erschießung von Frauen, Kindern und Alten vorsah, stellte er es allen ausdrücklich frei, dabei mitzumachen oder nicht.

Doch von den 500 Männern machten nur 15 Gebrauch von dem Angebot, von ihrem Auftrag zurückzutreten. Die übrigen 485 Polizisten fügten sich in ihre Rolle und wurden in der Folgezeit zu kaltblütigen Mördern. Wie kann man sich das erklären? Und warum verweigerten so wenige die grausame Mission? Diese Frage trieb nicht nur Browning, sondern auch den Sozialpsychologen Harald Welzer um, der sich in seinem Buch *Täter* ebenfalls mit dem Verwandlungsprozess der braven Rechtshüter in Massenmörder beschäftigte. Beide kamen zu dem Schluss, dass die entscheidende Rolle dabei der sozialen Gruppendynamik zukam.[4]

Das Erste war ein simpler psychologischer Trick: Bei der Entscheidung sollten alle, die das Erschießen ablehnten, aktiv aus der Gruppe heraustreten; wer dagegen passiv stehen blieb, stimmte dem unmenschlichen Befehl scheinbar zu. Und genau das tat die überwältigende Mehrheit. Denn »wenn man nicht weiß, was man tun soll, liegt passives Verhalten viel näher als aktives«, wie Welzer schreibt.[5] Zweitens musste ein Verweigerer damit rechnen, in dem Bataillon (dem er ja weiterhin angehörte) künftig als Außenseiter zu gelten und von den anderen ausgegrenzt zu werden. Und drittens konnte man sich auch selbst als »Kameradenschwein« fühlen, weil man ja bei einer Ablehnung nicht nur seine Loyalität gegenüber der Gruppe und dem beliebten Kommandeur verletzte, sondern weil man die »schlimme

Arbeit« nun den Kollegen aufbürdete. Am Ende entschieden sich die meisten Reservepolizisten nicht für das Töten, weil sie dafür ein Motiv oder gar eine persönliche Disposition gehabt hätten, sondern schlicht und einfach, wie Welzer schreibt, »weil die soziale Situation diese Entscheidung von ihnen zu fordern« schien.

Konformität im Experiment

Solche Ereignisse trieben nach dem Zweiten Weltkrieg viele Forscher um. Insbesondere fragten sie sich, ob vor allem die Deutschen für konformistisches Gruppenverhalten besonders anfällig seien oder ob das eine generelle menschliche Tendenz sei. Auch Solomon Asch stellte sich diese Frage. Der polnisch-stämmige Psychologe, der mit 13 Jahren in die USA emigriert war und später am Swarthmore College in Pennsylvania lehrte, hatte während des Krieges die Folgen von Hitlers Propaganda untersucht. Danach wurde er zu einem Pionier der Sozialpsychologie und ergründete die menschliche Neigung zur Konformität.

Zum Klassiker des Fachs wurde ein Experiment, das Asch 1951 erstmals veröffentlichte und das bis heute in zahlreichen Varianten wiederholt wurde. Im Originaldesign bekommen die Versuchspersonen auf einem Bildschirm zwei Karten gezeigt; auf der einen sind drei unterschiedlich lange Linien zu sehen, auf der zweiten Karte eine einzelne. Die Frage lautet: Welche zwei Linien sind gleich lang? Keine große Sache, sollte man denken. Schließlich sind in dem Versuch die Unterschiede relativ deutlich (siehe Bild). Allerdings sind die Probanden bei dem Versuch nicht alleine, sondern absolvieren ihn gemeinsam in einer Gruppe mit anderen »Teilnehmern« – die aber heimlich vom Versuchsleiter instruiert sind. Diese geben nur in den ersten

Runden richtige Antworten. Danach weichen sie gezielt von der Wahrheit ab und wählen scheinbar voller Überzeugung ungleiche Striche aus. Und der Einfluss dieses Gruppenurteils ist enorm: Angesichts der (falschen) Mehrheitsmeinung ließen sich in Aschs Versuch drei Viertel der Freiwilligen mindestens einmal zu einer falschen Antwort hinreißen, rund ein Drittel stimmte sogar *jedes Mal* mit der Mehrheit, auch wenn diese Unsinn erzählte.[6]

Das Asch-Experiment:

Die Versuchspersonen sollen angeben, welche der drei Linien auf der zweiten Karte mit der einzelnen Linie auf der ersten Karte übereinstimmen.

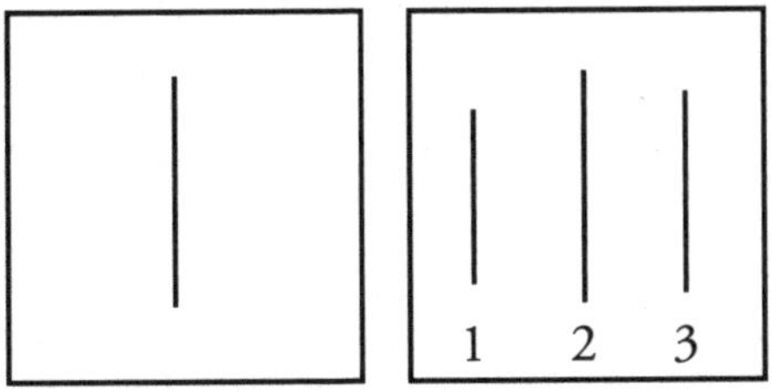

Quelle: www.panarchy.org/asch/social.pressure.1955.html

Dieses berühmte Konformitäts-Experiment wurde seither immer wieder durchgeführt. Insgesamt 133 solcher Studien in 17 verschiedenen Ländern listete vor einigen Jahren eine große Meta-Analyse auf.[7] Dabei waren die Ergebnisse stets ähnlich, zeigten aber auch den Einfluss des gesellschaftlichen Kontextes: Besonders hoch ist demnach der Drang zum Konformismus in Ländern wie Japan, Hongkong oder Brasilien, in denen familiäre und kollektive Strukturen für wichtiger gelten als persönliche Ambitionen; in eher individualistisch orientierten Kulturen wie in Europa oder den USA dagegen urteilen die Versuchsteilnehmer unabhängiger – wenngleich sie sich immer noch stark an der Mehrheit orientieren.

Das Linien-Experiment belegt damit nicht nur den menschlichen Drang, sich jeweils dem Mainstream anzuschließen, sondern zeigt auch, wie leicht man Menschen dazu bringen kann, selbst offensichtlichem Unsinn zuzustimmen: es müssen nur genügend andere Leute dieselbe Meinung vertreten, und sei dies nur gespielt. Dabei steigt die Tendenz zur Konformität mit zunehmender Gruppengröße, wie Asch belegen konnte: Bei sehr großen Gruppen traut sich kaum noch jemand, eine abweichende Meinung zu äußern.

Die Gefahr des »Groupthink«

So ist auch jene fatale Tendenz zum Gruppendenken zu erklären, die in allen Arten menschlicher Gemeinschaften immer wieder zu beobachten ist – in Sekten, Parteien, Unternehmen, Vereinen und ganzen Gesellschaften: Alles, was vom herrschenden Konsens abweicht, wird geflissentlich ausgeblendet, wodurch die Gruppe immer mehr in eine irreale Scheinwelt abdriftet.

Unter dem Titel *Victims of Groupthink* hat der Sozialpsychologe Irving Janis dieses Phänomen 1972 erstmals beschrieben.[8] Er bezog sich dabei auf Menschen, die »stark in eine eingeschworene Gruppe eingebunden sind«, wobei »das Streben der Mitglieder nach Einmütigkeit ihre Motivation schlägt, alternative Handlungsmöglichkeiten realistisch zu prüfen.« Seither kennzeichnet das Kunstwort Groupthink* all jene Fälle, in denen sich eine Gruppe gemeinsam in etwas verrennt.

Janis selbst bezog sich unter anderem auf die Versäumnisse der US-Regierung, als sie im Zweiten Weltkrieg vom japanischen Angriff auf Pearl Harbour überrascht wurde. Man kann

* Der Begriff ist angelehnt an George Orwells »Doublethink« aus der Newspeak-Terminologie in dessen Klassiker *1984*.

mit Groupthink allerdings auch die Vorgänge im Kreml vor Beginn des Ukraine-Kriegs beschreiben, wo Wladimir Putin und sein engster Kreis aus Militär-Apparatschiks gemeinsam zu falschen Annahmen gelangte.[9] Denn offensichtlich hatte die Kreml-Führung einen schnellen Sieg in der Ukraine erwartet und wenig Widerstand vonseiten der Bevölkerung – was sich als dramatische Fehlannahme herausstellte.

Putin wurde dabei wohl ein klassisches Opfer des Gruppendenkens. »Soweit wir sehen, hat er sich während der COVID-Pandemie isoliert und ist von Jasagern umgeben«, diagnostizierte ein (anonymer) Mitarbeiter des US-Geheimdienstes.[10] Und so gab es vor dem Krieg niemanden, der gewagt hätte, Putin zu widersprechen oder militärische Fehleinschätzungen zu korrigieren. Für den Politologen Brian Klaas, der eine ganze Reihe von Autokraten und Diktatoren interviewt hat, ist Putin damit in die »Diktatorenfalle« getappt: »Die Strategien, die sie nutzen, um an der Macht zu bleiben, verursachen letztlich ihren Sturz.« Und dazu gehöre das Phänomen, dass die Autokraten irgendwann »nur noch von Schmeichlern hören und schlecht beraten werden«.[11]

Das zeigt, wie wichtig für eine Gemeinschaft auch die Abweichler und Außenseiterinnen sind: Nur wenn sie sich frei äußern und die vorherrschende Meinung bezweifeln oder infrage stellen können, lässt sich die Falle des Groupthink vermeiden. Das bedeutet nicht, dass die Abweichler immer recht haben; aber sie zwingen die Mehrheit, ihre Überzeugungen noch einmal zu überprüfen und helfen so der ganzen Gruppe, sich keinen Illusionen hinzugeben.

Das gilt übrigens nicht nur für Diktatoren, sondern auch für jene Gruppen, die sich selbst als Widerständler gegen den Mainstream sehen. Gerade in solchen Gruppen, die sich als Vorkämpfer einer »guten Sache« stilisieren, ist das Risiko des Groupthink hoch. Das betrifft nicht nur linke (und rechte) Politgruppen oder religiöse Sekten, sondern ließ sich während der Corona-Pandemie auch bei den sogenannten »Querdenkern« beobachten. Sie bezeichneten sich zwar selbst als Skeptiker, traten aber wie (Besser-)Wissende auf: Sie bestärkten sich in Internetforen gegenseitig, teilten Videos und Informationen von Experten, die das bestätigten, was sie ohnehin glaubten, schotteten sich von Andersdenkenden ab (die man als desinformiert betrachtete, weshalb man bequemerweise nicht mehr mit ihnen diskutieren musste) und erlebten auf ihren gemeinsamen Demonstrationen das beglückende Gefühl, einer Gruppe Gleichgesinnter zuzugehören, die über jeden Zweifel erhaben ist.

So führten die »Querdenker« vor, dass auch jene, die sich als Abweichler inszenieren, Opfer des Groupthink werden können: Denn gerade bei Gruppen, die unter dem Banner der Freiheit gegen vermeintliche Unterdrücker antreten, herrscht oft ein größerer Konformitätsdruck als in der Gesellschaft, die sie bekämpfen.

Warum wir anderen folgen

Doch warum lassen wir uns überhaupt so leicht beeinflussen? Weshalb reicht es, dass genügend andere Menschen eine bestimmte Position vertreten, um uns selbst wider besseres Wissen diesem Urteil anzuschließen? Dazu gibt es verschiedene Erklärungen, die alle mit unserer »ultrasozialen« Natur zu tun haben.

Die erste Erklärung argumentiert anthropologisch: Der Mensch ist ein Herdentier und niemand möchte gerne Außenseiter sein. Denn in der jeweiligen Gruppe fühlt man sich geschützt – was vermutlich ein altes evolutionäres Erbe ist; während der meisten Zeit der Menschheitsgeschichte konnte unsere Gattung nur im Kollektiv überleben. Wurde man von seiner Gruppe oder dem Stamm ausgeschlossen, bedeutete das fast sicher das eigene Todesurteil*.

Die zweite Erklärung handelt von der menschlichen Feigheit: Selbst wenn ein Ausschluss aus der jeweiligen Gemeinschaft nicht lebensbedrohlich ist, fühlt er sich ungemütlich an. Wer mit seiner Ansicht alleine steht, muss mit Missachtung oder Spott rechnen und die Verantwortung übernehmen. Wer dagegen mit dem Kollektiv stimmt, ist fein raus: selbst wenn sich die eigene Position im Nachhinein als falsch herausstellt, kann man immer noch auf andere verweisen und so die Verantwortung von sich weisen. Deshalb erfordert es erheblichen Mut, sich gegen einen Mainstream zu stellen (auch wenn man nicht in einer Diktatur lebt).

Doch dann gibt es noch eine dritte Erklärung, und diese ist weniger evolutionär oder psychologisch, sondern hat mit schlichter Logik zu tun: Kein Mensch weiß alles. Deshalb ist es im Prinzip eine kluge Strategie, sich an anderen zu orientieren und von deren Erfahrungen zu profitieren. Dabei vermeidet man automatisch jene Fehler, die möglicherweise andere schon vor einem gemacht haben. Auch wissenschaftliche Studien weisen nach, dass es häufig erfolgversprechender ist, auf die Erfahrungen anderer zu bauen, als alles im Alleingang lösen zu wollen.[12]

* Wer sie nicht kennt, dem sei dazu die wunderbare Erzählung *Zwei alte Frauen* von Velma Wallis empfohlen. Sie beschreibt das Leben eines Nomadenstamms in Alaska, der während eines bitterkalten Winters beschließt, die beiden ältesten Frauen als »unnütze Esser« zurückzulassen, um den Stamm zu retten. Dann geschieht ein kleines Wunder …

Deshalb tragen wir jene Mode, die alle anderen tragen, setzen uns in jene Restaurants, in denen bereits möglichst viele Leute sitzen, sehen jene Filme oder Serien, die gute Bewertungen bekommen haben, und lesen jene Bücher, die als Bestseller angepriesen werden: Ohne selbst groß nachdenken oder recherchieren zu müssen, profitieren wir so vom gesammelten Kollektivwissen.

Die emotionale Ansteckung

Doch auch damit ist die Macht des Kollektivs noch nicht erschöpfend beschrieben. Wir handeln nicht nur deshalb oft so konformistisch, weil wir das Ausgeschlossensein fürchten, Angst vor Ablehnung haben oder vom Wissen der anderen profitieren wollen. Mindestens so wirkungsvoll sind auch jene Mechanismen, die unter der Wahrnehmungsschwelle ablaufen und die unser Verhalten besonders nachhaltig beeinflussen.

Oft gleichen wir uns dem Verhalten unserer Mitmenschen nämlich ganz unbewusst an. Das beginnt schon bei der Mimik: Lächelt uns jemand freundlich an, wird automatisch unser Jochbeinmuskel aktiviert, der die Mundwinkel nach oben zieht und uns ebenfalls lächeln lässt;[13] sehen wir jemand herzhaft gähnen, überfällt uns ein unwiderstehlicher Drang zu gähnen. Auf ähnliche Weise schwingen wir uns unbewusst auf das Sprechtempo eines Gegenübers ein, passen uns seinem Duktus und seiner Ausdrucksweise an – denn all das trägt zum besseren gegenseitigen Verstehen bei.[14] Sogar körperliche Verhaltensweisen synchronisieren wir oft auf verblüffende Weise: So greifen zum Beispiel Männer, die gemeinsam in einer Bar sitzen, gerne zur selben Zeit zu ihren Drinks.[15] Selbst wenn man in einem Film einen Schauspieler sein Glas heben sieht, kann das eine solche Nachahmung auslösen[16] – ein Prinzip, das Psychologen auch »Chamäleon-Effekt« nennen[17].

Heute wundern sich Psychologen längst nicht mehr darüber, *dass* Menschen das Verhalten ihrer Umgebung so stark imitieren. Erstaunlich finden sie es eher, dass wir uns dessen so selten bewusst sind. Zwar würden wir uns »in das Gefühlsleben anderer in überraschendem Maße einfühlen«, schreibt die Psychologin Elaine Hatfield.[18] Und doch tendierten wir erstaunlicherweise dazu, »die Wichtigkeit dieser Synchronisierung in sozialen Begegnungen zu übersehen«. Wir seien uns weder darüber klar, wie automatisch wir Emotionen und Verhaltensweisen von anderen erfassen – noch, wie sehr diese uns beeinflussen. Hatfield war die Erste, die in diesem Zusammenhang von »emotionaler Ansteckung« sprach.[19] Der Begriff beschreibt das Phänomen, dass wir von den Stimmungen und Gefühlen in unserer Umgebung beeinflusst und manchmal sogar – gegen unseren Willen – regelrecht mitgerissen werden.

Heute wissen wir, dass solche emotionalen Ansteckungen sogar stattfinden, wenn wir nur *virtuell* mit anderen verbunden sind. Das zeigen unter anderem Studien im Netzwerk von Facebook. So hat sich zum Beispiel herausgestellt, dass an Regentagen verstärkt negative Statusmeldungen gepostet werden – und zwar nicht nur von den Leuten in der verregneten Stadt selbst, sondern auch von ihren Freunden in anderen Städten mit besserem Wetter.[20] Der Trübsinn ist also ansteckend.

Eine andere Untersuchung sorgte im Sommer 2014 für Aufregung in der Netzgemeinde: Forscher hatten dazu eine Woche lang die Timeline von knapp 700 000 Facebook-Accounts gezielt manipuliert: Sie veränderten die jeweiligen Filtereinstellungen so, dass die eine Gruppe mehr positiv besetzte

Nachrichten aus dem Freundeskreis zu sehen bekam, die andere überdurchschnittlich viele negative. Ergebnis: Wer häufiger Positives las, schrieb auch selbst eher positive Einträge; wer mehr negative Nachrichten als sonst zu sehen bekam, äußerte sich in den eigenen Statusmeldungen eher negativ. »Die Emotionen, die unsere Freunde in digitalen sozialen Netzwerken ausdrücken, beeinflussen unsere eigene Stimmung«, schrieben die Forscher. Damit habe man »den ersten experimentellen Beweis für eine großflächige emotionale Ansteckung in sozialen Netzwerken« erbracht.[21]

Onkel Walters Schande

Ein besonders extremes Beispiel für unbewusste Beeinflussung beschreibt der deutsch-israelische Ökonom und Verhaltensforscher Eyal Winter in seinem Buch *Kluge Gefühle*: Darin erzählt er von seinem Großonkel Walter, der 1933 im ostpreußischen Königsberg zufällig in einen Naziaufmarsch geriet. Zunächst habe der Onkel postwendend flüchten wollen, schließlich war er als kosmopolitischer Jude das typische Feindbild der sich zusammenrottenden Nazianhänger, berichtet Winter.[22] Doch als der Onkel merkte, dass er wegen seines »arisch« erscheinenden Äußeren nicht auffiel, siegte die Neugier. Statt wegzulaufen, arbeitete er sich in die Mitte der Menge vor, um deren Verhalten aus nächster Nähe zu studieren.

In diesem Moment betrat Hitler das Podium. Er hielt eine seiner üblichen aufhetzenden Reden und peitschte die Menge ein. »Zunächst nahm Walter das Geschehen ringsumher mit Staunen und Fassungslosigkeit wahr«, berichtet Winter über seinen Großonkel. »Doch allmählich überkam ihn ein seltsames Gefühl. Als die Versammelten die Nazihymne anstimmten, sang

Walter mit und murmelte den Text.« Am Ende sei er von den Gefühlen der Masse regelrecht übermannt worden. »Gemeinsam mit den Umstehenden rief er laut ›Sieg Heil!‹ und bejubelte jedes Wort aus Hitlers Mund« – ein Verhalten, das den Übermannten im Nachhinein mit entsetzlicher Beschämung erfüllte. Erklären konnte er sich seine Reaktion nur mit »Hexerei«.

Tatsächlich wussten die Nazis nur zu gut, welche Kräfte die emotionale Ansteckung in großen Menschenmengen entfalten kann. Und sie nutzten diesen psychologischen Mechanismus gezielt aus. Ohne ihre massenpsychologische Verführung, die bombastische Inszenierung ihrer Reichsparteitage oder die Beschwörung eines einheitlichen »Volksempfindens« wäre der Wahn des »Dritten Reiches« kaum vorstellbar gewesen.

Was kann man solchen Methoden entgegensetzen? Wie kann man sich vor der emotionalen Ansteckung schützen, wie widersteht man dem so tief in uns verwurzelten Hang zum Konformismus?

Die erste Antwort muss lauten: Schützen kann sich nur, wer um die eigene Manipulierbarkeit weiß. Nur indem wir anerkennen, dass wir ständig – und oft unbewusst – von den Ansichten und Meinungen in unserem Umfeld beeinflusst werden, eröffnet sich die Möglichkeit, damit umzugehen. Wer sich dagegen selbst für völlig autonom und unbeeinflusst hält, sitzt genau der Illusion auf, die den Einfluss der anderen so wirkungsvoll macht. Dann reproduzieren wir nämlich nicht nur das, was alle anderen denken – sondern tun das auch noch mit der Inbrunst der völlig von sich Überzeugten, die keinerlei Zweifel an der eigenen Wahrheit zulassen.

So erging es anfangs auch Misha Katsurins Vater, der gar nicht merkte, dass er das Opfer der russischen Propaganda geworden war, sondern seine (manipulierten) Ansichten für die selbstverständliche Wahrheit genommen hatte. Eyal Winters Großonkel Walter hingegen hatte (zumindest im Nachhinein) gemerkt, wie sehr sein Verhalten von außen gesteuert wurde, und war damit gegen weitere Gefühlsbeeinflussungen dieser Art gewappnet.

Die Macht des Mainstreams

Mit Blick auf die Erkenntnisse der Sozialpsychologie sollte sich deshalb jede Art von moralischer Überheblichkeit verbieten. Wer weiß, wie leicht Menschen durch den Gruppendruck beeinflusst werden, wird vorsichtiger in der Beurteilung von Menschen, die einem solchen Druck in hohem Maße ausgesetzt sind. Das gilt für die Menschen in Russland oder anderen Diktaturen ebenso wie für das Verhalten unserer Vorväter und -mütter während der Nazizeit. Aus der sicheren Distanz des Heute mag es schwer begreiflich erscheinen, wieso so viele damals den gedanklichen Wahnsinn des »Dritten Reichs« mitmachten; doch eine ganz andere Sache ist es, diesem Gedankengut dann zu widerstehen, wenn es als gesellschaftliche Normalität daherkommt und von der Mehrheit der Menschen im eigenen Umfeld geteilt wird.

Bei nüchterner (Selbst-)Betrachtung kommt man kaum um die desillusionierende Erkenntnis herum, dass auch unsere eigenen Urteile nicht frei vom jeweils herrschenden Zeitgeist sind und von allen möglichen Beeinflussungen geprägt sind; und seien es nur die Bilder und Ideale, die uns die allgegenwärtige Werbung permanent vorgaukelt und die unbewusst unsere Vorstellung von einem »glücklichen Leben« prägen. Sich solche Einflüsse bewusst zu machen, ist bereits der erste Schritt, sich davon zu lösen.

Zu dieser Erkenntnis gelangte auch der ZEIT-Kolumnist Harald Martenstein, der sich in einem langen Text mit der Macht des Mainstreams auseinandersetzte.[23] Dabei stellte er fest, dass er – bei aller Eigenständigkeit und Widerspenstigkeit im Denken – doch in vielem ein Herdentier sei: »In den fünfziger Jahren, in denen ich geboren wurde, dachte fast jeder, dass Deutschland die im Krieg verlorenen Ostgebiete auf keinen Fall aufgeben dürfe, dass Frauen nur in Ausnahmefällen arbeiten gehen sollten, dass Homosexualität eine Perversion sei, über die man am besten nicht spricht, dass es tausend wichtigere Dinge gebe als Umweltschutz. Heute denkt fast jeder in diesen Fragen ungefähr das Gegenteil. Auch ich denke das Gegenteil.«

Dabei macht Martenstein nicht den Fehler, die früheren Ansichten für falsch und seine heutigen für richtig zu halten. Denn ihm ist klar, dass sich solche Bewertungen unaufhörlich ändern. »Die Furcht vor Hexen oder die Verehrung für den Kaiser, die in den Köpfen meiner Urgroßeltern wohnten, sind meinen Großeltern genauso falsch vorgekommen, wie mir heute der Gedanke falsch vorkommt, dass man die Ostgebiete nicht aufgeben darf. Und weil die Geschichte immer weitergeht, werden meine heutigen Meinungen den Nachgeborenen wohl auch seltsam vorkommen. Ich weiß, dass ich in den Augen der Zukünftigen eine lächerliche Figur bin.«

Diese Erkenntnis mache ihn demütig, schreibt Martenstein, und das ist ziemlich klug: Denn wer weiß, dass er »in den Augen der Zukünftigen eine lächerliche Figur« abgeben wird, hat der Lächerlichkeit bereits vorgebaut. Das ist ähnlich wie bei einem Geisteskranken, der seinen Wahn durchschaut und ihm dadurch nicht mehr zum Opfer fällt. Wirklich krank ist hingegen derjenige, der seine Wahnvorstellungen für die Wahrheit hält.

Mit Erkenntnis allein aber ist es natürlich nicht getan. Um sich von einem als falsch erkannten Mainstream zu lösen, braucht es noch etwas anderes: Verbündete, zumindest im Geiste. Das demonstrierte bereits das Konformitäts-Experiment von Solomon Asch. Er wollte damit ja nicht nur zeigen, wie groß der Hang zum Herdentrieb ist, sondern auch erforschen, wie man dem Konformismus widerstehen kann. Dazu wiederholte er den Versuch mit der Linien-Beurteilung in verschiedenen Abänderungen. In einer Variante zum Beispiel schleuste Asch einen »verlässlichen Partner« in die Gruppe ein; dieser folgte nicht der (falschen) Mehrheitsmeinung, sondern äußerte ein abweichendes Urteil. Schon dieser eine Verbündete reichte, damit die meisten Probanden dem Gruppendruck widerstanden und bei ihrer ursprünglichen Meinung blieben. Dazu musste der Verbündete nicht einmal die korrekte Antwort geben; es reichte, dass er der Mehrheit widersprach. Offenbar, schloss Asch, ermutigt jede Art von Abweichung die Menschen dazu, unabhängiger zu denken.

Ähnliches zeigte sich in dem berühmten »Milgram-Experiment«, das später von Aschs Schüler Stanley Milgram durchgeführt wurde. Dabei wird den Teilnehmern suggeriert, sie würden an einem Lernexperiment teilnehmen und müssten die Fortschritte eines anderen Probanden (des »Schülers«) überwachen. Dieser müsse nach jedem Fehler einen elektrischen Schlag erhalten, dessen Stärke nach und nach gesteigert werde. Dass die Stromschläge in Wahrheit nur vorgetäuscht und die »Schüler« Schauspieler sind, wissen die Versuchspersonen nicht.

Das Ergebnis dieses Versuchs war erschreckend: Die meisten machten bei der bizarren Tortur bereitwillig mit. Zwar äußerten viele Bedenken, als der »Schüler« Schmerzen simulierte und flehte, aufhören zu dürfen. Doch als der strenge Versuchsleiter versicherte, das Experiment und die Stromschläge seien nun mal im Dienste der Wissenschaft nötig, folgten viele seinen Anweisungen. Am Ende waren sogar rund zwei Drittel der Probanden bereit, Elektroschocks von 450 Volt zu verabreichen (die in Wirklichkeit tödlich wären).[24]

»Früher habe ich mich gefragt, ob eine grausame Regierung in den ganzen USA genug moralische Dummköpfe finden könnte, um den Personalbedarf für ein nationales System von Konzentrationslagern, wie es sie in Deutschland gegeben hat, zu decken«, kommentierte Milgram schockiert. »Jetzt glaube ich langsam, dass die ganze Belegschaft allein in der Stadt New Haven rekrutiert werden könnte.«[25]

Bei allem Erschrecken über die Verführbarkeit der menschlichen Natur belegte jedoch auch dieses Experiment, dass Menschen dem Gruppendruck widerstehen können. So weigerte sich mehr als ein Drittel der Freiwilligen im Milgram-Experiment, ab einem bestimmten Punkt den Stromregler weiter aufzudrehen. Und dieses widerständige Verhalten ließ sich verstärken, wie Varianten des Versuchs zeigten: Sobald sich die Probanden sozial unterstützt fühlten – etwa weil andere Personen im Raum waren, die gegen das Experiment protestierten –, widersetzten sie sich viel stärker den Anordnungen des Versuchsleiters. Derselbe Effekt trat ein, wenn die Probanden den angeblichen Schüler sahen oder mit ihm im selben Raum saßen. Waren die »Lehrer« dagegen mit dem »Schüler« nur über Lautsprecher verbunden, hatten sie viel weniger Skrupel, bis zur maximalen Voltzahl zu gehen. Kurz gesagt: Soziale Nähe und Verbündete fördern die Empathie und widerständiges Verhalten.

Wie wichtig menschliche Nähe ist, hat auch Misha Katsurin in den Telefonaten mit seinem Vater erfahren. »Ich glaube, der einzige Weg, in einer solchen Lage die Tür in Richtung eines gelingenden Gesprächs aufzustoßen, liegt darin, die eigene Liebe zu zeigen«, erklärte Katsurin. »Wenn ich gleich zu predigen beginne und darauf beharre, den anderen über seinen Irrlauben zu belehren, wenn ich ihm erkläre, wo er falschliegt und was die Fakten sind (...) – dann beginnt der Streit. Wir verharren dann in den Schützengräben gegensätzlicher Positionen, werfen uns wechselseitig vor, Opfer von Propaganda zu sein. Das bringt nichts.« Deshalb fange er solche Gespräche anders an, erkläre seinem Vater zum Beispiel, dass er sein Sohn sei und ihn liebe, »in jeder nur denkbaren Weise, in der ein Sohn seinen Vater liebt«. Und dass er sich bemühen werde, seine Fragen zu beantworten.

Erst dieses emotionale Brückenbauen schafft die Grundlage dafür, dass das Gegenüber sich von seinem bisher als fest und sicher empfundenen Weltbild lösen kann. Und nicht Fakten, sondern eher anteilnehmende Geschichten sind es, die Risse in der psychologischen Abwehr erzeugen. So erzählte Katsurin einmal von einer befreundeten Familie, die seit Tagen in einem Bunker lebe und einen Hilferuf per SMS gesendet habe: Man brauche einen Kindertherapeuten, weil das kleine Mädchen seit fünf Stunden einfach nicht mehr aufhören könne zu weinen. Das erschütterte den Vater sehr. Ein andermal schickte ihm der Sohn den Screenshot eines Chats mit seiner Mutter, also der Ex-Frau des Vaters. Sie erzählte, dass sie Menschen kenne, die versucht haben, durch einen der Fluchtkorridore in Sicherheit zu gelangen und dabei von der russischen Armee erschossen wurden. »Da ist es schwer zu streiten«, sagt Katsurin. Sein Fazit: Zur Widerlegung falscher

Propaganda brauche es »jede Menge Geduld, Faktenbelege« und nicht zuletzt »Liebe«.

Denn niemand von uns ist vor den Gefahren des Groupthink gefeit. Und statt auf die Wahrheit des eigenen Weltbilds zu pochen und mit anderen darüber zu streiten, ist es besser, sich zunächst auf jene Werte zu besinnen, die wir gemeinsam teilen – und von da aus zu versuchen, eine Brücke zwischen unseren unterschiedlichen Ansichten zu bauen.

Was man allerdings tun kann, wenn das Gegenüber gar keine Brücke bauen möchte, sondern die eigene Sichtweise mit allen Mitteln verteidigt – und dabei auch vor Gewalt nicht zurückschreckt – wird im folgenden Kurzkapitel erörtert.

VOM »BYSTANDER« ZUM »UPSTANDER«

Haben Sie das Zeug zum Widerständler oder zur Heldin? Sind Sie in der Lage, Ihren moralischen Werten auch dann zu folgen, wenn Sie dem sozialen Druck einer Gruppe oder der Gesellschaft widerstehen müssen? Sich diese Frage überhaupt zu stellen, ist bereits der erste Schritt zu einer positiven Antwort. Denn vielfach merken wir gar nicht, wie sehr wir unser Verhalten an das unseres Umfelds anpassen. Deshalb lohnt es sich, einmal die Bedingungen und Strategien des autonomen Handelns zu klären.

Erste Erkenntnis: Niemand wird zum Helden geboren. Studien, die nach einer eindeutigen Signatur von Widerständlern suchten – etwa unter den Rettern, die in der Nazi-Zeit Juden versteckten –, zeigen, dass es oft von Zufällen und Umständen abhängt, ob jemand sich engagiert oder nicht. Manche der Retter führten ihr Engagement auf ihre ethische Erziehung zurück, andere nicht; manche verwiesen auf beeindruckende Vorbilder, andere nicht; manche waren schon vorher als moralisch starke Persönlichkeiten aufgefallen, andere nicht, und so weiter. Auch die »Gerechten unter den Völkern«, die von der israelischen Gedenkstätte Yad Vashem für die Rettung von Juden geehrt wurden, erwiesen sich als ebenso unterschiedlich wie normal. Anders gesagt: ein Helden»gen« gibt es nicht. Das heißt aber auch: Je nach Umständen kann sich prinzipiell jede und jeder von uns heldenhaft verhalten.

Zweite Erkenntnis: Erst in Extremsituationen zeigt sich, wie wir wirklich agieren. Die vorherige Selbsteinschätzung ist häufig falsch. Das zeigte ein Projekt zur Erforschung von autonomem Verhalten, das der Philosoph Michael Pauen und der Sozialpsychologe Harald Welzer vor einigen Jahren starteten.[26] Dabei sollten Menschen zunächst per Fragebogen angeben, wie eigenständig und autonom sie handelten; danach wurde getestet, wie stark sie sich von einer (angenommenen) Mehrheitsmeinung beeinflussen ließen. Ergebnis: Diejenigen, die sich für autonom hielten, schnitten nicht besser ab als jene, die sich wenig Eigenständigkeit zutrauten. »Das tatsächliche Verhalten der Versuchspersonen widerspricht kolossal ihrer Selbsteinschätzung!«, beschreibt Welzer die Kluft zwischen Vorstellung und Realität.

Dritte Erkenntnis: Autonomie und widerständiges Verhalten lassen sich trainieren. Denn Anpassung und Konformismus resultieren häufig aus dem Gefühl der Unsicherheit. Wenn man sich diesem Gefühl stellt und entsprechende Situationen einmal durchspielt – und sei es nur im Kopf – gewinnt man Sicherheit und Handlungskompetenz. Und wer ab und zu im Alltag ein widerständiges Verhalten erprobt, tappt weniger leicht in die Konformismus-Falle.

Das kann ganz klein beginnen: Für manche ist es schon eine Mutprobe, zwei verschiedenfarbige Socken zu tragen oder sich dem üblichen Modediktat zu verweigern. »Was sollen denn die Leute denken?« Diesem konformistischen Reflex gilt es standzuhalten. Man kann auch einmal übungshalber in der Öffentlichkeit eine auffallende Kopfbedeckung tragen oder auf einer belebten Straße mit erhobenen Armen laut »Kuckuck« rufen, wie der Persönlichkeits-Coach Jens Corssen empfiehlt.[27] Das ist ungefährlich, hilft aber, die Abweichung von der Norm zu trainieren und sich in der ungewohnten Rolle des Außenseiters weniger unwohl zu fühlen.[28]

Ähnliche Ziele verfolgen Trainingsprogramme wie das »Heroic Imagination Project«, das der Stanford-Psychologe Philip Zimbardo gegründet hat[29] und das in Deutschland von dem Verein »Helden e. V.« propagiert wird.[30] Zimbardo wurde 1971 bekannt mit dem berühmten »Stanford Prison Experiment«, bei dem Studierende per Zufall in Gefangene und Wärter eingeteilt wurden – worauf sich die »Wärter« innerhalb weniger Tage in Sadisten verwandelten. Heute lautet Zimbardos Botschaft: Niemand ist von Natur aus böse oder gut, sondern wird erst durch die Situation dazu gemacht. Deshalb könne man Menschen zu finsteren Taten ebenso motivieren wie zu heldenhaften. Letzteres will er mit seinem »Heroic Imagination Project« erreichen: Es soll Menschen darin schulen, in kritischen Situationen das Richtige zu tun und so einen positiven Dominoeffekt in der Gesellschaft auszulösen.[31]

In den Trainings geht es zum Beispiel um den Zuschauer-Effekt, der bei Unfällen oder Straftaten immer wieder zu beobachten ist: Obwohl eine große Menschenmenge zuschaut, kommt niemand dem Opfer zu Hilfe.[32] Dieser *Bystander*-Effekt ist darauf zurückzuführen, dass Menschen in unsicheren Situationen sich vor allem am Verhalten ihrer Mitmenschen orientieren: Tun die anderen nichts, mache ich lieber auch nichts. Deshalb sinkt paradoxerweise die Hilfsbereitschaft der Einzelnen umso mehr, je größer die Gruppe der Zuschauer ist.[33] »Ihr müsst die erste Person sein, die die soziale Norm durchbricht«, sagt Zimbardo. »Seid keine *Bystander*, seid *Upstander*.«

Dabei ist es allerdings auch wichtig, seine Grenzen zu kennen. Wer etwa in der U-Bahn miterlebt, wie eine Gruppe gewalttätiger Rechtsradikaler einen Einzelnen bedroht, sollte sich nicht alleine dazwischenwerfen (es sei denn, man ist in Kampfkunst geschult). Sinnvoller ist es in dieser Situation, als Erstes die Notrufnummer 110 zu wählen, (klingt offensichtlich, wird aber in der Hitze des Gefechts oft vergessen) und sich Verbündete zu suchen. Sprechen Sie andere Mitreisende in der U-Bahn an, bilden Sie ein gemeinsames Interventionsteam. Denn auch das hat die Forschung gezeigt: Viele Menschen bleiben oft passiv, weil sie nicht wissen, was sie tun sollen; sie werden aber aktiv, wenn Sie konkret angesprochen werden (»Ja Sie, mit der roten Mütze, könnten Sie mir bitte helfen?«). Hilfreich ist auch, den Vorgang zu dokumentieren: etwa Fotos zu machen oder – falls das nicht geht – sich die Details und Gesichter gut einzuprägen. Eine kenntnisreiche Aussage bei der Polizei kann einem Opfer ebenfalls helfen.

Manchmal kann man Situationen auch vorausschauend entschärfen. Wird man etwa Zeuge, wie der Ton in einem Gespräch zunehmend ungemütlicher wird, kann man versuchen, die Situation zu de-dramatisieren oder von dem Streit abzulenken; mitunter hilft es, so zu tun, als habe man von der ganzen Sache nichts mitbekommen, und mit der Person, die angepöbelt wird, ein unverfängliches Gespräch zu beginnen oder sich ganz zufällig neben sie zu stellen; hilfreich ist auch Humor (wenn man den richtigen Ton trifft). Auf keinen Fall sollte man die Situation noch eskalieren, indem man etwa einen Aggressor beschimpft oder ihn körperlich berührt. Wenn man überhaupt mit ihm redet, dann in möglichst normalem Ton.

Mittlerweile gibt es auch für Schulen diverse Trainingsprogramme für Zivilcourage oder Konfliktmanagement – etwa das Modell »Schule ohne Rassismus – Schule mit Courage« –, es gibt Seminare wie »Argumentieren gegen Rechts« und Anti-Rassismus-Trainings.[34] Klar ist allerdings, dass einzelne Seminar- oder Übungstage stets nur Anstöße geben können. Werden sie nicht weitergeführt, verpuffen sie schnell. »Alle Erfahrungen zur Entwicklung von Zivilcourage zeigen«, resümiert der Pädagoge Ralf-Erik Posselt, »dass diese erlernt, erprobt, geübt und ausprobiert werden muss, damit sie, wenn sie gebraucht wird, auch funktionieren kann.«[35]

Und natürlich hängt es am Ende an den Strukturen, ob ein couragiertes Verhalten eher gefördert wird oder nicht. Wird zum Beispiel eine Schule als hierarchisch organisierte Institution erlebt, in der alle Anordnungen von oben (etwa von Lehrern, der Schulleitung oder Bildungsbehörde) kritiklos umzusetzen sind und Widerspruch unerwünscht ist, dann kann man sich jedes Training für Zivilcourage sparen. Dabei ist gerade die Schule ein idealer Ort, um sich mit den Mechanismen von Groupthink und Konformismus auseinanderzusetzen. Das erfordert aber, Schule weniger als Anstalt zur reinen Wissensvermittlung zu verstehen und dem sozialen Lernen deutlich mehr Raum zu geben.

Mut und Zivilcourage gedeihen eben nur, wenn sie auch vorgelebt werden. Das gilt nicht nur für Schulen, sondern für alle Institutionen und Unternehmen: Wirklich souveräne Chefs fördern daher nicht die Konformität unter ihren Mitarbeitern, sondern ihre Eigenständigkeit und ihr kritisches Denken. Wie das gehen kann, hat einmal der frühere Präsident von General Motors, Alfred P. Sloan, vorgemacht. Sloan, der von 1923 bis 1937 den legendären Autokonzern führte, konstatierte einmal in einer Sitzung eine allgemeine Zustimmung zu einer wichtigen Entscheidung. Daraufhin vergewisserte er sich, dass bezüglich dieser Frage offenbar alle einer Meinung waren. Wiederum allgemeines Kopfnicken. Daraufhin sagte Sloan sinngemäß: »Wenn das so ist, dann schlage ich vor, dass wir die Sitzung hier unterbrechen – und uns Zeit nehmen, zu unterschiedlichen Meinungen zu gelangen …!«[36]

KAPITEL 7: DIE KRAFT VON NETZWERKEN

WARUM WIR MEHR BEWIRKEN, ALS WIR DENKEN

Zu den niederdrückenden Folgen der modernen Massengesellschaft gehört das Gefühl, nichts bewirken zu können. Weitverbreitet ist der Eindruck, nur ein kleines Rädchen im großen Weltgetriebe zu sein, das nicht wichtig ist und auf das es eigentlich nicht ankommt. Können andere meinen Job nicht ebenso gut (oder besser) erledigen? Wen kümmert es, was ich denke oder fühle? Was soll mein Handeln schon groß verändern?

Erstaunlicherweise befällt dieses Gefühl nicht nur Menschen, die sich am unteren Ende der sozialen Leiter wähnen, sondern auch jene, die vermeintlich oben stehen. Selbst Kanzlerinnen oder Konzernlenker, die nach allgemeiner Ansicht die Zügel des Geschehens in der Hand haben, klagen häufig über Machtlosigkeit und allgegenwärtige Sachzwänge, die ihnen kaum Spielraum in ihren Entscheidungen ließen.

Einer der zentralen Begriffe etwa von Angela Merkels Regierungszeit war das Wort »alternativlos«. Heißt: egal, was wir gewollt haben, es ging nun mal nicht anders. Exemplarisch war das während der Corona-Pandemie zu besichtigen, in der eine zunehmend genervte Bundeskanzlerin immer wieder an den Eigeninteressen von 16 Bundesländer-Chefinnen und Chefs verzweifelte und am Ende zum Teil kümmerliche Kompromisse als gemeinsame Strategie verkaufen musste. Auch in der Klimapolitik trat das Missverhältnis von Können und Wollen zum Vorschein. 2020 trafen sich die Klima-Aktivistinnen Luisa Neubauer und Greta Thunberg mehrfach mit der EU-Chefin Ursula von der Leyen und der (damals noch amtierenden) Kanzlerin Merkel zu vertraulichen Gesprächen über die Notwendigkeit schnellerer Klimaschutzmaßnahmen. Dabei, so war hinterher zu hören, seien die Aktivistinnen schier daran verzweifelt, »dass mächtige Politikerinnen ihnen sagen, sie würden ja wollen, sie könnten aber nicht wegen der Umstände oder wegen des Volkes«.[1] Bei Merkels Nachfolger Olaf Scholz ist es nicht viel anders. Auch er scheint vorwiegend damit beschäftigt, zwischen all den (Sach-)Zwängen, Anforderungen und äußeren Notwendigkeiten gerade so hindurchzulavieren. Selbst wenn er ab und zu symbolische Ausrufezeichen setzt – wie in seiner berühmten »Zeitenwende«-Rede am Anfang des Ukraine-Kriegs[2] – wirkt er eher getrieben von den Ereignissen.

Der Hippie, der die Welt veränderte

Und doch finden ja immer wieder positive Veränderungen statt, gibt es – allen Krisen und Katastrophen zum Trotz – so etwas wie langfristigen Fortschritt. Und immer wieder sind es Einzelne, die gesellschaftliche Entwicklungen anstoßen und den Lauf der Welt verändern. Nehmen wir etwa die amerikanische Bürgerrechtlerin Rosa Parks, die sich 1955 weigerte, ihren Sitzplatz in einem Bus für einen weißen Fahrgast zu räumen – und damit den Impuls zu einer landesweiten Bewegung gab, die in den USA zum Ende der Rassentrennung führte. Oder jene 15-jährige Schülerin, die sich im Sommer 2018 mit einem ungelenken Pappschild vor den schwedischen Reichstag in Stockholm setzte, um für eine bessere Klimapolitik zu streiken. Hätte man damals eine Umfrage gestartet, wie wohl Greta Thunbergs Aussichten zu bewerten sind, hätten wohl alle nur müde abgewunken. Und doch war ihre einsame Aktion der Beginn der weltweiten *Fridays-for-Future*-Bewegung, die das Thema Klimapolitik ganz oben auf die Agenda setzte.

Was Einzelne bewirken können, zeigt auch die Geschichte jenes seltsamen Hippie-Typen, der Anfang der 1970er Jahre in einer Kommune in San Francisco lebte. Er hatte Medizin studiert, wurde aber der Großstadt überdrüssig und machte sich gemeinsam mit 40 anderen Aussteigern auf den Weg nach Indien. Er durchquerte in einem Bus die Türkei, den Iran und Afghanistan, bis er den Himalaya erreichte und im Ashram des Gurus Neem Karoli Baba in Nordindien landete. Dort praktizierte er Yoga, meditierte und sang – bis ihm eines Tages der Guru aus heiterem Himmel erklärte, er solle *stante pede* nach Neu-Delhi reisen, um für die Vereinten Nationen zu arbeiten und dabei zu helfen, die Pocken auszurotten.

Ich? Was kann ich schon bewirken? fragte sich der junge Mann und hoffte, sein Guru würde die verrückte Idee schnell wieder vergessen. Doch dieser blieb hartnäckig und insistierte so lange, bis sein Schüler nach Delhi fuhr – wo niemand daran interessiert war, einen »Hippie mit Rauschebart in einem weißen Gewand einzustellen, der voller Inbrunst von den Prophezeiungen seines Gurus sprach«, wie Larry Brilliant heute rückblickend erzählt.[3]

Doch kaum war er zurück im Ashram, zwang ihn der Guru erneut, die Reise nach Delhi anzutreten und seine Mitarbeit anzubieten, wieder und immer wieder. Nach dem 12ten, 13ten Mal hatte Brilliant es satt, band sich die Haare zu einem Pferdeschwanz, lieh sich einen schlecht sitzenden Anzug, kaufte eine Krawatte – und wurde tatsächlich bei der Weltgesundheitsorganisation WHO angenommen. Er begann als Bürokraft, arbeitete dann als Arzt und machte schließlich die Pockenbekämpfung zu seiner Lebensaufgabe – bis er 1975 in einem Dorf in Bangladesh den letzten Fall einer Pockeninfektion aufspürte und damit, nach Millionen von Toten und dem aufreibenden Kampf gegen eine furchtbare Krankheit, die Kette der Ansteckungen durchbrechen konnte.

Die Geschichte von Larry Brilliant, der später Professor für Epidemiologie wurde, mit Steve Jobs befreundet war, eines der ersten sozialen Netzwerke der Welt gründete (The Well), die Google.org-Stiftung leitete und verschiedene amerikanische Präsidenten beriet, klingt geradezu märchenhaft. Und aus heutiger Sicht könnte man sagen: Natürlich, das ist eben Larry Brilliant – der gehört zu jener Sorte besonderer Menschen, wie auch Rosa Parks oder Greta Thunberg, die Geschichte schreiben und mit denen sich Normalsterbliche wie wir nicht vergleichen können.

Doch wer so denkt, übersieht, dass das nur im Rückblick gilt. Als Brilliant in den siebziger Jahren im Ashram saß, hielt ihn niemand für etwas Besonderes, am wenigsten er selbst. Ein Hippie unter vielen. Nur sein Guru erkannte offenbar, dass in seinem Schüler Fähigkeiten steckten, die helfen könnten, die Pockenseuche auszurotten. Wie Neem Karoli Baba allerdings zu dieser Ansicht gelangte, das ist Larry Brilliant bis heute schleierhaft. »Ich verstehe das auch nicht«, gibt der Epidemiologe unumwunden zu. »Und glauben Sie mir: Ich denke sehr oft über dieses Mysterium nach.«

Der Guru habe ihn allein durch seine Präsenz verändert: »Er hat mir den Mut gegeben, einfach weiterzuarbeiten, wenn mich die Verzweiflung packte und mal wieder irgendwo ein Pockenausbruch all unsere Arbeit zu zerstören drohte. Aber wie? Und woher wusste er überhaupt von den Pocken? Und warum sah er die Möglichkeit voraus, diese entsetzliche Krankheit auszurotten?« Sollte jemand begreifen, was hier geschehen ist, so sagt Brilliant in halb gespielter Verzweiflung, »dann hat er eines der großen Geheimnisse des Lebens entschlüsselt«.

Wie wird aus einem Funken ein Feuer?

Das Geheimnis von Neem Karoli Baba wird vermutlich für immer im Dunkeln bleiben. Kein Geheimnis ist hingegen, wie Brilliant die Ausrottung der Pocken gelang: in einer enormen Gemeinschaftsanstrengung mit Abertausenden von anderen. Allein in Indien waren etwa 150 000 Ärztinnen und Ärzte, Krankenschwestern und Impfspezialisten im Einsatz, Menschen mit Orts- und Sprachkenntnissen reisten von Dorf zu Dorf, um an Pocken erkrankte Menschen zu finden. »Die Helfer kamen aus 50 Ländern. Es waren Menschen mit allen nur denkbaren Hautfarben, mit allen nur denkbaren politischen und religiösen Überzeugungen, unter ihnen Buddhisten, Muslime, Christen, Shintoisten, Juden, Sufis. Und selbst Russen und Amerikaner arbeiteten mitten im Kalten Krieg zusammen, getrieben von einer gemeinsamen Vision«, erzählt Brilliant.

Und auch wenn er selbst als treibende Kraft auftrat, war er doch nur ein Impuls unter vielen, der ohne all die anderen Impulse und verstärkenden Kräfte machtlos geblieben wäre. Ähnlich war es übrigens bei Rosa Parks oder Greta Thunberg: sie gaben zwar jeweils entscheidende Anstöße, doch diese konnten nur erfolgreich sein, weil andere Menschen sie aufgriffen, unterstützten, weiterentwickelten und verbreiteten. Anders gesagt:

Ohne ein ganzes Netzwerk an Helferinnen und Helfern, Mitstreitern und Unterstützerinnen wären weder die Klima- noch die Bürgerrechtsbewegung je in Schwung gekommen.

Doch was braucht es, damit aus einem kleinen Glimmen ein großes Feuer wird? Warum springt bei manchen Aktionen sofort der Funke über – während andere, ähnliche Aktionen, eher verpuffen? Klimaproteste gab es schließlich schon lange vor Gretas Sitzstreik vor dem Stockholmer Parlament; auch vor Rosa Parks hatte sich bereits einmal eine schwarze Frau geweigert, ihren Sitzplatz in einem Bus zu räumen. Doch wer kennt heute noch den Namen von Irene Morgan, die 1944 in einem Greyhound-Bus sitzen blieb? Ihr Fall schlug keine landesweiten Wellen – anders als der von Rosa Parks, den der (damals noch kaum bekannte) Pastor Martin Luther King aufgriff und zu einer großen Sache machte.

Es braucht eben nicht nur Mutige, die als Erste etwas Neues wagen, es braucht auch die zweiten, dritten und vielen weiteren, die sie unterstützen. Und diese wiederum gibt es nur, wenn eine entsprechende gesellschaftliche Stimmung herrscht, wenn also die Zeit reif für den Wandel ist. Das betrifft übrigens alle Arten von Innovationen, nicht nur soziale, sondern auch technische: Ist ihre Zeit nicht gekommen, gehen selbst die besten Ideen sang- und klanglos unter.

Zeitgeist und gesellschaftliche Regimes

Ein klassisches Beispiel für diese Zeit-Bedingtheit ist die Mikrowelle: Als 1947 der erste Prototyp auf den Markt kam, der Speisen mithilfe eines elektromagnetischen Feldes erhitzen konnte, erwies sich das Gerät als unverkäuflich. Das lag zum einen an seinen Dimensionen – kühlschrankgroß und 340 Kilogramm schwer – zum anderen aber auch daran, dass es kein gesellschaftliches Interesse dafür gab. Erst in den 1970er Jahren, als sich die Gesellschaft wandelte und immer mehr Frauen arbeiten gingen, begann der Siegeszug der Mikrowelle. Das (inzwischen kleiner gewordene) Gerät erschien plötzlich in vielen Familien als unverzichtbares Utensil, um Tiefkühlspeisen aufzutauen und die Kochzeit radikal zu verkürzen.[4] Eine ähnliche Achterbahnfahrt durchliefen die Solartechnik oder das Elektroauto: Anfangs belächelt und von der Industrie lange ignoriert, gelten sie heute als entscheidende Bausteine der »Energiewende«. Daran zeigt sich, dass der Erfolg einer Sache nicht nur von dieser selbst abhängt, sondern mehr noch vom gesellschaftlichen Rahmen, der den Erfolg befördert oder behindert.

Soziologen und Technikhistoriker sprechen in diesem Zusammenhang von einem gesellschaftlichen »Regime«, womit aber keine Regierung gemeint ist, sondern die Gesamtheit der aktuell herrschenden Vorstellungen, Gewohnheiten, Techniken und politischen Regeln. Ändern sich diese, kommt es zu einem »Regimewechsel«. Früher war es zum Beispiel gang und gäbe, in Innenräumen zu rauchen oder die Arbeit durch einen Drink aufzulockern. (Ich erinnere mich noch an die Redaktionskonferenzen der ZEIT Anfang der 1990er Jahre, als ich dort Jungredakteur war: Dicke Tabakschwaden zogen über den Tisch, auf dem gerne ein Sherry oder Whisky stand. Heute wäre so etwas undenkbar.) Das gesellschaftliche Regime in Bezug auf Tabak oder Alkohol am Arbeitsplatz hat sich stark verändert.

Momentan stecken wir wiederum im Umbruch unseres »Energie- und Klimaregimes«, das alle Bereiche erfasst, von der Energie- über die Wirtschaftspolitik bis hin zum persönlichen Mobilitätsverhalten oder dem Interesse für Energiespartechniken.

Denn an einem Regimewechsel ist stets die ganze Gesellschaft beteiligt. Und egal, was sich Visionärinnen, Politiker, Forscherinnen oder Ingenieure auch immer ausdenken: Eine gesellschaftsverändernde Kraft entfaltet ihre Ideen erst dann, wenn sie bei genügend anderen Menschen auf Resonanz stößt.

Bleibt die Frage, wie solche gesellschaftlichen Stimmungen entstehen und wann und wie sie sich ändern. In Autokratien und Diktaturen ist das leicht zu beantworten: Ein Führer (es sind tatsächlich fast ausschließlich Männer) befiehlt, und alle anderen haben zu folgen. In Demokratien hingegen ist die Sache komplexer; denn die jeweiligen Regierungen werden vom Volkswillen ja ebenso geformt wie sie umgekehrt diesen formen. Was die große Mehrheit ablehnt, ist in der Regel nicht durchsetzbar. Die Mehrheit wiederum wird von medialer Berichterstattung beeinflusst, von prominenten Vorbildern, Traditionen und Gewohnheiten ebenso wie von aufsehenerregenden Einzelaktionen. Aus all dem bildet sich das heraus, was man gerne den »Zeitgeist« nennt – eine gesellschaftliche Stimmung, die oft schwer fassbar, aber unzweifelhaft vorhanden ist.

Am augenscheinlichsten wird das in der Mode: Was in der einen Periode als todschick gilt und von allen getragen wird, kann schon wenige Jahre später hoffnungslos »out« sein (oder umgekehrt). Das Interessante daran ist, dass kaum jemand sagen würde, Pastell-Farben, knallenge Jeans oder Schuhe mit Plateausohlen nur deshalb zu tragen, weil das alle anderen tun; nein, die allermeisten finden tatsächlich gerade diese Farben, Hosen oder Schuhe besonders schön – genauso schön, wie sie ein paar Jahre später ganz andere Farben oder Schnitte finden.

Denn das Kennzeichen des Zeitgeists ist es, dass er uns selbst dann beeinflusst, wenn wir uns unabhängig von ihm wähnen.

Ein gutes Beispiel dafür ist auch die Namensgebung von Neugeborenen. Für alle Eltern, die einen passenden Vornamen für ihr Kind suchen, ist dies ein höchst individueller, fast intimer Moment. Der Name soll so einzigartig sein wie das neu entstehende Leben, er soll im Idealfall die Wünsche und Hoffnungen der Mutter ebenso repräsentieren wie die des Vaters und ist so Ausdruck einer ganz besonderen Geschichte zweier Menschen. Doch spätestens, wenn das Kind in den Kindergarten kommt, merkt man: Was so individuell und einzigartig gedacht war, ist voll im Mainstream. Plötzlich heißen noch fünf andere Kinder Noah oder Maximilian oder Emilia – ohne dass man sich mit diesen Eltern abgesprochen hätte oder auch nur auf die Idee gekommen wäre, der Name des eigenen Kindes könnte zu den beliebtesten Vornamen des entsprechenden Jahrgangs gehören.

Natürlich gibt es zeitlose Klassiker wie Marie, Luisa oder Paul. Doch viele Namen lassen sich eindeutig einer bestimmten Zeit zuordnen (wer Sigrid oder Heinz-Herbert heißt, ist ziemlich sicher vor der Jahrtausendwende geboren). Dabei wird die Namensgebung von niemand diktiert und von keiner Institution vorgegeben. Der »Namens-Zeitgeist« scheint wie aus dem Nichts zu entstehen und auf geheimnisvolle Weise alle Eltern zu erfassen, ohne dass diese sich dessen bewusst sind.

Warum Kinderkriegen ansteckend ist

Selbst die Entscheidung, überhaupt Kinder zu bekommen, ist nicht so individuell und frei, wie wir in der Regel denken. Studien belegen, dass die Entscheidung für eigenen Nachwuchs auf erstaunliche Weise mit dem Kindersegen in unserem Bekanntenkreis verknüpft ist, ja dass sie selbst vom Verhalten der Freunde von Freunden unserer Bekannten abhängen kann, also von Menschen, denen wir nie begegnet sind.

Zu diesem Schluss kam ein deutsch-niederländisches Forscherteam, das die Registerdaten von Millionen Menschen analysierte, inklusive Angaben über Geschwister und Arbeitgeber. Das Ergebnis fasst die Familienforscherin Henriette Engelhardt-Wölfler von der Universität Bamberg so zusammen: Es sei nachweisbar »wahrscheinlicher, ein Kind zu bekommen, wenn Geschwister, Kolleginnen oder Kollegen eines bekommen«.[5] Von einem »Ansteckungseffekt« sprechen die Forscherinnen; dieser ist für Frauen deutlich größer als für Männer, und er ist – wie auch andere Studien zeigen[6] – besonders hoch im ersten Jahr nach der Geburt des Kindes einer Kollegin. »In diesem Zeitraum war die Neigung, zum ersten Mal schwanger zu werden, nahezu doppelt so hoch«, erklärt Engelhardt-Wölfler. Umgekehrt bekommen Personen im gebärfähigen Alter, die kaum Geburten in ihrem Umfeld miterleben, mit niedrigerer Wahrscheinlichkeit Kinder.[7]

Nun könnte man argumentieren, dass sich dieses Phänomen vor allem auf das soziale Milieu zurückführen lasse – wer im selben Alter sei und in derselben Gegend wohne, habe eben ähnliche Lebensentwürfe, weshalb in einem gewissen Alter alle zur selben Zeit Kinder bekommen. Doch solche statistischen Korrelationen hat das Team um Engelhardt-Wölfler explizit berücksichtigt. Unabhängig davon fanden sie einen echten Ansteckungs-Effekt, der auf persönliche Kontakte zurückzuführen ist. Ihm zufolge verbreiten sich Schwangerschaften ähnlich wie Grippeviren über Milieugrenzen hinweg: eine steckt ihre Kollegin an, die wiederum ihre Schwester infiziert, von der das Kinderglück weiter zur Schwägerin springt, von dort zu deren Kollegin und so weiter.

Dabei sind die »Viren« in diesem Fall nicht biologischer, sondern sozialer Natur: Denn das Verhalten der anderen beeinflusst automatisch unsere eigene Urteilsbildung. So kann die Entscheidung einer Freundin für ein Kind ermutigend wirken (»was die kann, kann ich auch«), sie kann Konkurrenz-Gefühle auslösen (»ich lasse mich nicht abhängen«) oder auch praktische Überlegungen zum Teilen von Babykleidung und gemeinsamen Unternehmungen anstoßen.

Auf ähnliche Weise »infektiös« wirken übrigens auch Hochzeiten: Vor allem wenn eigene Geschwister heiraten, erhöht das die Wahrscheinlichkeit, bald selbst vor dem Traualtar zu stehen. Wenn der Bruder oder die Schwester dann auch noch Kinder bekommen, steigt die Tendenz zur eigenen Eheschließung noch einmal. Und all das ist kein Hokuspokus, sondern schlichte Statistik.[8]

Die Verbreitung des Glücks

Die ansteckende Wirkung des Kindersegens ist jedoch nur eines der vielen erstaunlichen Ergebnisse der sogenannten Netzwerkforschung, die sich mit den Mechanismen und Gesetzen von sozialen Netzwerken beschäftigt. Dabei geht es nicht so sehr um jene Menschen, denen wir beim absichtsvollen »Netzwerken« unsere Visitenkarte in die Hand drücken, sondern sehr viel allgemeiner um alle Einflüsse und Impulse (auch unbewusste), die Menschen aus der Gesamtheit ihrer sozialen Kontakte erhalten – und in diese hineingeben.

Um an solche Daten über soziale Netze zu kommen, hat man vor 70 Jahren eine ganze Siedlung zum Forschungsobjekt gemacht: den Stadtteil Framingham bei Boston im US-Bundesstaat Massachusetts. Dort begann 1948 die »Framingham-

Herz-Studie«, die Auskunft über die Ursachen und Risiken von Herzkrankheiten und Arteriosklerose geben sollte. Dabei machten über 5000 Menschen mit und erklärten sich bereit, regelmäßig Auskunft über ihr Leben zu geben, über Gesundheit, Gewicht und emotionale Verfassung. 1971 wurden die Kinder der ersten Probanden einbezogen, mittlerweile arbeitet man schon mit der dritten Generation.

Die Framingham-Herz-Studie gilt bis heute als wichtigste epidemiologische Studie in den USA und die dort gesammelten Erkenntnisse führten zu unzähligen Publikationen.[9] Dabei offenbaren die Daten nicht nur medizinische Zusammenhänge, sondern auch erstaunliche andere: Aus der Analyse der Daten haben beispielsweise der Politologe James Fowler und der Sozialmediziner Nicholas Christakis abgeleitet, dass auch Glück ein kollektives und ansteckendes Phänomen sei.[10]

»Menschen, die von vielen anderen glücklichen Menschen umgeben sind, haben eine höhere Wahrscheinlichkeit, künftig selbst glücklich zu werden«, heißt es in ihrer Studie. Dieser Effekt lasse sich sogar quantifizieren: Wer einen glücklichen Freund in der Nähe habe, erhöhe die Chance auf eigenes Glück um 15 Prozent gegenüber dem Durchschnittswert. Hat dieser Freund selbst wiederum einen frohgemuten Freund, wirke sich das zu 10 Prozent aus, und ein glücklicher Freund des Freundes des Freundes steigere die Wahrscheinlichkeit auf Wohlbefinden um 6 Prozent. »Jemand, den Sie nicht kennen und noch nie getroffen haben – der Freund eines Freunds eines Freunds –, kann einen größeren Einfluss auf Sie haben als Hunderte von Geldscheinen in Ihrer Tasche«, kommentiert Fowler.

In ihrem Buch *Connected* führen Fowler und Christakis noch viele weitere Netzwerk-Effekte auf: Demnach hängt nicht nur das Glücksgefühl vom Umfeld ab, sondern auch die Neigung zu

Übergewicht, zu Kopf- und Rückenschmerzen, Müdigkeit, Einsamkeit und nicht zuletzt sogar zu Selbstmord.[11] Dabei zeigen die quantitativen Werte – wie 6, 10 oder 15 Prozent gegenüber dem Durchschnittswert –, dass die Effekte zwar nicht gigantisch sind. Heißt: Ein depressiver Mensch wird nicht allein durch einen entsprechenden Umzug automatisch zu einem glücklichen. Doch viele kleine Effekte können sich zu einem großen aufaddieren, so dass am Ende das Umfeld eine bestimmte Tendenz stark begünstigt.

Wie Veränderungen gelingen

Den Einfluss unserer Mitmenschen kann man sich übrigens auch für gezielte Verhaltensänderungen zunutze machen, empfehlen Christakis und Fowler: Wer etwa mehr Sport treiben, besser essen oder eine neue Sprache lernen wolle, sollte dazu nicht alleine ehrgeizige Pläne entwerfen. Erfolg versprechender sei es, gemeinsam mit Gleichgesinnten eine Jogging-, Koch- oder Sprachenlerngruppe zu gründen. Die soziale Unterstützung durch die anderen (und der automatisch entstehende soziale Druck) führe viel wirkungsvoller zum gewünschten Verhalten als jeder einsame Vorsatz. Wenn man jemanden vom Rauchen abbringen wolle, sei es möglicherweise effektiver, seine Verwandten von den Gefahren des Tabaks zu überzeugen als den Raucher selbst. Und um Kriminalität einzudämmen, müsse man das Netzwerk potenzieller Verbrecher kennen. Nur wer das Netzwerk verstehe, sagt Christakis, kann sinnvoll gegensteuern.[12]

Dass es tatsächlich kaum ein effektiveres Mittel gibt, um Menschen zu Verhaltensänderungen zu bewegen, zeigt auch ein Experiment des Psychologen Robert Cialdini.[13] Er wollte wissen, wie man Menschen am besten zum Energiesparen animiert, und erprobte dazu verschiedene Strategien: Einen Teil seiner Testpersonen informierte er darüber, wie viel Geld sie sparen könnten, einer zweiten Gruppe erklärte er, dass sie damit die Umwelt schützten, die dritte wurde an ihre Verantwortung gegenüber der nächsten Generation erinnert und die vierte Gruppe bekam die lapidare Nachricht, dass »die Mehrheit Ihrer Nachbarn« bereits Energie spare. Welche Testpersonen hatten nach einem Monat wohl am wenigsten Energie verbraucht? Ergebnis: Die Mitglieder der vierten Gruppe. Diese hatten sich einfach an der sozialen Norm orientiert und das getan, was offenbar auch alle anderen tun, nach der Devise: »Wenn die es können, kann ich es auch.«

Das Kuriose dabei war: Den Versuchspersonen war das selbst gar nicht bewusst! Auf Befragung erklärten sie, das Verhalten der anderen habe bei ihrer Entscheidungsfindung den geringsten Ausschlag gegeben. Dabei bewies ihr tatsächliches Handeln das Gegenteil. Ähnliche Erfahrungen hat auch die österreichische Umweltpsychologin Isabella Uhl-Hädicke gemacht, die klimarelevantes Verhalten untersucht.[14] »Wie bringt man zum Beispiel Hotelgäste dazu, ihre Handtücher mehrmals zu benutzen?«, fragt Uhl-Hädicke. Antwort: »Die beste Maßnahme ist das Schild: Die Mehrheit unserer Gäste verwendet ihre Handtücher mehrfach.« Wenn man allerdings die Menschen frage, warum sie das tun, sage niemand »wegen der anderen«. Stattdessen erfinde jede und jeder irgendwelche scheinbar rationalen Gründe – die einen sagen wegen der Kosten, die anderen wegen der Umwelt. »Das ist alles nur vorgeschoben«, erklärt Uhl-Hädicke. »Was oft wirklich wirkt, ist die Orientierung an der scheinbaren Mehrheit.«[15]

Um es radikal zu formulieren: Die meisten Menschen verhalten sich in den meisten Fällen wie klassische Mitläufer; ohne lange nachzudenken, tun sie hauptsächlich das, was auch andere tun.

Wirkliche Veränderer, Utopisten oder Revolutionäre sind also selten. Das heißt allerdings nicht, dass sie machtlos wären; gerade weil sich Menschen so leicht von anderen beeinflussen lassen, können einzelne Entschlossene (oder eine kleine Gruppe Entschlossener) erstaunlich viel bewirken und eine gesellschaftliche Stimmung regelrecht zum Kippen bringen.

»Eine Gruppe kann mehr Macht haben, als ihre Prozentzahlen zeigen«, sagt die Sozialforscherin Ilona Otto, die an der Universität Graz die Dynamik von Systemtransformationen erforscht. »Eine Minderheit, die sich engagiert, kann, wenn sie gut vernetzt ist und soziale Medien strategisch nutzt, Normen verändern und gesellschaftliche Dominanz erlangen.« Ottos eigene Studien zeigen, dass es in gesellschaftlichen Prozessen – ähnlich wie im Klimageschehen – zu regelrechten *tipping points* kommen kann, zu Kipppunkten, die eine magische Schwelle markieren: Sie beschreiben jenen historischen Moment, ab dem eine Idee oder ein Verhalten plötzlich überhandnimmt und die bisherige Ordnung durch eine neue ersetzt.[16]

Anfangs sind es meist nur wenige, die eine neue Idee oder ein neues Verhalten propagieren. Sie selbst sehen sich als Pioniere, die Gesellschaft betrachtet sie meist als Spinner: Leute wie Rosa Parks, Greta Thunberg oder Larry Brilliant. Doch machen die »Spinner« unbeirrt weiter und überzeugen auch andere von ihrer Idee, beginnt die Sache größere Kreise zu ziehen. »Der Schritt von Eins zu Zwei ist immer der schwierigste und größte«, erklärte Greta Thunberg einmal.[17] »Wenn man diesen Schritt geschafft hat, ist man nicht weit davon entfernt, eine Bewegung zu gründen. Und dann kommen immer mehr Leute und machen mit.« Und weil neue Bewegungen interessant sind, beginnen auch die Medien darüber zu berichten und verstärken auf diese Weise den Impuls. Der gilt dann irgendwann nicht mehr als gaga, sondern vielleicht sogar als hip – was dann immer mehr bisher Unentschlossene anzieht. Auf diese Weise kommt es eines Tages zum *tipping point*: Plötzlich wollen alle bei dem neuen Trend dabei sein beziehungsweise schon immer dabei gewesen sein; Leitartikler propagieren entschlossen das neue Ideal, Politiker richten ihre Kampagnen danach aus, Firmen versuchen es zu vermarkten – und ein bisher unumstößlich scheinendes gesellschaftliches Regime kippt.

Doch wie viele »Mitmacher« braucht es, um einen Kipppunkt auszulösen? Das ist unter Forschern umstritten. Die einen sagen: zehn Prozent der Gesamtgruppe. Andere, wie der Kommunikationsforscher Damon Centola von der University of Pennsylvania, kommen auf 25. Centola hat dazu ein Online-Experiment angestellt.[18] Dabei sollten sich Versuchspersonen gemeinsam auf eine Bezeichnung für verschiedene Objekte einigen; gelang das, wurden sie belohnt – alle einigten sich schnell. Im zweiten Schritt sollten einige »Abweichler« versuchen, den etablierten Konsens umzuwerfen und eine neue Bezeichnung durchzusetzen. Das gelang in dem Experiment immer dann, wenn es mindestens 25 Prozent Abweichler gab. Wurde diese kritische Masse erreicht, kippte zuverlässig die Stimmung.

Das kann man durchaus auf reale Prozesse übertragen. Erinnern Sie sich noch an das (im vergangenen Kapitel erwähnte) Polizeibataillon 101, das vor die Entscheidung gestellt wurde, beim Morden mitzumachen oder sich zu verweigern? Damals traten von 500 Mann nur 15 aus der Gruppe freiwillig heraus, was die Mehrheitsmeinung kaum beeinflusste. Hätten sich aber 25 Prozent (also 100 Polizisten) geschlossen dem unmenschlichen Auftrag verweigert, wäre eine andere Dynamik in Gang gekommen: Dann wären vermutlich auch die Übrigen ins Grübeln gekommen, hätten sich als Verweigerer nicht mehr isoliert, sondern mit vielen anderen einig gewusst – was leicht dazu geführt hätte, dass am Ende die Stimmung gekippt wäre und das ganze Bataillon sich gegen den Auftrag entschieden hätte.

Die Kette unserer Kontakte

Natürlich ist die Veränderung ganzer Gesellschaften komplexer als die Prozesse in einer überschaubaren Gruppe. Je mehr Faktoren und Interessen eine Rolle spielen, umso schwieriger ist das Ergebnis zu prognostizieren. Die Netzwerkforschung hat allerdings in den vergangenen Jahren einige grundlegende Gesetze gefunden, die das Verhalten in großen menschlichen Netzwerken beschreiben und hilfreich für das Verständnis von Veränderungsprozessen sind.[19]

Das erste und älteste dieser Gesetze ist jenes der »kleinen Welt«, das zeigt, wie eng wir mit allen anderen Menschen auf diesem Planeten verbunden sind. Es geht zurück auf ein Experiment in den 1960er Jahren, in dem Briefe einen Empfänger mit unbekannter Adresse erreichen sollten; dabei durften die Testpersonen ihre Briefe jeweils nur an Bekannte weitergeben, die dem Empfänger näher waren als sie selbst. Ergebnis: Im Schnitt lagen zwischen Absender und Empfänger 5,4 Stationen, was umgangssprachlich gerne so formuliert wird: Jeder kennt jeden über maximal sechs Ecken.[20]

Dieses Experiment wurde seither vielfach wiederholt.[21] Als besonders »klein« erwies sich dabei die digitale Welt: Als ein Forscherteam 2011 sämtliche Verbindungen aller Facebook-

Mitglieder analysierte – 69 Milliarden Verbindungen von 721 Millionen Nutzern –, ergab sich als durchschnittliche Entfernung zwischen zwei willkürlichen Mitgliedern die Zahl von 4,74 Kontakten. Im Netz wären wir demnach nur über vier bis fünf Kontakte mit allen anderen verbunden.[22]

Wirklich einflussreich sind allerdings nur die jeweils nächsten Kontakte, wie die Netzwerkforscher Christakis und Fowler herausgefunden haben. Stimmungen wie etwa das Glückgefühl werden im Wesentlichen von den ersten drei Kontaktstufen vermittelt. Über vier und mehr Kontakte hinweg schwindet der soziale Einfluss. Die jeweiligen Empfänger sind dann im Netzwerk zu weit voneinander entfernt, Stimmungen verblassen und weitergeleitete Informationen werden unsicher wie bei der stillen Post. Dazu passt, dass viele Menschen auch ihren Partner über zwei bis maximal drei Mittelspersonen kennenlernen.[23]

Dabei werden nicht nur wir durch unsere Kontakte beeinflusst, wir geben umgekehrt auch entsprechende Impulse ins Netzwerk hinein. So kann zum Beispiel ein Wutausbruch (oder eine besonders nette Geste) gegenüber einem Kollegen dazu führen, dass dieser abends den Impuls weitergibt, indem er seine Frau oder Kinder anschnauzt (oder besonders nett zu ihnen ist), die in der Folge ihren Freunden eher ärgerlich (oder freundlich) begegnen … Wenn man die Wirkung über zwei bis drei Kontaktstufen hinweg berücksichtigt, dann würde man bei 100 Kontakten pro Woche rein rechnerisch 100 hoch 3, also eine Million Menschen, mit entsprechenden Impulsen erreichen.

Das zeigt: Selbst wenn wir uns nur als kleines Rädchen fühlen, ist unser Einfluss weit größer, als die Vorstellung reicht. Natürlich ist der Effekt eines einzelnen Wut-Ausbruchs (oder einer Freundlichkeit) begrenzt; doch wenn sich dieselbe Stimmung jeden Tag wiederholt (und andere sie verstärken), wird das im Netzwerk durchaus spürbar.

Schwache und starke Bindungen

Allerdings zählt nicht jeder Kontakt in einem Netzwerk gleichermaßen. Zu manchen Menschen hat man eine starke Bindung – zu Angehörigen und engen Freunden –, anderen Menschen begegnet man nur sporadisch. Doch gerade diese »schwachen Bindungen« sind erstaunlicherweise oft die hilfreicheren: Wer etwa einen neuen Job sucht, findet diesen eher über seine losen Kontakte als im engsten Freundeskreis. *Die Stärke der schwachen Bindungen* hieß der berühmte Aufsatz, in dem der amerikanische Soziologe Mark Granovetter dieses Phänomen erstmals beschrieb.[24]

Wie ist das zu verstehen? Weil, wie Granovetter erklärte, die »starken Kontakte« so eng miteinander verknüpft sind, dass innerhalb dieses Netzwerkes im Prinzip jede und jeder dieselben Informationen besitzt. Was der eine weiß, wissen in diesem Netzwerk schnell alle anderen; und kennt der eine keinen neuen Job, wissen meist auch die anderen keinen. Bei den »schwachen« Bekanntschaften hingegen ist das anders: Diese sind so weit von der eigenen Lebenswelt entfernt, dass dort zum Teil ganz andere Informationen zirkulieren – etwa über Job-Angebote, von denen man noch nie gehört hat.

Deshalb sind die »schwachen Bindungen« von so großem Wert. Und deshalb ist es sinnvoll, sich nicht nur innerhalb der eigenen »Blase« zu bewegen, sondern auch die weiter entfernten Kontakte zu pflegen. (So entgeht man auch am ehesten der im vorigen Kapitel beschriebenen Gefahr des Groupthink.)

In der Netzwerkforschung ist auch von »geschlossenen« und »offenen« Netzwerken die Rede. Und erfolgreiche Menschen zeichnen sich nicht dadurch aus, dass sie ein besonders großes Netzwerk besitzen, sondern dass sie ein möglichst offenes Netz pflegen. Diese Erkenntnis verdanken wir dem Soziologen Ron Burt, der die Arbeit von fast 700 Managern analysierte.[25] Dabei stellte er fest, dass die kreativsten Köpfe Kontakt zu vielen verschiedenen Milieus halten und unterschiedlichste Einflüsse integrieren. Wie Burt erklärte: »Eine Idee, die in der einen Gruppe banal erscheint, kann in einer anderen eine wertvolle Einsicht darstellen.«[26]

Seither ist in der Netzwerkforschung von »Brückenbauern« die Rede, die verschiedene Gruppen miteinander verknüpfen. Sie schaffen Abkürzungen im Netzwerk – was allerdings im Guten wie im Schlechten gilt. Bei Pandemien oder Seuchen können die Brückenbauer auch zu »Superspreadern« werden, auf deren ansteckende Dienste man gerne verzichten würde. Doch stets spielen solche Mittelspersonen eine zentrale Rolle bei sozialen Prozessen.

Warum man keine Mehrheit braucht

Die letzte und vielleicht wichtigste Erkenntnis aber lautet: Man braucht keine Mehrheit, um Dinge zu verändern. Denn in einem Netzwerk muss man nicht alle auf einmal überzeugen; oft reicht es – wie bei einer Reihe Dominosteine –, nur den nächsten anzustoßen, der seinerseits seinen Nächsten anstößt und so weiter, bis am Ende die ganze Reihe umkippt. Dieser Mechanismus wird dadurch erleichtert, dass die meisten Menschen sich vor allem an ihren Mitmenschen orientieren und deren Verhalten nachahmen. Wer also ein starkes Anliegen hat, kann zum ersten Dominostein werden und eine Entwicklung anstoßen, die nach und nach viele andere mitreißt.

Wie das gehen kann, demonstrieren nicht nur Rosa Parks, Greta Thunberg oder Larry Brilliant, sondern auch jene Pioniere des Alltags, die durch Überzeugungskraft, Enthusiasmus (oder manchmal auch Sturheit) eine Gruppenstimmung zum Kippen bringen können. Das erlebt man zum Beispiel bei Jury-Sitzungen oder anderen sozialen Entscheidungsprozessen immer wieder, der Film-Klassiker »Die zwölf Geschworenen« erzählt das eindrücklich anhand einer Gerichtsverhandlung: Eigentlich ist sich die Gruppe schon weitgehend einig, nur ein einzelnes Mitglied stellt den Konsens infrage. Doch weil der einzelne Abweichler sich nicht beirren lässt (und gute Argumente vorbringen kann), überzeugt er nach und nach weitere, bis allmählich der Konsens kippt und am Ende alle der Meinung des »Abweichlers« sind.

Ein besonders aufschlussreiches Gedankenexperiment zu diesem Kipp-Mechanismus hat wieder der Netzwerkforscher Mark Granovetter angestellt.[27] Dabei berücksichtigt er, dass jeder Mensch eine bestimmte Handlungsschwelle hat, bevor er sein Verhalten ändert. Bei manchen liegt sie sehr niedrig (sogenannte *first mover*), bei anderen sehr hoch (konservative Bewahrer). Zugleich wird die Handlungsschwelle vom Verhalten der restlichen Gesellschaft beeinflusst: *First mover* brauchen nur wenige Verbündete, um aktiv zu werden (»Revolutionäre« legen sogar ganz ohne Unterstützung los), Konservative hingegen verändern ihr Verhalten erst, wenn bereits der Großteil der Gesellschaft umgeschwenkt ist.

In Granovetters Gedankenexperiment geht es um die Frage, ob in einer unruhigen Menge ein Aufstand losbricht oder nicht. »Stellen Sie sich hundert Leute auf einem Platz vor«, schreibt er dazu. »Und nehmen Sie an, dass die Handlungsschwellen gleichmäßig verteilt seien.« Soll heißen: Eine Person agiert »revolutionär« (braucht also 0 Verbündete), eine zweite hat die Handlungsschwelle 1 (sie braucht einen Verbündeten), die dritte braucht zwei Verbündete und so weiter bis zur 100. Person, die erst handelt, wenn alle anderen 99 aktiv wurden. Was passiert? Der Revolutionär legt los, worauf die zweite Person (die jetzt einen Verbündeten hat) mitmacht, was die dritte mitreißt usw. – bis zur letzten, konservativsten. Am Ende tragen alle hundert den Aufstand.

Doch schon eine minimale Veränderung dieser Situation bringt ein völlig anderes Ergebnis hervor: Nimmt man beispielsweise an, die zweite Person sei ein bisschen zögerlich und brauche *zwei* Verbündete, um aktiv zu werden – dann stellt sich der Kaskadeneffekt nicht ein. Denn nun folgt auf den revolutionären Start niemand, und weil die zweite Person nicht handelt, tut auch die dritte nichts und so weiter. Das heißt: Bei fast identischer Ausgangssituation fällt der Aufstand aus, alles bleibt friedlich (bis auf einen »Spinner«, der von der Polizei abgeführt wird).

Diese Überlegung zeigt für Granovetter, dass die Dynamik »zweier Menschenmengen mit nahezu identischen Präferenzen zu völlig unterschiedlichen Ergebnissen führen kann«. In einem Fall wird der Kipppunkt überschritten, im anderen Falle nicht – obwohl sich lediglich das Verhalten einer Person (oder: eines Prozents) geändert hat. Zwar ist die von Granovetter ausgemalte Situation theoretisch und etwas künstlich. Doch sie zeigt exemplarisch, wie sehr es in Netzwerken auf das Verhalten einzelner Personen ankommen kann; weil alle miteinander verbunden sind, können sich selbst minimale Einflüsse zu großen Wirkungen aufschaukeln.

So hält die Netzwerkforschung am Ende ein paar wichtige Lehren bereit: Statt mit langsamen, graduellen Entwicklungen in einer Gesellschaft zu rechnen, sollten wir uns darauf einstellen, immer wieder von Kippmomenten überrascht zu werden. Entschlossen handelnde Minderheiten haben mehr Macht, als man ihnen für gewöhnlich zutraut. Zugleich widerlegt die Forschung den Glauben, wir seien alle nur unbedeutende Rädchen in einem globalen Getriebe. Im Gegenteil, in einem Netzwerk agieren wir wie lebendige Zellen, die vom Gesamtsystem ebenso beeinflusst werden wie sie umgekehrt dieses beeinflussen – sei es, weil sie eine vorhandene Dynamik verstärken oder den Dominoeffekt unterbrechen.

Diese Erkenntnis fasste Greta Thunberg einmal so zusammen: »Eine einzelne Person kann die Welt nicht verändern, aber eine einzelne kann andere beeinflussen, so dass sie die Welt zusammen verändern.« Und der Netzwerkforscher Nicholas Christakis sagt: »Jeder von uns hat viel mehr Einfluss auf andere, als wir erkennen können, man muss dazu kein Superstar sein.« Das ist die wohl interessanteste Quintessenz dieser Forschung: Wir haben zwar nicht alles in der Hand; wirkmächtig aber sind wir dennoch.

MEIN PERSÖNLICHES NETZWERK

Um ein Gespür für die eigene Vernetztheit zu bekommen, lohnt es sich, einmal sein eigenes Netzwerk zu skizzieren. Nehmen Sie dazu ein möglichst großes Blatt Papier (DIN A3 oder größer), setzen Sie sich selbst in die Mitte und schreiben Sie in einem großen Umkreis alle Personen auf, mit denen Sie regelmäßig Kontakt haben: Familienangehörige, Arbeitskollegen, Freundinnen und Freunde (auch jene, mit denen Sie vorwiegend digital verbunden sind), Nachbarn und andere Menschen, mit denen Sie sich öfter austauschen (eventuell Ihr Friseur, die Ärztin oder der Therapeut Ihres Vertrauens, die Gemüsehändlerin …). Personen, zu denen Sie starke Bindungen haben, erhalten einen dicken Verbindungsstrich, schwache Bindungen werden mit entsprechend dünneren Verbindungslinien symbolisiert. Sie werden merken: schon dieser »innere Kreis« der Erstkontakte wird vermutlich größer, als Sie je dachten.

Danach folgt Stufe zwei: Versuchen Sie zu jedem Kontakt *dessen* Kontakte zu skizzieren – soweit Sie diese kennen. Unbekannte Verbindungen (zum Beispiel die Freunde der Nachbarn) deuten Sie mit gestrichelten Linien grob an. Vermutlich beginnt die Sache etwas unübersichtlich zu werden, aber auf Details kommt es nicht an, nur auf die visuelle Erkenntnis, wie gewaltig dieser zweite Kreis Ihrer indirekten Kontakte bereits ist. Wenn Sie sich nun vorstellen (vermutlich reicht das Blatt längst nicht mehr aus), dass auch diese Zweitkontakte wiederum ähnlich viele weitere Kontakte haben, die möglicherweise von Ihren Ideen, Worten oder Handlungen noch erreicht und beeinflusst werden, haben Sie einen groben Eindruck davon, wie verbunden und vernetzt Ihr Leben ist – und wie recht der Dichter John Donne hatte: *Kein Mensch ist eine Insel …*

KAPITEL 8: DIE KLEINSTE GEMEINSAME WIRKLICHKEIT

VOM DER SPALTUNG DER GESELLSCHAFT UND WIE MAN SIE VERHINDERT

Zu den verstörendsten Folgen der Corona-Pandemie gehörte die Erfahrung, wie rasch der gesellschaftliche Konsens erodieren kann. Selbst verständige Leute, mit denen man sich vorher auf einer Wellenlänge fühlte, äußerten plötzlich irritierende Ansichten und nicht wenige alte Freundschaften zerbrachen im Streit über das Corona-Virus oder die Impfpflicht.[1] Dabei half es meist wenig, wenn man mit nüchternen Fakten zu argumentieren versuchte. Der Dissens begann meist schon bei der Frage, *welche* Fakten überhaupt als valide gelten. Manche leugneten das Corona-Virus sogar dann noch, als sie selbst damit infiziert waren und intensiv beatmet werden mussten.[2]

Der Streit um das Corona-Virus stellte damit eine fundamentale Annahme infrage: die Vorstellung, dass wir in derselben Realität leben und uns darüber verständigen können, »was Sache ist«. Das betrifft nicht nur den Umgang mit Pandemien; eine Gesellschaft kann schließlich nur funktionieren, wenn sie sich über grundlegende Regeln einig ist, zum Beispiel, dass eine rote Ampel »Stop« bedeutet oder zwei und zwei gleich vier ist. Würden Ampelfarben oder Rechenregeln individuell ausgelegt, käme man auf keinen Nenner*. Um zusammen leben zu können, braucht es zumindest eine »kleinste gemeinsame Wirklichkeit«.

Der kluge Begriff, den die Journalistin und Moderatorin Mai Thi Nguyen-Kim als Buchtitel gewählt hat[3], bringt auf den Punkt, was uns während der Corona-Zeit schmerzlich gefehlt hat. Die Pandemie hat gezeigt, dass eine solche gemeinsame Wirklichkeit keinesfalls selbstverständlich ist. Selbst die Wissenschaft (die Nguyen-Kim in ihrem Buch als Leitstern beschreibt) wird längst nicht mehr von allen als Wirklichkeitsgarant akzeptiert. Das hat auch damit zu tun, dass die Wissenschaft – gerade bei neuartigen Phänomenen – nicht immer eindeutige Antworten, sondern mitunter recht widersprüchliche liefert; zudem gibt es bei heiklen Themen stets auch wissenschaftliche Außenseitermeinungen, auf die sich Zweifler, Skeptiker oder Verschwörungstheoretiker gerne berufen.

Es reicht also nicht, zur Herstellung einer gemeinsamen Wirklichkeit nur auf die Wissenschaft zu verweisen. Um die Spaltung der Gesellschaft zu verhindern und die Grundlage für eine kollektive Verständigung zu schaffen – was eine zentrale Voraussetzung für jede Art von Gemeinsinn ist –, muss man etwas tiefer gehen.

Welches Spiel sehen Sie?

Das Problem mit der gemeinsamen Realität beginnt nämlich nicht erst, wenn die Wissenschaft ins Spiel kommt, sondern schon im ganz normalen Alltag. In der Regel gehen wir selbstverständlich davon aus, die Welt so zu sehen, »wie sie ist«. Diese

* Wie es die Kabarettistin Maren Kroyman in ihrem herrlichen Sketch über die »Matheleugnerin« darstellt: https://www.youtube.com/watch?v=iGTyy3CR4fA.

Haltung wird »naiver Realismus« genannt und ist leider, nun ja, recht naiv.[4] Erstens nehmen wir die Welt viel weniger objektiv wahr, als wir glauben; zweitens gilt das auch für alle anderen, woraus drittens folgt, dass wir zum Teil in sehr unterschiedlichen Parallelwelten leben.

Einen frühen Beleg dafür lieferten die Sozialpsychologen Albert Hastorf und Hadley Cantril 1951 am Beispiel eines legendären Footballspiels. Damals trafen am Ende der Saison die Mannschaften der Universitäten Princeton und Dartmouth aufeinander und lieferten sich eine dramatische Partie, die mit diversen Verletzungen, einem 13 zu 0 Sieg von Princeton und zwei völlig aufgebrachten Fan-Gemeinschaften endete. Jede Seite warf der anderen übles Foulspiel vor, auf und neben dem Platz kam es zu Handgreiflichkeiten.[5]

Einige Tage danach baten Hastorf and Cantril Studierende von Princeton und Dartmouth, als unabhängige Schiedsrichter zu fungieren. Alle bekamen dieselben Filmaufnahmen des Spiels gezeigt und sollten nüchtern notieren, was sie sahen. Das Ergebnis: Die Dartmouth-Fans sahen vor allem Fouls des Princeton-Teams, jene aus Princeton nur Regelverletzungen von Dartmouth. Dabei hatten sie nicht einfach parteiisch agiert, sie hatten tatsächlich Unterschiedliches gesehen, wie Hastorf und Cantril feststellten. Ihre Ergebnisse zeigten, schrieben die beiden, »dass jede Version der wahrgenommenen Ereignisse für eine bestimmte Person so ›real‹ war wie eine andere Version für andere Leute«.[6]

Wie lässt sich das erklären? Jedes Football-Spiel besteht aus unendlich vielen Bewegungen und Einzelheiten; da aber das menschliche Wahrnehmungsvermögen begrenzt ist, nehmen wir vor allem jene Details wahr, die uns wichtig erscheinen. Der Knackpunkt ist, dass nicht alle Menschen dasselbe als »wichtig«

erachten; deshalb sehen unterschiedliche Beobachter tatsächlich verschiedene Ereignisse – was nicht nur für Footballspiele gilt, sondern für alle komplexen Vorgänge wie Pandemien, Partys oder politische Debatten. Je nach unserer individuellen »Brille« fokussieren wir uns vor allem auf jene Aspekte, die mit unseren vorgefassten Überzeugungen übereinstimmen.[7]

Kein Wunder, dass es der Gemeinsinn zwischen zerstrittenen Gruppen oder Menschen mit verschiedenen politischen Positionen oft schwer hat: Aufgrund der selektiven Wahrnehmung erscheinen uns jeweils unsere eigenen Wahrheiten als vollkommen klar und überzeugend, während wir kopfschüttelnd darüber staunen, warum die Gegenseite solch offensichtlichen Unsinn glaubt (wobei die anderen umgekehrt dasselbe in Bezug auf uns denken).

Paradoxerweise wird diese Art von mentaler Verzerrung durch ein Mehr an Informationen nicht notwendigerweise kleiner; sie kann sogar größer werden. Das demonstrierten Psychologen in einem Experiment Ende der 1970er Jahre an der Uni Stanford. Dabei konfrontierten sie Befürworter und Gegner der Todesstrafe mit wissenschaftlichen Argumenten pro und contra. Ergebnis: Alle bewerteten jene Fakten als glaubwürdiger und beweiskräftiger, die ihre eigenen Überzeugungen belegten. Die Argumente der Gegenseite hingegen wurden geflissentlich überlesen, als unwichtig oder wenig überzeugend wahrgenommen. Dadurch hatte sich am Ende der Dissens zwischen den beiden Gruppen weiter vergrößert – obwohl beide dieselben Informationen erhalten hatten.[8]

Aus solchen Studien leitete der amerikanische Rechtswissenschaftler Cass Sunstein 1999 sein »Gesetz der Gruppenpolarisierung« ab.[9] Es besagt, dass Individuen ihre Ansichten oft unter einer Art Gruppenzwang formen. Und sobald sich zwei Gruppen in einer Diskussion miteinander befinden, radikalisieren sich beide Seiten immer mehr. Dabei kann zusätzliches Wissen eine vorhandene Polarisierung sogar noch verschärfen!

Diese Mechanismen sollte man im Hinterkopf behalten, wenn man mit anderen über irgendeine Streitfrage diskutiert: Statt sich gegenseitig immer weiter Argumente und Fakten an den Kopf zu werfen (und so die Polarisierung zu verschärfen), ist es hilfreicher, erst einmal Brücken zu bauen und sich jener Werte oder Überzeugungen zu vergewissern, über die man sich einig ist. (Und dabei – man erinnere sich an das Gespräch mit dem Konfliktmediator Daniel Auf der Mauer – geht es zunächst mehr um die emotionale Dynamik als um Sachargumente.) Erst wenn eine solche kleinste gemeinsame Wirklichkeit gefunden ist, kann man darauf aufbauen und sich heikleren Themen zuwenden.

Wenn etwa eine Diskussion über notwendige Maßnahmen gegen den Klimawandel zu eskalieren droht, könnte eine solche Brücke darin bestehen, mit dem Gegenüber zunächst darüber zu sprechen, welche Zukunft man seinen Kindern gerne hinterlassen möchte. Vermutlich wird man sich, bei allen Meinungsverschiedenheiten, einig sein, dass man den eigenen Kindern eine möglichst lebenswerte Zukunft ermöglichen möchte. Ist solch ein gemeinsames Fundament gefunden, ändert sich automatisch der Ton der Diskussion, und es entsteht die Chance, eher verständnisvoll statt polarisierend zu streiten. Und selbst wenn am Ende kein Konsens steht, hat man zumindest die Kluft nicht vertieft, sondern eher verkleinert – woran man beim nächsten Gespräch anknüpfen kann.

Es sind aber nicht allein unsere unterschiedlichen Perspektiven auf die Welt, die für Dissens sorgen und den Gemeinsinn bedrohen. Hinzu kommen auch gezielte Fake News und Verschwörungsmythen, die den Konsens der »kleinsten gemeinsamen Wirklichkeit« bewusst zu zerstören suchen. In nahezu jeder Krise ist ein sprunghafter Anstieg solcher Falschinformationen zu verzeichnen, die immer dann auf fruchtbaren Boden fallen, wenn Menschen ohnehin verunsichert und verängstigt sind.

So warnte die Weltgesundheitsorganisation (WHO) schon kurz nach Ausbruch der Corona-Pandemie vor einer »Infodemie« aus Falschnachrichten, die sich ähnlich schnell verbreiteten wie das Virus selbst: Wer häufig damit in Berührung komme, könne sich leicht infizieren und die Desinformation weitertragen. Und ähnlich wie bei der echten Pandemie gab es infodemische »Superspreader«, die besonders viele Menschen ansteckten, weil sie über einen großen Follower-Kreis in den sozialen Medien verfügten.

Auch während des Ukraine-Kriegs tobte von Anfang an in den Social-Media-Kanälen ein regelrechter »Infokrieg« um Deutungen und Bilder, deren Echt- oder Falschheit zum Teil nur mit dem Sachverstand von »Digitalforensikern« zu beurteilen war.[10]

Dabei ist das größte Problem solcher Aktionen nicht so sehr die Verbreitung einzelner Falschinformationen, sondern ihr genereller Angriff auf Glaubwürdigkeit und gegenseitiges Vertrauen. Denn sie heizen die Unsicherheit an (»Welche Nachricht stimmt denn nun?«) und verstärken damit gezielt eine ohnehin vorhandene Polarisierung der Gesellschaft. Oft reicht es, viele unterschiedliche, sich widersprechende Informationen zu veröffentlichen, so dass das Publikum überfordert ist und ein Generalmisstrauen gegen alles und jeden entwickelt. Eine »Denkpest« diagnostiziert der Blogger und Autor Sascha Lobo in diesem Zusammenhang und meint damit einen ansteckenden Geisteszustand des diffusen Zweifels, der von einer tiefen Verunsicherung herrührt.[11] Dabei gehe es gar nicht darum, dass man eine bestimmte Verschwörungstheorie glaube, sondern vor allem das Gefühl hat, »dass irgendwas ja wohl irgendwie faul sein muss«. Weshalb man sich lieber auf sein Bauchgefühl verlasse als auf »offizielle« Informationen. Doch gerade dieses »Bauchgefühl« lässt sich besonders leicht hinters Licht führen und von klugen Manipulatoren für dubiose Zwecke einspannen.

Der Scheinwahrheitseffekt und andere Denkfehler

Um das zu durchschauen, ist es hilfreich, sich ein wenig mit den Mechanismen unseres Denkens vertraut zu machen. Das Gehirn arbeitet in der Regel nach dem Gesetz der geringstmöglichen Anstrengung und reagiert auf Eindrücke meist intuitiv und automatisch – was der Kognitionspsychologe Daniel Kahneman das »schnelle Denken« genannt hat. Demgegenüber steht der Modus des »langsamen Denkens«, in dem Dinge gründlich analysiert und von allen Seiten her beleuchtet werden – was der wissenschaftlichen Methodik entspricht und präziser ist, aber deutlich mehr Zeit in Anspruch nimmt. Im Alltag, in dem uns diese Zeit meist fehlt, agieren wir fast ausschließlich im schnellen Denkmodus.[12]

Wie finden Sie es beispielsweise, wenn Sie hören, dass bei einer tödlichen Epidemie durch eine Impfung 2000 von insgesamt 6000 Betroffenen *gerettet* werden könnten? Klingt toll! Und was würden Sie sagen, wenn Sie erführen, dass mit einer anderen Impfung 4000 Menschen *sterben* würden? Ein Desaster – obwohl beide Fälle dasselbe Ergebnis beschreiben.

Dieses Beispiel, das Kahneman gerne anführt, zeigt, wie sehr schon die sprachliche Formulierung unsere Bewertung prägen kann. Beim schnellen Denken kommt es weniger auf die Fakten an als auf ihre Einordnung und die Rahmenerzählung (*Framing*). Ein Schlüsselwort wie »gerettet« reicht dem Gehirn, um einen positiven Rahmen herzustellen, während das Verb »sterben« automatisch Negatives signalisiert – und schon fällt die Beurteilung ein und desselben Sachverhalts unterschiedlich aus.

Solche gedanklichen Abkürzungen nehmen wir ständig im Alltag. Viele Menschen halten zum Beispiel das Besteigen eines Flugzeugs für gefährlicher als eine Autofahrt, obwohl es statistisch umgekehrt ist; weil aber über Flugunglücke in den Medien öfter und größer berichtet wird, glauben wir, sie kämen häufiger vor (»Verfügbarkeitsirrtum«); ähnlich funktioniert der »Scheinwahrheitseffekt«: Werden falsche Aussagen nur oft genug wiederholt, beginnen sie immer glaubhafter zu klingen; denn das Gehirn kann Informationen, die es zuvor schon einmal gehört hat, leichter verarbeiten (was sich jede Werbung und politische Propaganda zunutze macht). Nicht zu unterschätzen ist auch der »Bestätigungsfehler«, der die menschliche Tendenz beschreibt, Informationen so auszuwählen und zu interpretieren, dass sie unsere vorgefasste Meinung bestätigen. Und die Tatsache, dass wir solche Schwächen immer nur bei anderen wahrnehmen, uns selbst aber für vollkommen klar und unbeeinflusst halten (die »Verzerrungsblindheit«), ist leider der am meisten verbreitete Denkfehler.

Was das »schnelle Denken« besonders triggert, sind alle emotional aufgeladenen Inhalte. Die Außerirdischen sind gelandet, aber der CIA vertuscht die Sache? Bei der Corona-Impfung wird heimlich ein Chip implantiert? Eine geheime Elite hat die Weltherrschaft übernommen und trinkt in unterirdischen Geheimorten das Blut von Kindern? Je irrer, desto aufregender und umso eher springt das Gehirn darauf an. Deshalb wird in den sozialen Medien Schockierendes, Empörendes oder bizarr Klingendes fast reflexhaft angeklickt und weitergeleitet; nüchtern klingende Nachrichten, die an das »langsame Denken« appellieren, haben es dagegen schwer.

Dass sich Fake News im Netz sehr viel schneller und effektiver verbreiten als die Wahrheit, belegen mittlerweile diverse Studien. Am Beispiel des Nachrichtendienstes Twitter untersuchten das etwa Forscher des MIT in Boston: Demnach liegt die Wahrscheinlichkeit, dass Falschnachrichten geteilt werden, um 70 Prozent höher als die von sachlich korrekten Tweets; zudem verbreiten sie sich sechsmal schneller als wahre Geschichten.[13] Die Unwahrheiten würden sich »deutlich weiter, schneller, gründlicher und umfassender« ausbreiten als Wahrheiten, sagt Studienautor Sinan Aral, das gelte »für alle Kategorien von Information, und in vielen Fällen beträgt der Unterschied eine Größenordnung«.[14]

Denn Fake News rufen oft Angst, Überraschung oder Ekel hervor – tief verwurzelte Emotionen, auf die wir unmittelbar anspringen; und automatisch überkommt uns das Bedürfnis, andere davon in Kenntnis zu setzen, sei es, um sie zu warnen, unsere Überraschung mit ihnen zu teilen oder auch nur, um unserem Ärger über den Unsinn Luft zu machen. Denn auch Ablehnung treibt die emotionale Maschinerie an, die zur weiteren Verbreitung der Fake News führt.

Wie schnell Nutzer Aufreger weiterleiten und wie wenig sie sich dabei um die Inhalte kümmern, bewies vor einigen Jahren eine Aktion der Satire-Website *Science Post*: Diese veröffentlichte einen Artikel mit der Überschrift: »70 Prozent der Facebook-User lesen nur die Überschrift, bevor sie kommentieren«, der ansonsten nur sinnlosen Fülltext (»Lorem ipsum dolor …«) enthielt. Doch 46 000 Menschen teilten prompt den inhaltsleeren Beitrag, offensichtlich, ohne den Text gelesen zu haben.[15]

Wenig später wurde die Satire durch eine wissenschaftliche Studie untermauert. Diese ermittelte, dass 59 Prozent aller Links, die auf sozialen Medien geteilt werden, niemals angeklickt werden.[16] »Menschen sind eher dazu bereit, einen Artikel zu teilen, als ihn zu lesen«, kommentierte Arnaud Legout, Mitautor der Studie. »Das ist typisch für moderne Medienkonsumenten: Sie bilden sich eine Meinung auf der Basis einer Kurzzusammenfassung, ohne in die Tiefe zu gehen.«[17]

Was Buchdruck und Internet gemein haben

Solche Erkenntnisse mögen kurios erscheinen, tatsächlich aber bilden sie die Grundlage eines milliardenschweren Geschäftes. Denn das massenhafte Teilen, Klicken, Aufregen und Suchen kommt vor allem den digitalen Plattformen zugute. Nicht zuletzt deshalb sind die wertvollsten Unternehmen der Welt heute fast ausschließlich Digitalkonzerne: Apple, Amazon, der Google-Mutterkonzern Alphabet, Microsoft und Meta (ehemals Facebook) belegen die vordersten Plätze im Unternehmens-Ranking, gefolgt von den chinesischen Internetkonzernen Alibaba und Tencent[18]. Unter den wertvollsten zehn Weltfirmen finden sich mittlerweile nur noch drei Nicht-Digital-Unternehmen – der Ölgigant Saudi Aramco,* Tesla und Waren Buffets Holding Berkshire Hathaway. Frühere Platzhirsche wie Exxon Mobil, General Electric oder die Bank of America wurden von den Digitalkonzernen auf hintere Plätze verdrängt; deutlicher kann man die Verschiebung der (Wirtschafts-)Macht kaum demonstrieren.

Wir werden dabei Zeugen eines historischen Umbruchs: Der Aufstieg der internetbasierten Geschäftsmodelle (auch Plattform-Ökonomie genannt) verändert nicht nur die Börsen-Ranglisten, sondern unser aller Alltag. Wer vermag sich schon ein Leben ohne Smartphone und allgegenwärtiges Internet vorstellen? Vielleicht werden nachfolgende Generationen das Jahr 2007, in dem Steve Jobs das erste iPhone präsentierte, als ähnlich historische Zäsur betrachten wie 1769, als James Watt seine Dampfmaschine vorstellte**; oder sie werden die Einführung des Internet im Jahr 1991 mit der Erfindung des Buchdrucks im Jahr 1450 vergleichen.

All diese Erfindungen hatten nicht nur neue technische Geräte zur Folge, sondern läuteten neue Zeitalter ein, mit enormen sozialen, ökonomischen und politischen Veränderungen. Indem der Buchdruck die billige und massenhafte Verbreitung von Information ermöglichte, durchbrach er das Monopol der Klöster, Wissen weiterzugeben, und stellte damit die damaligen religiösen Autoritäten infrage. Ohne Buchdruck hätte es keine Lutherbibel und keine Reformation gegeben, keine Aufklärung, keine Französische Revolution und wohl auch keine moderne Demokratie.

* Während des Ukraine-Kriegs, als das Öl plötzlich knapp wurde, schoss die Aktie von Saudi Aramco kurzzeitig wieder an die Spitze der Rangliste. Das dürfte allerdings eher vorübergehend sein.

** Tatsächlich hat Watt die Dampfmaschine nicht »erfunden«, genauso wenig wie Apple das Smartphone erfunden hat. Beide aber haben bereits bestehende Geräte auf entscheidende Weise verbessert und weiterentwickelt.

Dabei löste die neue Technik damals dramatische Verwerfungen aus. Indem sie das päpstliche Religionsmonopol untergrub, förderte sie die Entstehung zahlreicher Sekten und Strömungen; nicht nur Aufklärer machten sich die neue Informationstechnik zunutze, sondern ebenso Aufwiegler, Apokalyptiker und Hetzer. »Am Beginn der Reformation dachte Martin Luther naiverweise: Wenn jedermann zu Hause die Bibel lesen könnte, hätte jeder einen direkten Draht zu Gott und es käme zu einer Art ›Priesterschaft der Gläubigen‹«, analysiert der Historiker Niall Ferguson. »Doch im Europa des 16. Jahrhundert kam es nicht zu einer ›Priesterschaft der Gläubigen‹, sondern zu einer 130-jährigen Eskalation religiöser Konflikte, die am Ende in den Dreißigjährigen Krieg mündeten, einem der verheerendsten Kriege, die es jemals gab.«[19]

Ferguson sieht frappierende Parallelen zwischen dieser Frühzeit des Buchdrucks und den heutigen Folgen des Internets. »Auch im 16 und 17. Jahrhundert polarisierte sich die Gesellschaft, es gab Fake-News-artige Gerüchte, und die Welt rückte enger zusammen, so dass sich Seuchen und Ansteckung schneller ausbreiteten.« In seinem Buch *Türme und Plätze* beschreibt Ferguson, wie die mediale Revolution damals die gesamte Netzwerk-Struktur der Gesellschaft veränderte und die Hierarchien infrage stellte[20] – ähnlich, wie das Internet heute die Autorität der herkömmlichen Medien untergräbt: Während die Journalisten klassischer Medien einer gewissen Qualitätskontrolle unterliegen und sich an rechtliche Grundsätze* halten müssen, fallen solche Begrenzungen im Internet weitgehend weg; hier

* Sie müssen zum Beispiel die Persönlichkeitsrechte der Menschen beachten, über die sie berichten, müssen ihnen bei schweren Vorwürfen die Gelegenheit zur Stellungnahme geben, können bei falschen Behauptungen auf Unterlassung, Gegendarstellung oder auch Schadensersatz verklagt werden.

kann jedermann frei beliebige Inhalte ohne jede Wahrheitskontrolle verbreiten. Dass dadurch auch die Desinformation zunimmt und sich zum Beispiel Fake News schneller im Netz verbreiten, bereite ihm schlaflose Nächte, sagt Ferguson. Er sei in dieser Hinsicht »viel besorgter als ein Nicht-Historiker, weil ich aus der Geschichte weiß, dass ein solcher Polarisierungsprozess immer weiter geht und es am Ende nicht bei verbaler Gewalt bleibt«.

Die Armee der Internet-Trolle

Tatsächlich wird Desinformation heute gezielt als mächtige Waffe eingesetzt. Mal arbeiten Energiekonzerne mit allen Mitteln daran, Zweifel am Klimawandel zu säen[21]; mal versuchen kriegführende Nationen, die gegnerische Bevölkerung zu verunsichern und zermürben[22] und die öffentliche Meinung zu beeinflussen, indem sie das Netz mit entsprechenden Kommentaren fluten[23]; oder es geht generell darum, Zweifel an der Demokratie zu säen und den Zusammenhalt des Gegners zu schwächen – so wie während des Brexit-Referendums in Großbritannien, als russische Akteure die Stimmung zugunsten eines EU-Ausstiegs der Briten beeinflussten.[24]

Auch in den US-Wahlkämpfen 2016 und 2020 war jeweils eine ganze Armee von »Internet-Trollen«* unterwegs, um soziale Netzwerke mit Meldungen und Fake News zugunsten von Donald Trump zu fluten. Es gibt kaum einen Zweifel, dass dies im Interesse Russlands geschah. Der US-Sonderermittler Robert Mueller warf 2018 mehreren russischen Staatsbürgern und Organisationen eine Verschwörung zur Störung der demokra-

* Ein »Troll« ist im Netzjargon ein Störenfried, der durch Hass-Kommentare oder Falschmeldungen vorsätzlich Streit im Netz anzettelt oder Menschen diffamiert.

tischen Prozesse in den Vereinigten Staaten vor.[25] Und die Medienwissenschaftlerin Kathleen Hall Jamieson – Mit-Begründerin der Website *factcheck.org* – kam in ihrem Buch *Cyberwar* zu dem Ergebnis, dass die russische Einflussnahme aller Wahrscheinlichkeit nach für Trumps Wahlsieg (mit-)verantwortlich war.[26] In Deutschland wiederum machten russische Trolle und rechtsradikale Sympathisanten vor der Bundestagswahl 2017 Stimmung für die AfD, wie ein Team rund um die britische Historikerin Anne Applebaum und den Journalisten Peter Poremantsev von der London School of Economics ermittelte.[27] Mithilfe intelligenter Computerprogramme (Bots) wurden gezielt gesellschaftliche Kontroversen – etwa über die Zuwanderung – verstärkt, um das Misstrauen in die demokratischen Institutionen Deutschlands zu schüren.[28]

All das muss einen Staat hochgradig alarmieren – sollte man denken. Erstaunlicherweise aber schlug die britische Studie in Deutschland kaum Wellen. In Sachen Internet – das Bundeskanzlerin Merkel noch 2013 als »Neuland« bezeichnet hatte – gab man sich hierzulande lange ahnungslos.[29] Erst allmählich macht sich das Bewusstsein breit, dass die digitale Sphäre ebenso geschützt werden muss wie der reale Raum und dass der Kampf gegen die Desinformation auch als staatliche Aufgabe zu begreifen ist. Denn wer Zweifel an grundlegenden Informationen schürt und die gemeinsame Faktenbasis infrage stellt, greift den Kern dessen an, was eine Gesellschaft zusammenhält.

In Schweden hat man deshalb mit dem Aufbau einer staatlichen Agentur begonnen, die Desinformation und gezielte Gerüchte abwehren soll. Anfang 2022 nahm die »Behörde für psychologische Verteidigung« offiziell ihre Arbeit auf.[30] Der schwedische Innenminister erklärte, man sei besorgt über die Verbreitung von Gerüchten und Verschwörungslegenden etwa über Impfstoffe oder Wahlen; auf diese wachsende Bedrohung wolle man reagieren.

Wie genau die neue Behörde das erreichen will, blieb zunächst im Vagen, aber klar ist, dass Schweden erstaunlich oft das Ziel von Falschmeldungen ist. Mal behaupten islamistische Aktivisten, schwedische Behörden hätten Tausende Kinder gekidnappt und würden sie an Kinderporno-Ringe ausliefern oder dazu zwingen, Schweinefleisch zu essen[31], mal behauptet die AfD fälschlicherweise, es gäbe in Deutschland eine Reisewarnung für Schweden[32], unvergessen auch Donald Trumps bizarre Äußerung 2017, als er davon raunte, »was gestern in Schweden passiert ist!« – ohne dass jemand wusste, was das sein sollte.[33] Aber je mehr solcher Fake News zusammenkommen, umso mehr setzt sich in vielen Köpfen das diffuse Gefühl fest, irgendetwas stimme mit diesem Land nicht.

Wie man mit Fake News umgeht

Um solche Angriffe abzuwehren, braucht es zunächst natürlich Faktenchecker-Teams, die solche Falschmeldungen entzaubern. Die Aufregung über angebliche schwedische Kindesentführungen etwa konterten die Behörden mit dem Hinweis, dass hier eine gängige Intervention – schwedische Sozialdienste können Kinder aus ihren Familien nehmen, um sie vor häuslicher Gewalt zu schützen – verdreht und aus dem Kontext gerissen wurde, dass Details erfunden und reale Hintergründe weggelassen wurden.

Allerdings können selbst solche Widerlegungen die Verbreitung von Fake News fördern. Denn stets droht dabei der Scheinwahrheitseffekt: Wird eine bestimmte Nachricht mehrfach als falsch erklärt (»Nein, es stimmt nicht, dass schwedische Behörden regelmäßig Kinder kidnappen«), kann das unfreiwillig dazu führen, dass sie in den Gehirnen der Hörer oder Leser immer plausibler klingt. Denn das Wörtchen »nicht« verblasst in der Erinnerung leicht, die Verbindung von »Schweden« und »Kidnapping« setzt sich stattdessen mit jeder Wiederholung mehr in den Köpfen fest.

Dieser Effekt zeigte sich auch in einer Studie mit mehr als 1800 Probanden, die verschiedene Falschaussagen bewerten sollten. (Etwa: »Trump will alle Fernsehsendungen verbieten, in denen es um Homosexualität geht« oder »Bolivien grenzt an den Pazifischen Ozean«.) Dabei stellten die Forscher fest: Mit jeder Wiederholung wurden die Aussagen als glaubwürdiger empfunden – selbst dann, wenn sie mit dem Hinweis »falsch« gekennzeichnet wurden. »Jeder Nutzen eines solchen Hinweises wird umgehend ausgelöscht durch den Effekt der wiederholten Darstellung«, resümierten die Forscher.[34]

Faktenchecker wie Kathleen Hall Jamieson raten deshalb dringend, über Falschmeldungen möglichst sparsam zu berichten.[35] Zudem reiche es nicht, »den Leuten einfach zu sagen, dass ihre Fakten falsch sind«, meint Jamieson. Besser sei es, mit neuen Belegen und einer entschiedenen Gegenbotschaft aufzuwarten (siehe auch das folgende Zwischenkapitel). Drittens empfiehlt sie, das Publikum einzubeziehen und es anzuregen, selbst kritisch nachzufragen und Behauptungen und Argumente zu prüfen.[36] Bei Hard-Core-Verschwörungstheoretikern wird man damit zwar nicht durchdringen. Doch neben den Überzeugten und Verbohrten gibt es ja die Sympathisanten, die Mitläufer und Unentschiedenen. Und diese sind für Argumente durchaus erreichbar – wenn man ihnen richtig begegnet.

Eine Gruppe deutscher Psychologen empfiehlt dazu, den Dialog mit der Wertschätzung des Gegenübers zu beginnen. »In den USA zeigte sich, dass Gegner des Klimawandels offener für kritische Befunde waren, wenn eine umweltbewusste Einstellung als patriotisch kommuniziert wurde«, schreiben die Forscher um Tobias Rothmund und Mario Gollwitzer. »Passionierte Videospieler waren zum Beispiel weniger kritisch gegenüber Befunden zur Schädlichkeit von Mediengewalt, wenn ihnen als Gruppe zuvor besondere Kompetenzen zugesprochen wurden.«[37] Da ist sie wieder, die Notwendigkeit, zunächst eine »kleinste gemeinsame Wirklichkeit« zu finden und eine positive emotionale Grundlage zu schaffen.

Eine wichtige Empfehlung, da sind sich viele Forscher einig, richtet sich auch an Bildungseinrichtungen. In Schulen und Universitäten muss der kritische Umgang mit Informationen dringend mehr gelehrt und geübt werden. Initiativen dazu gibt es durchaus – es gibt Unterrichtseinheiten zum Erkennen von Fake News[38], es gibt den »Safer Internet Day« der EU-Initiative klicksafe[39], der Deutsche Volkshochschul-Verband hat eine »Modulbox Politische Medienbildung für Jugendliche« entwickelt[40], die App »news.oder.fake« soll auf spielerische Art Medienkompetenz vermitteln, indem die Nutzer den Wahrheitsgehalt von Schlagzeilen bewerten[41] – um nur einige zu nennen.

Was allerdings bisher fehlt, ist eine feste Verankerung dieses Themas sowohl im Lehrplan als auch in der Ausbildung künftiger Lehrkräfte. »Auf keiner Stufe des deutschen Schulsystems wird Nachrichtenkompetenz angemessen berücksichtigt«, resümiert der Dresdner Kommunikationswissenschaftler Lutz Hagen den bisherigen Stand.[42] Dabei kommt der Fähigkeit zur Informationssouveränität – gerade im digitalen Zeitalter – eine entscheidende Bedeutung für die Zukunft der Demokratie zu. Mal sehen, wie lange es dauert, bis die Kultusminister darauf reagieren.

Die »neutralen« Meinungsmacher

Doch nicht nur Einzelne und Bildungseinrichtungen sind gefragt. Eine zentrale Rolle kommt auch den Plattform-Betreibern wie Meta (Facebook, WhatsApp, Instagram) oder Alphabet (Google, YouTube etc.) zu. Sie beherrschen nicht nur die Börse, sondern beeinflussen auch Meinungen und Einstellungen von Milliarden von Nutzern weltweit. Zwar beruht ihr Geschäftsmodell gerade auf ihrer scheinbaren Neutralität. Rechtlich ausgedrückt, genießen sie das »Providerprivileg«, das besagt, dass der Überbringer (Bote, Provider) einer Nachricht nicht für deren Inhalt verantwortlich ist.

Nichtsdestotrotz machen die Plattformen Meinung. Und das hat mit den dahinterstehenden Algorithmen zu tun. Diese haben vor allem das Ziel, möglichst viele Menschen möglichst lange Zeit auf der jeweiligen Plattform zu halten (weil das die Werbeeinnahmen erhöht). Deshalb arbeiten ganze Psychologenteams daran, das Interesse der Nutzer zu ködern, sie in das jeweilige Medium hineinzuziehen und dort möglichst lange ihre Aufmerksamkeit zu fesseln. Und dafür eignen sich eben besonders gut Inhalte, die unsere Reflexe von Angst, Ekel oder Überraschung triggern.

Nahezu automatisch führt dieser Mechanismus daher zur Bevorzugung von Inhalten, die es mit der Wahrheit nicht immer so genau nehmen. Das illustriert eine Episode aus dem US-Wahlkampf 2016, als das Team von Donald Trump mit emotional aufgeladenen Botschaften Stimmung gegen die Ge-

genkandidatin Hillary Clinton zu machen versuchte. Das Unternehmen Facebook reagierte darauf unter anderem mit der Einrichtung einer Abteilung namens »Trending Topics«, die aus erfahrenen Journalisten bestand und die darauf achten sollten, dass im Facebook-Newsfeed möglichst keine Fake News angezeigt wurden.[43]

Das versetzte das Trump-Team in Alarmbereitschaft: Denn das hätte bedeutet, dass die eigenen Botschaften im Newsfeed eher heruntergestuft wurden, während News aus dem liberalen Team nach oben rutschten. Die Republikaner witterten politische Benachteiligung, beschwerten sich, und es kam zu einem Treffen in der Facebook-Firmenzentrale, in dem Mark Zuckerberg den Republikanern versicherte, Facebook sei völlig neutral und werde das auch in Zukunft bleiben. Aus Angst, das Providerprivileg zu verlieren, schloss Zuckerberg sogar die »Trending Topics«-Abteilung wieder und gab damit den Versuch auf, die Nachrichten auf seinem Newsfeed zu regulieren. Damit war der Weg frei für die algorithmische Bevorzugung von Wut, Hass und Lügen – was letztlich vor allem dem Trump-Team zugutekam.

Die scheinbare Neutralität der Plattformen ist somit ein großes Politikum. Dass Facebook seine geschäftlichen Interessen über die Wahrheit stellt, haben seither immer wieder Insider aus dem Unternehmen selbst angeprangert – so etwa die ehemalige Produktmanagerin Frances Haugen, die 2021 die »Facebook Files« an die Öffentlichkeit brachte.[44] Haugen war bei Facebook unter anderem mit dem Kampf gegen Falschinformationen und Hetzaussagen betraut, war aber zunehmend frustriert von dem Widerspruch zwischen Anspruch und Wirklichkeit. Daher entschloss sie sich, an die Öffentlichkeit zu gehen und auch vor dem US-Senat auszusagen.[45]

Um nicht einseitig zu klingen: Selbstverständlich können die sozialen Medien auch zur Aufklärung beitragen und zum Schutz der Demokratie. Das zeigte sich insbesondere im Ukraine-Krieg, als via Netz eine kommunikative Gegenoffensive zum russischen Angriff gestartet wurde. Die Verteidiger prangerten mit Videobotschaften oder Twitter-Nachrichten Kriegsverbrechen an oder informierten in Echtzeit über russische Verluste (was die russische Regierung dringend zu verschweigen suchte); US-Militärexperten gaben online Tipps zur Straßenblockade, Hacker versuchten, Kriegsberichte ins russische Staatsfernsehen einschleusen; selbst in Russland gelang es Menschen, im Netz die Informationskontrolle zu unterlaufen, indem sie auf Empfehlungsseiten für Moskauer Restaurants Kriegsberichte posteten. An solchen Beispielen werde deutlich, »dass soziale Netzwerke durchaus als Werkzeuge der Humanisierung und Demokratisierung einsetzbar sind«, kommentiert der Medienwissenschaftler Bernhard Pörksen. Allerdings setze dies »politischen Willen voraus, sozialen Druck, den Fokus der Weltöffentlichkeit, vielleicht auch die Extremsituation einer solchen Kriegskatastrophe, die zum Umdenken zwingt«.[46]

Was tun gegen digitale Abhängigkeit?

Klar ist jedenfalls, dass die Regulierung des digitalen Raumes nicht nur einigen großen privatwirtschaftlichen Unternehmen überlassen werden darf. Wer die Informationstechnik kontrolliert – in Verbindung mit ihrem Datenschatz und den Werkzeugen der künstlichen Intelligenz –, hält den Schlüssel zur Zukunft in der Hand. In den USA, wo die meisten Digitalriesen beheimatet sind, weiß man das. Auch in China hat man das begriffen und eigene Plattformen und Unternehmen wie Alibaba, Baidu, Tencent oder Huawei aufgebaut, um von Google, Facebook oder Amazon unabhängig zu sein. In Europa dagegen fehlen entsprechende Plattformen, weshalb man nun von fremder Infrastruktur abhängig ist und viele Nutzerdaten automatisch in die USA gehen.

Europa müsste also dringend die digitale Abhängigkeit von den amerikanischen Konzernen überwinden – zum Beispiel mit einer groß angelegten europäischen Investitionsinitiative, die auch die künstliche Intelligenz umfasst. Ebenso wichtig ist der Schutz der Daten – denn diese sind der vielleicht wichtigste Rohstoff, der die Wirtschaft des 21. Jahrhunderts antreibt (wie sich an der Rangliste der wertvollsten Unternehmen ablesen lässt).

Immerhin auf rechtlicher Ebene hat die Europäische Union reagiert und im Frühjahr 2022 das Digitale-Dienste-Gesetz verabschiedet, das wahlweise als »Magna Charta« oder »Grundgesetz des Internets« gepriesen wurde. Es formuliert europaweit einheitliche Standards für den Schutz bürgerlicher Rechte im Netz und versucht die Macht großer Konzerne zugunsten kleinerer Plattformen zu begrenzen.[47] Dabei enthält es auch Regeln für den Umgang mit illegalen Inhalten im Netz: Hassrede, Gewaltaufrufe oder Terrorpropaganda sollen von den Plattformen zügig entfernt werden, wenn sie darüber informiert werden. Internetnutzer sollen solche Inhalte nicht nur melden können, sondern auch Lösch-Entscheidungen der Plattformen anfechten und Entschädigung fordern können. »Sehr große Plattformen« wie Google, Facebook oder Amazon müssen mit Strafen von bis zu sechs Prozent ihres globalen Umsatzes rechnen, wenn sie systematisch die Bestimmungen des Digitale-Dienste-Gesetzes verletzten – was zumindest eine echte Drohung ist.[48]

Wieweit das in der Praxis wirklich umgesetzt wird, ist eine andere Frage. Die Digitalkonzerne sind bekanntlich gut darin, ihre Interessen mit allen Mitteln zu verteidigen. Zudem steckt bei vielen Fragen der Teufel im Detail; etwa bei der Frage, was »illegale Inhalte« genau sind: Das wird in den EU-Mitgliedsstaaten durchaus unterschiedlich definiert. Ob damit Hass und Hetze wirklich effektiver bekämpft werden, wird sich zeigen. Bei der Verabschiedung des Digitale-Dienste-Gesetzes fiel die Reaktion einschlägiger Experten deshalb eher verhalten optimistisch aus. »Das ist noch kein richtiges Plattformgrundgesetz«, kommentierte etwa Markus Beckedahl von *netzpolitik.org*. Aber es sei immerhin »ein wichtiger Schritt auf dem Weg dahin.«[49]

Es geht allerdings nicht nur um strengere Regeln für die Digitalplattformen, sondern letztlich um die Frage, wie künftig die Medienlandschaft aussehen wird. Darauf weisen die österreichische Journalistin Corinna Milborn und der Medienmanager Markus Breitenecker in ihrem Buch *Change the Game* hin: Die Plattformen wie Facebook und Google konkurrieren längst mit klassischen Medien. Daher sollten sie auch so behandelt werden und das Provider-Privileg verlieren, fordern Milborn und Breitenecker. Facebooks Newsfeed funktioniere schließlich wie ein klassisches Medium; YouTube reihe Videos im Autoplay-Modus aneinander wie ein Fernsehsender, auch Amazon liefere mit Amazon Prime ein Medien-Programm. Von daher sei es nur folgerichtig, sie den üblichen Medienregeln zu unterwerfen.

In diesem Zug plädieren Milborn und Breitenecker auch dafür, die öffentlich-rechtlichen Programme zukunftsfähiger zu machen (etwa indem die bisherige Trennung von Radio und Fernsehen aufgehoben wird und auch digitale Kanäle bespielt werden). Ziel sei eine »Grundversorgung« mit verlässlichen Nachrichten und die Schaffung eines medialen Raumes für demokratische Debatten.[50]

Leuchttürme des Vertrauens

Denn das beste Mittel gegen Falschnachrichten und Verschwörungserzählungen ist es, ihnen gar nicht erst das Feld zu überlassen. Das gelingt, wenn zuverlässige Informationen eine deutlich höhere Verbreitung finden als Fake News. Dazu braucht es vertrauenswürdige Medien und Institutionen, die ein hohes Ansehen genießen und Bürgern im Nebel der Desinformation als Leuchttürme dienen (wie im Zweiten Weltkrieg die britische BBC, die viele Deutsche heimlich hörten, als Korrektiv zur Nazi-Propaganda). »Einfach gesagt: Guter Journalismus ist das beste Mittel gegen Missinformation«, sagt der Kommunikationsforscher Christian Hoffmann von der Universität Leipzig.[51]

Das Zauberwort jeglicher Kommunikation lautet schließlich: Vertrauen. Was Menschen überzeugt, sind nicht Fakten und kluge Argumente, sondern die Glaubwürdigkeit eines Gegenübers. Deshalb orientieren wir uns in der Regel mehr an der Meinung des eigenen Partners oder von Freunden, denen wir vertrauen, als an offiziellen Statements von Politikern oder Wissenschaftlerinnen; und deshalb sind im Umgang mit Verschwörungsgerüchten und Fake News gerade die – manchmal mühsamen – Diskussionen im Bekanntenkreis so wichtig (Tipps dazu im folgenden Kurzkapitel).

Auch die Politik appelliert gern an das Vertrauen der Bevölkerung, besonders in Krisenzeiten. Doch Vertrauen kann man nicht verordnen, sondern muss es sich erarbeiten. Und dazu gehört auch eine offene und ehrliche Kommunikation – selbst wenn sie unangenehme Wahrheiten enthält. Und genau damit tun sich Politik und andere Institutionen oft schwer.[52]

»Von den vielen Ängsten, die während der Pandemie aufkamen, war eine besonders schädlich: die Angst der Regierungen vor ihren Bürgern«, stellte der dänische Politikwissenschaftler Michael Bang Petersen fest.[53] In vielen Ländern hätten die Regierungen versucht zu beschwichtigen, schlechte Nachrichten zurückzuhalten und Panik zu vermeiden. Doch diese Strategie des *keep calm and carry on* habe sich auf lange Sicht als fatal erwiesen, weil sich die Politik immer wieder korrigieren musste, die Wahrheit stückchenweise ans Licht kam und dadurch erst recht Unsicherheit entstand.

Besser sei es, den Bürgern von Anfang an reinen Wein einzuschenken, empfiehlt Petersen, der auch die dänische Regierung während der Corona-Pandemie beriet. So gab etwa die dänische Premierministerin Mette Frederiksen im März 2020 offen zu, dass man vieles noch nicht wisse und vermutlich auch Fehler machen werde; ebenso offen wurde über die möglichen Nebenwirkungen von Lockdowns (und später der Impfungen) kommuniziert – mit dem Effekt, dass in Dänemark großes Vertrauen in das Corona-Management herrschte und das Land eine der höchsten Impfraten weltweit aufwies.

In Deutschland lief dagegen in der Kommunikation vieles schief. Experten redeten öffentlich durcheinander, es fehlte eine Institution, die Argumente gebündelt und effektive Krisenkommunikation betrieben hätte, zusätzlich heizten Boulevardmedien die öffentliche Kakophonie noch mit reißerischen Schlagzeilen an – kein Wunder, dass all das wenig Vertrauen schaffte.[54]

Um das zu ändern und mehr im Sinne des Gemeinwohls zu kommunizieren, sind alle gefragt – staatliche Stellen ebenso wie die Medien oder die Wissenschaft. In all diesen Bereichen hat die Corona-Pandemie Defizite aufgezeigt, aber auch ein Bewusstsein dafür geschaffen, was sich ändern muss.[55] Wenn sich dieses Bewusstsein in konkrete Handlungen umsetzt – dann hätte die Pandemie sogar noch etwas Gutes gehabt.

WIE MAN FAKE NEWS UND VERSCHWÖRUNGSTHEORIEN KONTERT

10 Tipps zum Umgang mit Desinformation

1. Transportieren Sie die Lüge nicht weiter

Schon Martin Luther wusste um das Wesen von Fake News: »Eine Lüge ist wie ein Schneeball: Je länger man ihn wälzt, desto größer wird er.« Das gilt in Zeiten des Internets erst recht. Je mehr Menschen sich über Falschmeldungen erregen oder sie kommentieren, desto größer wird ihre Reichweite. Deshalb lautet die oberste Regel im Umgang mit Fake News: Erst einmal durchatmen und sich fragen: Muss ich das wirklich weiterleiten? Will ich dieser Sache noch mehr Reichweite verschaffen? Oft lautet die beste Lösung einfach: ignorieren.

2. Servieren Sie die Wahrheit als Sandwich

Will man allerdings ein Gerücht gezielt entkräften, sollte man es so wenig wie möglich wiederholen. Besser ist die Sandwich-Methode, bei der die falsche Behauptung von zwei Schichten Wahrheit umhüllt wird. Statt zu sagen: »Nein, Maier ist nicht pädophil«, sollte man zuerst wahre Fakten nennen (Etwa: »Maier ist seit Jahren glücklich verheiratet«), dann das falsche Gerücht und dessen Herkunft erklären (»Derzeit konkurriert er mit anderen um einen wichtigen Job und einer der Konkurrenten hat das Gerücht in die Welt gesetzt, er sei pädophil«), um am Schluss noch einmal die Fakten zu wiederholen (»was eine Behauptung ist, für die es keinerlei Beweise gibt und gegen die sich Maier juristisch wehrt«).

Generell gilt: Wer bei einer Widerlegung erklären kann, wie sich die Sache tatsächlich zugetragen hat, ist im Vorteil.

3. Lassen Sie sich nicht unter Druck setzen

Wird man mit falschen Informationen konfrontiert, muss man nicht sofort eine Antwort parat haben. Manchmal ist es besser zu sagen: Ich möchte mir das in Ruhe anschauen. Denn es ist einfach, Unsinn in die

Welt zu setzen; viel schwieriger ist es, ihn zu widerlegen. Unterstützung gibt es auf Faktchecker-Seiten.[56]

4. Besser fragen als Besserwissen

Verschwörungstheorien kann man mit gezielten Fragen kontern. Zum einen signalisiert man so Interesse am anderen, zum zweiten kann man auf diese Weise eventuell Lücken und Inkonsistenzen in dessen Argumentation sichtbar machen.[57] Glaubt etwa jemand, die Kondensstreifen von Flugzeugen bestünden aus giftigen Chemikalien (»Chemtrails«), kann man fragen: »Wer soll etwas davon haben, uns alle zu vergiften?« Hilfreich ist auch die Frage: »Welcher Beleg könnte dich vom Gegenteil überzeugen?«

5. Fallen Sie nicht auf den Meinungsfreiheits-Trick herein

Die Anhänger von Verschwörungstheorien beklagen gern, sie würden von einer Meinungsdiktatur unterdrückt. Dabei verwechseln sie oft Meinungsfreiheit mit Zustimmung. Machen Sie klar: Zur Freiheit der Meinung gehört auch der Widerspruch.

6. Stellen Sie Beziehung her

Man kann nur Menschen überzeugen, zu denen man eine vertrauensvolle Beziehung hat. Der Versuch, fremde Menschen mit faktenreichen Argumenten zu belehren, schlägt in aller Regel fehl. Besser ist es, in einen Dialog zu treten und zu signalisieren: Ich möchte verstehen, warum du es anders siehst, warum du meinen Quellen nicht vertraust und warum du anderen Quellen vertraust, die ich für unseriös halte. Ohne gemeinsamen Nenner klappt keine Verständigung.

7. Verzweifeln Sie nicht an Unsinn

Verschwörungsmythen arbeiten meist mit simplen Pauschalisierungen und Schuldzuweisungen – und kommen damit einem weitverbreiteten Bedürfnis nach Einfachheit entgegen. Unsichere Menschen, die schlecht mit Ambivalenz umgehen können, sind dafür besonders empfänglich. Für sie ist es offensichtlich leichter, zu ertragen, dass irgendwelche dunklen Mächte im Hintergrund die Strippen ziehen, als die Komplexität und Widersprüchlichkeit der Welt zu akzeptieren.[58] Wenn man sich das klarmacht, kann man abstrusen Ängsten und Ideen zumindest mit mehr Verständnis begegnen.

8. Reiben Sie sich nicht vergeblich auf

Die Diskussion mit eingefleischten Verschwörungstheoretikern ist in der Regel zwecklos. Sparen Sie Ihre Nerven und Energie lieber für sinnvollere Gespräche – etwa mit Menschen, die zwar verunsichert, aber Argumenten noch zugänglich sind. Widerspruch lohnt sich auch in einer Gruppensituation, in der ein Verschwörungstheoretiker das große Wort führt und die anderen stumm zuhören – nicht, um den Redner zu überzeugen, sondern um die Zweifelnden zu unterstützen.

9. Manchmal helfen nur Emotionen

Fake News und Verschwörungserzählungen funktionieren auch deshalb so gut, weil sie extrem emotionalisiert sind. Mit nüchternen Fakten kommt man oft schwer dagegen an. Manchmal ist eine emotionale Gegen-Erzählung wirkungsvoller. Berichten etwa Impfgegner von den vermeintlichen Nebenwirkungen einer Impfung, kann man die Folgen der eigentlichen Krankheit in plastischen Farben ausmalen. Dann wirken auch Zahlen und Fakten wieder.[59]

10. Spielen Sie!

Wer Jugendliche gegen Fake News wappnen möchte, kann das auch mit dem kostenlosen Online-Spiel »Bad News« tun.[60] Dabei lernen Jugendliche ab zwölf Jahren, wie Fake News funktionieren – indem sie diese selbst erzeugen. Demselben Ziel dient die App »Fake News Check«: Sie leitet dazu an, wichtige Fragen zu stellen und Fake News von echten Nachrichten unterscheiden zu lernen.[61]

An Kinder ab acht Jahre richtet sich der »Fakefinder Kids« des Südwestrundfunks (SWR): Dabei geht es darum, Chats und Videos aus dem Netz kritisch zu durchschauen. Wo steckt Werbung drin, wo wird im Bild getrickst oder ein fieser Kettenbrief verschickt?[62]

Wird das Thema in der Schule behandelt, kann man Schülerinnen und Schüler auch ihre eigene Verschwörungsmentalität bestimmen lassen (anonym natürlich).[63] So hat man sofort einen Gesprächseinstieg. Solche (und weitere hilfreiche) Hinweise für Pädagogen finden sich in einem E-Learning-Kurs, den die Psychologin Pia Lamberty speziell für Schulen konzipiert hat.[64]

KAPITEL 9: EINE ÖKONOMIE DES GEMEINWOHLS

WAS SIND WIR UNS GEGENSEITIG WERT?

Die Aufregung war groß, als im Februar 2022 eine Nachricht über Jeff Bezos die Runde machte: Für den Amazon-Gründer (und damals zweitreichsten Mann der Welt) werde eigens eine historische Brücke in Rotterdam demontiert. Denn Bezos' neue Superyacht, die in einer Rotterdamer Werft gebaut wird, passt unter der aus dem Jahr 1878 stammenden Brücke »De Hef« nicht durch. Zwar war zu diesem Zeitpunkt noch nicht klar, ob es zu dem Abbau wirklich kommen würde.[1] Dennoch schlugen die Wogen der Empörung hoch: »Die Superreichen – wie Jeff Bezos – leben in einer Parallelwelt, in der es keine Einschränkungen gibt und in der sie über dem Gesetz stehen«, hieß es auf der Kampagnenseite *change.org*, auf der umgehend eine Petition gegen den Brückenabbau gestartet wurde.[2] Auf Facebook erklärten unterdessen Zehntausende, dass sie Bezos' Yacht während der Durchfahrt mit Eier bewerfen wollten.

Nun könnte man sagen: Was soll's? Schließlich würde die Brücke nach der Durchfahrt umgehend wieder aufgebaut und Bezos müsste für die Kosten – rund 300 000 Dollar – aufkommen. Doch den Kritikern ging es ums Prinzip. Was sie besonders erzürnte, war der ideelle Wert der Brücke: Sie war eines der ersten Gebäude, die nach der Bombardierung im Zweiten Weltkrieg in Rotterdam wiederhergestellt wurde; heute steht sie unter Denkmalschutz und nach einer Renovierung im Jahr 2017 hatte die Stadt erklärt, sie nie wieder abzureißen. »Doch nun scheint dieses Versprechen gebrochen zu werden und alles nur, weil der reichste Mann der Welt seine persönliche Megayacht durch den Fluss in Rotterdam fahren lassen will«, wetterte die Petition und kritisierte: »Es scheint, dass ›De Hef‹ für niemanden demontiert wird, es sei denn, man ist extrem reich.«

Egal, wie man zu dem Brückenstreit stehen mag, in einem Punkt haben die Kritiker einen Nerv getroffen: Tatsächlich scheinen die Superreichen in ihrer eigenen Welt zu leben. Allein aufgrund ihres Geldes können sie es sich leisten, Brücken umzusetzen, Gesetze zu beeinflussen und – wenn es sein muss – der Schwerkraft zu entfliehen. Im Juli 2021 etwa flog Bezos ins All, was wohl für alle seine Angestellten ein unmöglicher Traum bleiben muss. Und selbst aus der Corona-Pandemie konnte er noch Kapital schlagen: Während die Mehrzahl der Menschen weltweit Einkommensverluste hinnehmen musste, konnten die zehn reichsten Milliardäre der Welt – so ein Bericht der Entwicklungshilfeorganisation Oxfam – in der Pandemiezeit ihr Einkommen nahezu verdoppeln.[3]

Der arme Millionär

Nun sind die jährlichen Oxfam-Berichte, die meist zum Beginn des Weltwirtschaftsforums in Davos veröffentlicht werden, nicht unumstritten. Kritiker werfen der Organisation vor, ihre Zahlen seien nicht solide und beruhten zum Teil auf Schätzungen und Hochrechungen.[4] Doch sosehr man die absoluten Zahlen im Detail auch kritisieren kann, ist ihre Grundbotschaft doch zutreffend: Die Ungleichheit auf dem Planeten ist enorm.

Selbst wenn man Bezos zugesteht, ein brillanter Unternehmer zu sein und hundertmal mehr zu arbeiten als jeder seiner Angestellten (was fraglich ist), ist sein Vermögen von rund 200 Milliarden Dollar jenseits jeder Relation zum Kontostand der Durchschnittsbürger. Wer sich selbst ein Bild davon machen will, kann auf entsprechenden Websites das eigene Jahresgehalt eingeben und sich ausrechnen lassen, wie lange es dauert, bis ein Spitzenverdiener wie Jeff Bezos diesen Betrag erwirtschaftet. (Für das durchschnittliche Jahresgehalt eines US-Arbeiters bräuchte er 35 Sekunden.)[5]

Mit Leistung allein ist das nur schwer zu erklären. Denn die Super-Wohlhabenden werden ja vor allem deshalb immer reicher, weil sie bereits reich *sind* und ihr Einkommen aus Aktien, Immobilien oder Vermögen stammt; umgekehrt werden die Armen immer ärmer, weil sie all das nicht haben und die Umverteilung des Reichtums finanzieren. Als zum Beispiel während der Pandemie viele Regierungen Milliarden in die Wirtschaft pumpten, führte das bei manchen Unternehmen zu steigenden Aktienkursen (auch bei Amazon) – während zugleich in vielen Ländern Sozialausgaben gekürzt werden mussten, was vor allem die Ärmeren traf.[6]

Für den Gemeinsinn hat diese wachsende Ungleichheit verheerende Folgen: Nichts zersetzt das Gefühl für Solidarität und Kooperation stärker als der Eindruck, die einen lebten auf Kosten der anderen. Das gemeinschaftliche Motto, demzufolge alle »in einem Boot sitzen«, erscheint wie Hohn, wenn manche – im übertragenen wie realen Sinne – in ihrer eigenen Superyacht davonrauschen. An der Ökonomie kommt man daher bei dem Thema Gemeinsinn schlicht nicht vorbei.

Entscheidend ist, dass es dabei weniger um absolute als um relative Zahlen geht. Denn Menschen bewerten ihre Situation stets *im Vergleich* zu anderen. Würden Sie sich etwa über eine Gehaltserhöhung von 1000 Euro freuen? Eigentlich schon – wenn Sie aber erfahren, dass der Kollege nebenan 2000 Euro mehr bekommt, ärgern Sie sich eher. Dasselbe gilt in anderen Bereichen: Eine Wohnung von 100 Quadratmetern zum Beispiel erscheint groß, wenn die meisten Bekannten in kleineren Wohnungen leben. Residieren die anderen dagegen alle auf 200 Quadratmetern oder mehr, empfindet man die eigene Fläche schnell als mickrig.

Aus demselben Grund bezeichnen sich auch viele Wohlhabende selbst gar nicht als reich: Soziologische Studien zeigen, dass Menschen mit hohem Einkommen sich vorwiegend mit anderen Reichen vergleichen, die über noch mehr Geld verfügen.[7] So gelangen sie zu der Ansicht, sie selbst besäßen gar nicht so viel und seien eher Durchschnitt – wie etwa der Millionär und CDU-Politiker Friedrich Merz, der zwei Privatflugzeuge besitzt und zweifellos zur Oberschicht gehört, sich selbst aber in einem Interview nur zur »gehobenen Mittelschicht« zählen wollte.[8] Und es stimmt ja: Verglichen mit Jeff Bezos ist Merz bescheidenes Mittelmaß.*

Aufgrund dieser relativen Wahrnehmung sticht auch das häufige Argument nicht, dass im Zuge der Globalisierung die Löhne insgesamt gestiegen seien und der zusätzliche Wohlstand letztlich allen zugutekomme. Besonders gestiegen sind nämlich

* Arme Menschen hingegen vergleichen sich gern mit Menschen, die noch weniger haben und relativieren so ihre eigene Situation. Beide Relativierungseffekte führen dazu, dass Reiche sich oft nicht reich fühlen und Arme nicht arm – obwohl sie es de facto sind.

die Einkommen der oberen zehn Prozent, am schwächsten diejenigen der unteren zehn. Die Schere zwischen Reich und Arm ging immer weiter auseinander.

1985 lag die Relation zwischen einem durchschnittlichen Gehalt und dem eines Topmanagers bei 1:20; dreißig Jahre später hatte sich dieses Verhältnis auf 1:200 verzehnfacht. Besonders extrem ist der Unterschied in den USA: Dort verdient, wie eine Studie der Harvard Business School 2015 zeigte, ein CEO rund 354-mal so viel wie ein einfacher Arbeiter. (Als rührend naiv erwiesen sich dabei die Vorstellungen der Arbeiterschaft: Als sie im Rahmen der Harvard-Studie gebeten wurden zu schätzen, was ihre Chefs wohl verdienen, kam kaum jemand auf die Idee, es könne mehr als das Hundertfache sein. Als »ideal« bezeichneten die meisten ein Verhältnis von etwa 5 : 1 – was gegenüber der Realität geradezu lachhaft ist.)[9]

Auch in Deutschland sind seit 1991 die Einkommen der obersten zehn Prozent um rund 40 Prozent gestiegen; diejenigen des untersten »Dezils«, also der ärmsten zehn Prozent, sind dagegen weitgehend gleich geblieben.[10] Die Daten des Deutschen Instituts für Wirtschaftsforschung zeigen auch, dass die reichsten zehn Prozent mehr als die Hälfte des gesamten Vermögens in Deutschland besitzen, während die ärmere Hälfte nur über 1,3 Prozent verfügt.[11]

Ähnlich ist die Situation selbst in China[12] und in vielen anderen Ländern. Ausführliche Daten dazu liefert der jährlich aktualisierte »World Inequality Report«. Ihm zufolge liegen 75 Prozent des weltweiten Reichtums heute in den Händen von nur zehn Prozent der Weltbevölkerung, wobei sich das Geld vor allem an der Spitze ballt: Menschen wie Jeff Bezos, die das superreiche oberste Prozent bilden, besitzen allein 38 Prozent des globalen Vermögens.[13]

Dabei beeinflusst die finanzielle Lage stark die Teilnahme am öffentlichen Leben: Wer arm ist, wird nicht nur öfter krank, sondern ist auch seltener politisch interessiert, geht weniger oft ins Theater, in Konzerte oder Museen. Wohlhabende hingegen interessieren sich stärker für Politik, besuchen öfter Kulturveranstaltungen und treiben regelmäßiger Sport; sie haben mehr Sozialkontakte und sind insgesamt mit ihrem Leben zufriedener.[14] Das heißt: Teilhabe und die Erfahrung eines Gemeinsinns hängen nicht zuletzt vom Kontostand ab.

Die Wut auf »die da oben«

Kein Wunder, dass sich nahezu alle westlichen Demokratien mit einer wachsenden Schicht von Unzufriedenen konfrontiert sehen, die den bisherigen gesellschaftlichen Konsens aufkündigen und auf eine populistische Revolte setzen. In den USA manifestierte sich der Unmut in der Wahl Donald Trumps, in Deutschland in der Etablierung der AfD, in Großbritannien im Brexit und in Frankreich im Stimmenzuwachs für Marine Le Pen – all diese Entwicklungen lassen sich als wütende Antworten auf die wachsende Ungleichheit in der Gesellschaft verstehen.

So sieht es jedenfalls der Harvard-Philosoph Michael J. Sandel, der mit seinen (Online-)Vorlesungen über Gerechtigkeit weltweit bekannt wurde. Er sieht in den populistischen Protesten, die zur Wahl Trumps oder zum Brexit geführt haben, »ein wütendes Urteil gegen Jahrzehnte wachsender Ungleichheit und eine Version der Globalisierung, die nur denen dient, die ohnehin an der Spitze stehen«. Was Sandel dabei umtreibt, ist nicht nur die Bedrohung der Demokratie, der Zuspruch für autokratische Figuren und die Fremdenfeindlichkeit, die mit den populistischen Bewegungen einhergehen, sondern auch »die Tatsache, dass Parteien und Politiker der Mitte anscheinend kaum verstehen, welche Unzufriedenheit die Politik in aller Welt in Aufruhr versetzt«.[15]

Denn auch wenn sich in den Protesten zum Teil sehr hässliche Gefühle artikulierten, seien sie doch zugleich mit »legitimen Klagen« verschränkt, die man ernst nehmen müsse. Und diese Klagen seien nicht allein wirtschaftlicher, sondern auch moralischer und kultureller Natur: »Es geht hier nicht allein um Löhne und Arbeitsplätze, sondern auch um gesellschaftliche Wertschätzung«, schreibt Sandel in seinem aufrüttelnden Buch *Vom Ende des Gemeinwohls*.

Zur Wut auf »die da oben« gehört auch, dass das bisherige Aufstiegsversprechen in vielen Ländern kaum mehr eingelöst wird. Jahrzehntelang galt die Devise, dass diejenigen, die hart arbeiteten und sich an die Regeln hielten, so weit aufsteigen können, »wie ihre Fähigkeiten sie tragen«. Dieser Satz ist geradezu das Mantra der modernen Leistungsgesellschaft: Wer etwas leistet, kann es nach ganz oben schaffen. Die Kehrseite dieses Versprechens aber ist, dass diejenigen, die das nicht schaffen, sondern mit schlecht bezahlten Jobs unten festsitzen, dieser Logik zufolge an ihrer Misere selbst schuld sind. Für all diese Geringverdiener und prekär Beschäftigten klingt daher das Mantra vom Aufstieg eher wie eine Verhöhnung.

»Wenn das reichste Prozent mehr einnimmt als die gesamte untere Hälfte der Bevölkerung und das Median-Einkommen 40 Jahre lang stagniert, dann klingt der Spruch, dass Anstrengung und harte Arbeit einen weit bringen können, allmählich hohl«, schreibt Sandel. Spätestens mit der Finanzkrise sei klar geworden, dass die Globalisierung diese unheilvolle Ungleichheit immer mehr verstärke. Diese bittere Wahrheit aber habe speziell in der amerikanischen Politik so gut wie niemand zur Kenntnis genommen. Stattdessen sei die Rede vom Aufstieg zu einem »überparteilichen rhetorischen Reflex« geworden. Wenn aber Politiker »eine weihevolle Wahrheit mit betäubender Häufigkeit wiederholen, kann man aus gutem Grund davon ausgehen, dass sie nicht mehr zutrifft«, kommentiert Sandel ironisch und stellt fest, dass die Phrasen vom Aufstieg durch Bildung und harte Arbeit am »überschwänglichsten gedroschen wurden, als die Ungleichheit beängstigende Ausmaße angenommen hatte«.[16]

Die wachsende Ungleichheit wird im politischen Diskurs äußerst ungern thematisiert, und das gilt auch für Deutschland. Hierzulande habe man »über soziale Unterschiede kaum nachzudenken gelernt«, diagnostiziert der Soziologe Jens Beckert, der das Max-Planck-Institut für Gesellschaftsforschung in Köln leitet. Das habe sich nicht zuletzt während der Corona-Pandemie gezeigt, bei der in Deutschland kaum darüber geredet wurde, dass die Infektionsgefahr in bestimmten Stadtteilen oder sozialen Schichten höher als anderswo ist – wo Menschen eng zusammenleben, wenig Ausweichmöglichkeiten, vielleicht auch mangelnde Bildung und Deutschkenntnisse haben – und dass diese Milieus daher besonders geschützt werden müssten.

»In den USA wurde gleich breit diskutiert, dass die People of Color, die Geringverdiener und die sozial Ausgeschlossenen viel stärker durch die Pandemie betroffen waren«, analysiert Becker. In der Bundesrepublik herrsche dagegen »das Bild einer Gesellschaft vor, die eine Einheit bildet«. Doch diese Einheit sei eine Illusion, was auch daran liege, dass die soziale Unterschiedlichkeit der Lebenswelten in Deutschland viel zu wenig erforscht werde.[17]

Der Gemeinsinn und Zusammenhalt, der heute von Politikern aller Parteien gern beschworen wird, begänne daher mit der ehrlichen Erkenntnis, dass wir eben nicht alle gleich sind und nicht alle dieselben Chancen und Aufstiegsmöglichkeiten haben. Dazu gehörte auch das Eingeständnis derjenigen, die es nach oben geschafft haben, dass sie in der Regel von glücklichen Umständen – einem entsprechenden Elternhaus, hilfreichen Verbindungen und Freunden – profitierten. Doch zu dieser Einsicht sind nur wenige in der Lage.

Eine Ausnahme der Regel ist Marlene Engelhorn, Nachfahrin des BASF-Gründers Friedrich Engelhorn, die auf den Reichtum ihrer Familie einen ungetrübten Blick hat. Es sei kein natürliches Recht, »dass meine Familie reich ist«, und auch die gern erzählte Geschichte vom Selfmade-Mann sei falsch, sagt Engelhorn. »Keiner ist *selfmade*, auch nicht mein BASF-Vorfahre.«[18] Dass die von diesem 1865 gegründete Badische Anilin- und Sodafabrik heute einer der größten Chemiekonzerne der Welt ist, habe eben nicht allein mit dessen Tüchtigkeit zu tun. Zum Erfolg brauchte es auch den Austausch mit anderen, es brauchte ein Rechtssystem, das die Existenz der Firma sicherte, eine Infrastruktur sowie gut ausgebildete Mitarbeiter und Mitarbeiterinnen – und all das wurde von der Allgemeinheit mit Steuern finanziert. »Die Gesellschaft sorgt also dafür, dass es den Gründern oder Gründerinnen gut geht«, sagt Engelhorn. »Warum soll der gesamte Profit dann nur diesen zustehen?«

Die Germanistikstudentin, die von ihrer Großmutter Traudl Engelhorn einen zweistelligen Millionenbetrag erben soll, will deshalb auf dieses Geld verzichten. »Große Erbschaften verschärfen die Ungleichheit massiv«, sagt die Erbin in spe. Denn in Österreich, wo Engelhorn wohnt, gibt es keine Vermögenssteuer, sie müsste von ihren Millionen also der Gesellschaft nichts zurückgeben, obwohl ihr Vermögen auf »schierem Geburtenglück« beruhe, wie sie selbst sagt. Deshalb hat Engelhorn mit anderen die Initiative *Taxmenow* (zu deutsch: Besteuer mich jetzt!) gegründet, die sich für eine Reform des Steuersystems einsetzt.[19]

Aus ähnlichen Erwägungen heraus hat vor Jahren auch der Großinvestor und Multimilliardär Waren Buffett dafür plädiert, superreiche Menschen wie ihn *höher* zu besteuern. In einem Beitrag für die *New York Times* rechnete er vor, dass für ihn, einen milliardenschweren Investor, ein niedrigerer Steuersatz gelte als für seine Sekretärin.[20] Dabei sei nicht einzusehen, so Buffett, warum Einkommen aus Kapitalgewinnen niedriger besteuert werden als Einkommen aus Arbeit.

Der Glaube an den eigenen Verdienst

Dass es solche Initiativen eher schwer haben, liegt nicht nur am Egoismus der Wohlhabenden; es hat nicht nur damit zu tun, dass sie durch entsprechende Lobbyarbeit in der Politik solche Steuern erfolgreich verhindern; es hängt auch an der tief verankerten Vorstellung von individueller Eigenständigkeit, die in unserer Gesellschaft herrscht: Wer es nach oben schafft, führt dies in aller Regel auf eigene Verdienste zurück: auf eigenes Talent, harte Arbeit und persönliche Ausdauer. Deshalb wird der erworbene Reichtum meist mit allen Mitteln verteidigt: Man hat ihn sich ja rechtmäßig verdient! Wäre es nicht geradezu ungerecht, davon etwas abzugeben?

Nur wenige scheinen Engelhorns Gedanken zu teilen, wie sehr man seinen Erfolg auch anderen verdankt: etwa dem Land, in dem man zufälligerweise geboren wurde (in Deutschland hat man einfach bessere Startchancen als, sagen wir, im Südsudan); seinen Eltern (und deren Vorfahren), von denen man bestimmte Talente und Fähigkeiten geerbt hat; bis hin zum gesellschaftlichen Umfeld, in dem diese Talente geschätzt, gefördert und belohnt werden. Dass zum Beispiel ein Fußball-Star wie Lionel Messi Millionen verdienen kann, hat nicht nur mit seinem besonderen Talent zu tun, sondern auch mit der Tatsache, dass Fußball in Europa enorm populär ist. Die Weltmeister im Fingerhakeln oder im Armdrücken mögen in ihrer Disziplin ebenso gut sein; doch ihre Sportart wird – einmal abgesehen vielleicht von einigen Kneipenwirten – nicht entsprechend honoriert. Und dafür können weder sie noch Messi etwas; es ist mithin weder ihr Verdienst noch ihr Verschulden, dass das eine Talent viel und das andere weniger einbringt.

Natürlich argumentieren Erfolgreiche gern mit all der Mühe und Anstrengung, die sie in Karriere gesteckt haben. Letztlich, so soll das besagen, verdanke man seinen Erfolg nur zielstrebiger harter Arbeit. Doch viele Fußballspieler trainieren genauso hart wie Lionel Messi – ohne zum Weltstar zu werde. Abgesehen davon profitiert Messi von der schlichten Tatsache, ein Mann zu sein. Als Frauenfußballerin würde er nämlich bei gleichem Können deutlich weniger verdienen. Einer weltweiten Erhebung zufolge kassieren männliche Spieler 50- bis 200-mal mehr als die Fußballspielerinnen derselben Klasse – und je höher die Liga, desto größer der *Gender Pay Gap.*[21] Bei gleicher Kultur, gleichem fußballerischen Talent und gleicher Anstrengung hat eine Frau nicht einmal die theoretische Chance, ein Millioneneinkommen zu erzielen. Anstrengung ist also längst nicht alles.

Zu diesen Ungerechtigkeiten gehört übrigens in Deutschland auch die gern verdrängte Tatsache, dass die Löhne im Osten Deutschlands den Einkommen im Westen stark hinterherhinken. Selbst über dreißig Jahre nach der Wiedervereinigung verdienen die Menschen in Westdeutschland im Schnitt 25 Prozent mehr als ihre »Brüder und Schwestern« im Osten. Der größte Unterschied besteht dabei in der Textilbranche: Hier verdienen Vollzeitbeschäftigte im Westen sogar 73 Prozent mehr als im Osten.[22] Wer also nach Gründen für die Unzufriedenheit sucht, die vielfach in Ostdeutschland grassiert, sollte mit der Ökonomie beginnen.

Doch solche Überlegungen werden in der modernen Leistungsgesellschaft meist ausgeblendet. Deren Versprechen beruht ja gerade darauf, dass jede und jeder das bekomme, was er oder sie gemäß der persönlichen Leistung verdiene. Deshalb wird oft schon in der Schule eher der Wettbewerb als die Solidarität gefördert, und deshalb gelangen meist jene an die Spitze, die besonders hemmungslos die Arbeit anderer für sich ausnutzen. (So wie etwa Steve Jobs, der am Anfang seiner Karriere mit Steve Wozniak das Computerspiel Breakout entwickelte und daraufhin Wozniak 350 Dollar gab mit der Behauptung, er selbst habe insgesamt 700 Dollar bekommen. Tatsächlich hatte das Honorar 5000 Dollar betragen.[23])

Und weil man dann gerne glaubt, die erreichte Position beruhe ausschließlich auf eigener Anstrengung, blicken diejenigen an der Spitze gerne mit einer gewissen Überheblichkeit und Abschätzigkeit auf die weniger Erfolgreichen herab, während die Untenstehenden (die dieses Denken ebenfalls verinnerlicht haben) sich noch zusätzlich gedemütigt und beschämt fühlen (weil ihr Misserfolg ja ihr eigener Fehler ist). Und irgendwann sucht sich die Wut der scheinbaren »Verlierer« dann ein Ventil.

Donald Trump hatte das seinerzeit genau erkannt und zielsicher den Hass auf die »Gewinner« der Leistungsgesellschaft angefacht. Dabei lenkte er die Wut weniger auf die Schicht der Vermögenden (zu der er ja selbst zählt), sondern vor allem auf die intellektuelle Elite, die angeblich den »einfachen Mann« betrogen und vergessen habe. Die Rechnung ging auf: Bei seiner Wahl 2016 konnte Trump vor allem bei den geringer Gebildeten punkten. Zwei Drittel der weißen Amerikaner ohne akademischen Grad stimmten für Trump; von den Wählern mit höheren Bildungsabschlüssen votierten dagegen 70 Prozent für Hillary Clinton. Vom »Diplom-Graben« sprachen Kommentatoren, was zeigte, dass die tiefe Polarisierung des Landes weniger zwischen links und rechts, zwischen Demokraten und Republikanern verlief, sondern eher zwischen oben und unten.

Von Würde und Anerkennung

Was heißt das alles für die Krise des Gemeinwohls und deren Überwindung? Dass diese Krise nicht nur mit der ökonomischen Ungleichheit zu tun hat und der sich öffnenden Schere zwischen Arm und Reich; sondern auch mit dem Glauben an rein individuelle Verdienste, der leicht dazu führt, dass man auf andere herabschaut. Deshalb lassen sich Konflikte um Einkommensgerechtigkeit stets auch als Konflikte um Anerkennung begreifen: Wer wenig verdient, fühlt sich nicht nur als Arbeitskraft wenig wertgeschätzt, sondern auch als Mensch.

Darauf hat schon vor über hundert Jahren der französische Soziologe Émile Durkheim hingewiesen: Ihm zufolge kann die moderne Arbeitsteilung nur dann eine Quelle gesellschaftlicher Solidarität sein, wenn jedermanns Beitrag gemäß dem Wert für die Gemeinschaft entlohnt werde.[24] Dasselbe hat der visionäre Prediger Martin Luther King auf seine Weise formuliert. In einer Rede vor streikenden Müllarbeitern sagte King 1968: »Eines Tages wird unsere Gesellschaft, wenn sie überleben soll, die Müllwerker schließlich respektieren, denn derjenige, der unseren Müll einsammelt, ist genau besehen ebenso wichtig wie ein Arzt, denn wenn er seinen Job nicht erledigt, breiten sich Krankheiten aus. Jede Arbeit besitzt Würde.«[25]

Wie recht King hatte mit seiner Überlegung, zeigte sich nicht zuletzt in der Corona-Pandemie: Dort rückten zwar nicht die Müllwerker in den Fokus, aber die Pflegekräfte und das Klinikpersonal, die sonst auch gerne übersehen werden. Plötzlich wurde klar, wie sehr unsere Gesellschaft auf sie angewiesen ist und dass sie während der Pandemie einen großen Teil der (Arbeits-)Last zu tragen hatten. Dass es infolgedessen zu spontanen Solidaritätsbekundungen und öffentlichem Applaus vor Krankenhäusern kam, war sicher ein schönes Symbol; noch schöner für die überlasteten Pflegekräfte wäre jedoch gewesen, wenn sich an ihren Arbeitsbedingungen und ihrer Bezahlung grundlegend etwas geändert hätte; als das ausblieb, quittierten viele entnervt ihren Job, was später zu einem dramatischen Mangel an den (besonders gesuchten) Intensivpflegern führte.

Eine erneuerte öffentliche Debatte über den Wert der Arbeit und gegenseitigen gesellschaftlichen Respekt wäre daher eine wichtige Voraussetzung für die Entwicklung eines stärkeren Gemeinsinns. Schon in den 1990er Jahren postulierte der Sozialphilosoph Axel Honneth, dass Anerkennung in Form von Respekt, gegenseitiger Achtung und Toleranz die Grundlage dafür sei, dass Menschen sich als Teil einer Gruppe oder Gemeinschaft sehen und verstehen.[26] Diesen Gedanken führt nun Michael

Sandel fort und fordert eine »politische Agenda, die die Arbeit ernst nimmt und als Schauplatz der Anerkennung behandelt«.[27]

Nicht, dass Sandel schon ein fertiges Konzept in der Schublade hätte. Er verweist zwar auf einige auf der Hand liegende Ideen: zum Beispiel eine faire Bezahlung für gesellschaftlich wichtige Arbeiten (Müllwerker, Krankenpflegerinnen, Erzieher ...) oder eine entsprechende Umverteilung der Steuern. Doch letztlich geht es ihm weniger um bestimmte Maßnahmen, sondern eher darum, dass eine solche Debatte überhaupt geführt wird. Denn diese Diskussion sei für Liberale wie Konservative »gleichermaßen unbequem«; deshalb gingen ihr Politiker aller Parteien gern aus dem Weg und propagierten lieber den möglichen Aufstieg für alle.

Statt dieses Versprechens – das immer weniger einzulösen ist – wünscht sich Sandel, »gezielt und demokratisch darüber nachzudenken, was als wahrhaft wertvoller Beitrag zum Gemeinwohl gilt und wo die Urteile der Märkte das Ziel verfehlen«. Allein schon die Diskussion darüber »würde unsere parteiische Selbstgefälligkeit brechen, den öffentlichen Diskurs moralisch beleben und uns über die polarisierte Politik hinausführen, die vier Jahrzehnte des Marktglaubens und der meritokratischen Überheblichkeit hinterlassen haben«. Das ist zwar bei Sandel vor allem auf die USA bezogen; doch auch Deutschland und andere Industrieländer können sich diese Mahnung zu Herzen nehmen.

Was man ökonomisch tun könnte

Vorschläge für eine solche Debatte lägen genügend auf dem Tisch:

Das eine wäre eine Veränderung des Steuersystems, so wie sie auch Waren Buffett gefordert hat: Dabei sollten produzierende

Arbeiten entlastet und dafür Kapitalgewinne und Finanztransaktionen höher besteuert werden. Denn viele Finanzgeschäfte – etwa Spekulationen auf künftige Preise oder fallende Kurse – bringen keinen wirtschaftlichen Mehrwert; sie bescheren zwar den Spekulanten zum Teil exorbitante Gewinne, ohne aber für gesellschaftliche Produktivität zu sorgen. Eine ernst gemeinte Politik des Gemeinsinns könnte also persönliche Einkommens- und Lohnsteuern senken (oder im radikalsten Fall: ganz abschaffen) und dafür Vermögen und Finanztransaktionen entsprechend höher besteuern.

Eine andere Maßnahme, die der zunehmenden Ungleichheit entgegenwirkt, wäre eine Deckelung der – zum Teil exorbitanten – Bonuszahlungen für Topmanager. Ähnlich wie man über Mindestlöhne diskutiert, könnte man auch »Höchstlöhne« ins Auge fassen, die zugleich die Frage aufwerfen würden, was die jeweiligen Tätigkeiten wirklich für die Gemeinschaft wert sind.

Auch der Umgang mit Erbschaften wäre ein Ansatz, wie Marlene Engelhorns *Taxmenow* zeigt. Nicht nur, dass die Erben für ihr Glück in der Regel nichts Besonders tun müssen (außer in die richtige Familie hineingeboren zu werden); zudem werden durch große Erbschaften soziale Ungleichheiten weiter verschärft und gleichsam zementiert. Das zeigt sich beispielsweise auf dem Wohnungsmarkt, mit dessen explodierenden Preisen viele Normalverdienende schlicht nicht mehr mithalten können. Vor allem junge Menschen finden in Deutschland »faktisch kaum noch Zugang zum Wohneigentumsmarkt«, wie Untersuchungen zeigen.[28] Vielen fällt es schwer, das nötige Eigenkapital zum Kauf aufzubringen – im Gegensatz zu jenen, die geerbt haben oder das nötige Eigenkapital von einem freundlichen Großonkel geschenkt bekommen.

Das führt dazu, dass die Erben nicht nur einen finanziellen

Startvorteil haben, sondern zunehmend auch in jenen begehrten Lagen wohnen, deren Wert seit Jahren immer mehr wächst, was automatisch auch ihre Altersvorsorge sichert. So werde über Erbschaften bereits früh ein Gefühl von Sicherheit weitergegeben, stellt die ZEIT-Redakteurin Elisabeth von Thadden fest. »Unterdessen werden all die systemrelevanten Krankenschwestern und Polizisten, die ohne Erbe oder Schenkungen auskommen müssen, an die Peripherie der Städte verdrängt und zahlen sich an der Miete wund, anstatt sparen zu können – ohne eine Aussicht auf Erleichterung bis ins Alter, das ja jahrzehntelang anhalten kann, also teuer wird. Das kommt einer unverdienten Entwertung des Lebens der Nicht-Erben gleich.«[29]

Eine entsprechende Steuer – wie sie Marlene Engelhorn und ihre Mitstreiter/innen fordern – wäre aber nur *ein* Weg, diese Ungerechtigkeit abzumildern. Auch andere politische Instrumente wären denkbar: etwa staatliche Mietpachtangebote, sei es durch die Stärkung des kommunalen Vorkaufsrechts beim Kauf von Grundstücken oder durch eine wirksame Besteuerung des Bodens. Der französische Wirtschaftswissenschaftler Thomas Piketty wiederum schlägt eine »Erbschaft für alle« vor, die durch progressive Steuern auf das Eigentum finanziert werden solle.[30] Die Idee zielt darauf ab, dass alle jungen Erwachsenen zum 25. Geburtstag vom Staat ein Kapital erhalten, das 60 Prozent des aktuellen Durchschnittsvermögens pro Erwachsenem in ihrem Land entspricht (in Deutschland wären das knapp 140 000 Euro).

Das ist nur eine der Ideen Pikettys, der mit seinem Bestseller *Das Kapital im 21. Jahrhundert* weltweit bekannt wurde. In seinem Nachfolge-Buch *Kapital und Ideologie* plädiert er für einen neuen »partizipativen Sozialismus«, der einerseits auf einer radikalen Reform aller Steuern und andererseits auf einer Stärkung von Mitbestimmungsrechten sowohl in der Demokratie wie auch in Unternehmen beruht.[31] Dass er sich damit nicht überall Freunde macht, ist klar. Aber ähnlich wie Sandel treibt Piketty die Sorge, dass die wachsende Ungleichheit den gesellschaftlichen Zusammenhalt und letztlich die Demokratie gefährdet.

Ähnlich argumentieren die Befürworter eines bedingungslosen Grundeinkommens (zu denen auch Piketty gehört): Dieses würde nicht nur den Schwächsten der Gesellschaft das Überleben sichern, sondern könnte auch die gesellschaftliche Stimmung verändern: Statt wie bisher den Menschen vor allem mit Misstrauen zu begegnen und die Auszahlung von Sozialleistungen von entsprechenden Nachweisen abhängig zu machen (wie bei den Hartz-IV-Leistungen), würde der Staat seinen Bürgerinnen und Bürgern damit einen Vertrauensvorschuss entgegenbringen und ihren Wert als Mitglieder dieser Gesellschaft anerkennen.

Der klassische Einwand, damit würde doch nur die Faulheit gefördert und viele würden es sich in der sozialen Hängematte bequem machen, verkennt, dass Arbeit für viele Menschen ein zentral wichtiger Wert ist. Dabei geht es nicht nur um Gelderwerb, sondern auch um soziale Anerkennung, um Sinnstiftung und Begegnungen mit Menschen außerhalb des engen Familien- und Freundeskreises. Deshalb erweist sich die Erwerbsarbeit in Umfragen immer wieder als »Königin der Werte«, speziell in Deutschland: Gefragt, was ihnen »sehr wichtig« sei, geben 86 Prozent an, »erwerbstätig zu sein«. Das »Leben genießen« folgt mit 82 Prozent erst auf Rang zwei, dahinter mit 78 Prozent »eigene Kinder haben«, während »guten Sex« nur 52 Prozent für wichtig halten.[32] Eine Mehrheit der Deutschen erklärt, sie würde selbst dann noch arbeiten, wenn sie auf das Einkommen gar nicht angewiesen wäre. Das Arbeitsethos wird damit in Deutschland besonders hochgehalten; doch auch in anderen Ländern zeigt sich immer wieder, dass Menschen kaum weniger arbeiten, wenn sie eine Grundsicherung erhalten.[33]

Natürlich wäre zu diskutieren, wie solch ein Grundeinkommen auszugestalten wäre. Doch Vorschläge liegen inzwischen auf dem Tisch; auch die Forschung dazu läuft.[34] Was fehlt, ist bislang der politische Mut, solche Ideen wirklich ernsthaft zu prüfen und gegebenenfalls umzusetzen.

Eine Wirtschaft mit Sinn

Eine grundsätzlich neue Form des Wirtschaftens propagieren wiederum die Verfechter der Gemeinwohl-Ökonomie. Statt um Profitmaximierung um jeden Preis soll es um »ein gutes Leben für alle« gehen, das durch ethische Werte wie Gemeinwohl, Ökologie oder soziale Gerechtigkeit repräsentiert werde.[35] Auch die demokratische Mitbestimmung gilt als eines von mehreren Kriterien, die in einer sogenannten »Gemeinwohl-Bilanz« erfasst werden. Laut Angaben der Bewegung unterstützen mittlerweile mehr als 2000 Unternehmen die Gemeinwohl-Ökonomie, rund 500 davon sind Mitglied oder haben bereits eine Gemeinwohl-Bilanz erstellt – dazu gehören etwa Unternehmen wie die Sparda-Bank, die nach eigenen Angaben klimaneutral arbeitet, oder der Sportausrüster Vaude aus Baden-Württemberg, der sich 2012 aus Myanmar zurückzog, wo er seine Produkte zum Teil hatte fertigen lassen.[36]

Eine »grundlegende Transformation der Wirtschaft in Richtung Verantwortung und Sinnhaftigkeit« strebt auch die »Purpose-Stiftung« an, die Firmen hilft, sich in »Verantwortungseigentum« zu verwandeln.[37] Heißt: Nicht mehr ein Chef oder die Aktieninhaber sollen das Sagen haben, sondern jene Menschen, die im Unternehmen arbeiten. Das soll einerseits vermeiden, dass Firmen von irgendwelchen Investoren einfach aufgekauft werden können und andererseits der Arbeit wieder einen tieferen Sinn und Zweck geben – eben einen »Purpose«.[38]

Während sich anfangs für solche Ideen des sinnstiftenden Arbeitens vor allem kleine Start-ups interessierten, erreicht die Bewegung zunehmend auch den Mittelstand und Familienunternehmer.[39] Laut der Purpose-Stiftung haben sich bereits 100 Unternehmen auf der Transformation zu einer sinnvollen Form des Wirtschaftens helfen lassen. Ein Beispiel dafür ist etwa das Berliner Unternehmen Ecosia, das die gleichnamige Suchmaschine betreibt. Diese war so erfolgreich, dass ihr Gründer sie verkaufen und Millionär hätte werden können. Stattdessen verwandelte er sie in Verantwortungseigentum. Ecosia misst seinen Erfolg nicht in Geld, sondern in Pflanzen: Mittlerweile konnte die Firma mit ihren Erlösen rund 150 Millionen neue Bäume pflanzen.[40]

Natürlich wird keine dieser Ideen alleine die Welt (oder den Gemeinsinn) retten. Auch ist die Gemeinwohl-Ökonomie nicht unumstritten: Für hartgesottene Ökonomen ist diese Form des Wirtschaftens illusionär und nicht rentabel. Manche sehen darin auch nur den Versuch einiger Firmen, sich ein positives, nachhaltiges Image in der Öffentlichkeit zu geben, also *Greenwashing* zu betreiben (was in einzelnen Fällen vielleicht sogar stimmen mag).

Doch die wachsende Zahl der Initiativen zeigt, dass Menschen überall nach Alternativen zur klassisch-kapitalistischen Art des Wirtschaftens suchen, in der die Profitmaximierung im

Vordergrund steht und die Schere zwischen Arm und Reich immer weiter auseinandergeht. Man könnte in diesem Zusammenhang noch alle möglichen weiteren Modelle aufzählen – etwa die Idee des genossenschaftlichen Wirtschaftens, die gerade eine Art Comeback erlebt[41], oder die überall aus dem Boden sprießenden Tauschringe, von denen es in Deutschland mittlerweile mehr als 300 gibt[42] –, für die alle dasselbe gilt: Je mehr Menschen sich dafür interessieren und mitmachen, umso eher funktionieren sie.

Ob also die gemeinwohlorientierten Unternehmen Erfolg haben, hängt letztlich von uns allen ab – nicht nur von den Unternehmerinnen und Mitarbeitern, die sich für diese Ideen einsetzen, oder von der Politik, die dafür entsprechende gesetzliche Rahmenbedingungen schaffen muss, sondern auch von den Konsumentinnen und Konsumenten, die darauf achten, welche Produkte sie kaufen und welche Werte dahinterstehen. Und wie bei jeder neuen sozialen Innovation gilt (siehe Kapitel 7): Was anfangs belächelt wird, dann allmählich an Fahrt gewinnt, kann irgendwann eine kritische Masse erreichen, die tatsächlich einen Regimewechsel bewirkt. Und das, was vorher undenkbar war, erscheint plötzlich als ganz selbstverständlich.

WIE HILFT MEIN GELD AM MEISTEN?

Man könnte Toby Ord als ökonomisches Gegenstück zu Jeff Bezos bezeichnen. Während der amerikanische Milliardär Unsummen an Geld für eigene Zwecke anhäuft, propagiert der australische Philosoph das Gegenteil – möglichst viel Geld wegzugeben, um anderen zu helfen. *Giving what we can* heißt die Initiative, die Ord im Jahr 2009 mit seiner Frau Bernadette Young und dem Ethiker William MacAskill gründete. Deren Idee: Menschen zu ermutigen, regelmäßig 10 Prozent ihres Einkommens zu spenden, um die weltweite Armut zu lindern.[43]

Dabei ist Ord, der heute an der britischen University of Oxford lehrt und am *Future of Humanity Institute* die Zukunftsfragen der Menschheit erforscht, kein naiver Gutmensch. Er ist vielmehr ein Vertreter des »effektiven Altruismus«, der seine Maßnahmen auf nüchterne wirtschaftliche Analysen und Statistiken stützt und damit die Ergebnisse ethischen Handelns nachweislich verbessern will.

»Ich frage einfach, wie viel Gutes das Geld für einen selbst tun kann – und wie viel Gutes es für andere tun könnte«, erklärt Ord diesen Ansatz. Denn Geld habe einen abnehmenden Grenznutzen: »Je wohlhabender wir sind, umso weniger nützt uns jeder zusätzliche Euro«. Daher frage der effektive Altruismus danach, wie man mit den eigenen Mitteln am besten zum Wohl der Menschheit beitragen kann. »Wir glauben an Evidenz und Effizienz«, sagt Ord. »Wenn die Spende für andere hundertmal so viel bewirkt wie für den Spender, dann ist das ein starkes Argument.«[44] Sein Kollege William MacAskill bringt den Ansatz in seinem Buch *Doing Good Better* in drei Worten auf den Punkt: Gutes besser tun.[45]

Natürlich kann man auch für mehr staatliche Entwicklungshilfe oder einen grundlegenden Politikwechsel kämpfen. Doch in der Regel sei es effektiver, selbst direkt zu spenden, ist Ord überzeugt – zumindest, wenn man sich frage, wie man mit einer bestimmten Summe am meisten erreichen könne. Denn wenn es um die Verbesserung der allgemeinen Lebensqualität auf diesem Planeten geht, sind – statistisch gesehen – manche Maßnahmen hundert- oder tausendmal so effektiv wie andere.

Ein Beispiel sind Medikamente gegen parasitäre Würmer. »Das ist nicht glamourös«, sagt Ord, »aber mehrere Hundert Millionen Menschen machen diese Würmer krank und es kostet nur 20 Cent pro Person, die Würmer loszuwerden«. Da könne selbst eine kleine Summe enorm viel Gutes bewirken.

Nun könnte man einwenden, der effektive Altruismus sei herzlos, weil er das Leid von Menschen gegeneinander aufrechnet. Nach seiner Logik ist es weniger sinnvoll, einem Obdachlosen vor der eigenen Tür zu helfen als einer Wurmkranken in Afrika. Deren Leben kann man mit 20 Cent nachhaltig verbessern, das des Obdachlosen nicht. Doch diesen Einwand hält Ord für eine Ausflucht: »Der Hauptunterschied ist doch, ob ich überhaupt spende oder nicht.«

Mit seiner Initiative *Giving What We Can* will er all jene ermuntern, die es ähnlich sehen. Wer beitritt, verpflichtet sich, einen (selbst festzulegenden) Teil seines Einkommens zu spenden; die entsprechende Hilfsorganisation kann man frei wählen, man sollte nur überzeugt sein, dass sie »zu den effektivsten gehört, um das Leben von Anderen zu verbessern«. Auf der Webseite der Organisation gibt es dazu eine Liste empfohlener Hilfsorganisationen und Experten-Tipps; ein Austritt ist jederzeit möglich.

Die Initiative hat seit ihrem Start 2009 eine erstaunliche Resonanz erfahren: aus den wenigen Anfangsgründern waren 2013 schon 300 Mitglieder aus 17 Ländern geworden, 2015 wurde erstmals die Marke von 1.000 »effektiven Gebern« überschritten, und während dieses Buch entsteht (Mitte 2022) sind es über 8000 Mitglieder, darunter auch diverse Prominente und Unternehmer. Die Summe der versprochenen Spenden übersteigt mittlerweile 2,5 Milliarden Dollar[46] – und nicht einmal Ord hat damit gerechnet, dass seine Idee solche Kreise ziehen würde.

KAPITEL 10: VOM KLEINEN WIR ZUM GROSSEN WIR

FÜR EINE NEUE POLITIK DES GEMEINSINNS

Ich lebe in einem sehr lebendigen Viertel: Grillfeste, Flohmärkte, regelmäßige Nachbarschaftstreffen – ständig gibt es Anlässe zum Zusammensein. Auch der letzte Eurovision Song Contest wurde als *Public Viewing* inszeniert: Ein Nachbar packte einen großen Bildschirm auf seine Terrasse, stellte Bierbänke auf und lud die halbe Straße zum Mitschauen ein. Ich muss an dieser Stelle gestehen, dass ich kein ESC-Fan bin. Die Gesangsdarbietungen bei diesem Wettbewerb finde ich oft peinlich bis unerträglich. Aber der Abend war grandios. Wir lachten, überboten uns mit schrägen Kommentaren, trösteten uns gegenseitig über das deutsche Abschneiden hinweg (mal wieder der letzte Platz) und hatten eine großartige Zeit zusammen. Und als ich mich nach Stunden verabschiedete, hörte ich mich selbst sagen: »Das müssen wir nächstes Jahr unbedingt wiederholen!«

Denn so nett es in der Gemütlichkeitsblase der eigenen vier Wände auch sein mag, so anregend ist es, die soziale Energie einer größeren Gemeinschaft zu spüren. Und immer wieder erfährt man dabei die »Stärke der schwachen Bindung«, die der Netzwerkforscher Mark Granovetter (Kapitel 7) beschrieben hat: Gerade die Begegnungen mit Menschen, die nicht zum innersten Freundeszirkel gehören, erweisen sich oft als überraschend inspirierend – sei es, weil diese Tomatenpflanzen oder ein Fahrrad abzugeben haben (die man gerade gut gebrauchen kann), weil sie Dinge wissen, von denen man noch nie gehört hat, oder weil man feststellt, wie klein die Welt ist und dass man zufällig vor zwanzig Jahren am selben Urlaubsort war.

Nachbarn sind ein Paradox: Sie sind uns zugleich fremd und vertraut. Man sieht sich fast täglich, grüßt sich und weiß doch oft wenig voneinander. Mit ihnen beginnt der Schritt vom kleinen Wir zum großen Wir, vom vertrauten Kreis der Familie und Freunde hin zum großen Kreis jener Menschen, mit denen man sein Leben teilt, ohne dass man sie sich ausgesucht hätte. Deshalb wird die Frage nach dem Gemeinsinn vor allem dann interessant, wenn man vor die eigene Haustür tritt: Finden wir auch mit Menschen, die nicht zur eigenen Familie gehören und abweichende, vielleicht absonderliche Ansichten äußern, einen gemeinsamen Nenner – oder fokussieren wir vor allem auf die Differenzen und reiben uns in unversöhnlichen Nachbarschaftsstreitigkeiten auf?

Der Gartenzwerg als nationales Problem

Obwohl uns die Nachbarn so nahekommen wie sonst kaum jemand, schenken wir ihnen erstaunlich wenig Aufmerksamkeit. Wer eine Wohnung mieten oder ein Haus kaufen will, checkt in der Regel alle möglichen Details – von der Einrichtung bis zum Zustand von Kellerwänden oder Dach –, doch kaum jemand macht sich die Mühe, die Nachbarn kennenzulernen. Dabei kann von diesen die Lebensqualität mehr abhängen als von jedem Einrichtungsgegenstand: Eine gute nachbarschaftliche Atmosphäre ist Gold wert, eine gestörte kann zur Hölle werden.

Eine halbe Million Gerichtsverfahren zerstrittener Nachbarn

wird jährlich in Deutschland ausgetragen. Das zeugt vom Streitpotenzial des engen Zusammenlebens. Der eine beschwert sich, dass der andere die Hecke zu hoch wachsen lässt, dass ein Baum zu viel Schatten spendet oder dass ein Gartenzwerg das eigene ästhetische Empfinden beleidigt. Überhaupt Gartenzwerge: Sie sind in vielen Nachbarschaftsstreitigkeiten so etwas wie die stillen Hauptdarsteller. »Hartbrandwichtel« (HBW) heißen sie im Amtsdeutsch, und Juristen haben schon ganze Abhandlungen über sie geschrieben. *Die Gartenzwerge – ein nationales Problem* lautet etwa ein Aufsatz des Hamburger Amtsrichters Olaf Riecke, der in seinem Berufsalltag ständig mit Nachbarschaftsstreitigkeiten zu tun hat.[1] Eine besondere Unterart des HBW ist dabei der »Frustzwerg«, der stellvertretend für seinen Besitzer den oder die Nachbarn beleidigt – zum Beispiel, indem er die Zunge herausstreckt und so platziert wird, dass ihn der zu Beleidigende auch gut sieht.

Riecke weiß sogar von einem Fall zu berichten, in dem ein Mieter einen Gartenzwerg mit Stinkefinger aufstellte, aber schlau die Zwergenhand mit einem Stück Stoff umwickelte, so dass sie nicht mehr zu sehen war. Der Nachbar, der um die beleidigende Geste wusste, zog vor Gericht – doch seine Klage wurde abgeschmettert. Allein das Wissen um den Finger unter dem Verband genüge nicht für die Annahme einer beleidigenden Geste, urteilte das Amtsgericht Elze.[2]

Solche Streitigkeiten würden meist mehr von Egoismus und Rechthaberei angetrieben als von der Streitsache selbst, sagt Riecke. »Meist geht es gar nicht um eine Pflanze, einen Busch oder einen Sandkasten. Oft sind Nachbarn nur sauer, dass sie nicht vor der Umgestaltung gefragt wurden. Und dann denken sie sich: Dir zahl ich's heim! Ich hab ja Rechtsschutz.«[3]

Das erinnert an die ewige Feindschaft zwischen Feuer- und Wasserwesen, von der in Kapitel 2 die Rede war. Doch wie in Michael Endes Geschichte von *Jim Knopf* und der Wilden 13 gilt auch für Nachbarn: Wenn man die Differenzen zu überbrücken versteht und auf Kooperation statt auf Streit setzt, kann Wertvolles entstehen. Nicht nur, dass das Glück und die Gesundheit der Nachbarn auch unseren eigenen Glücks- und Gesundheitszustand beeinflussen (wie etwa die Framingham-Studie belegt). Der wahre Wert der Nachbarn zeigt sich vor allem in Krisenzeiten.

Das hat auch der amerikanische Politikwissenschaftler Daniel Aldrich erfahren, der im Jahr 2005 nach New Orleans zog. Eines Nachts klopfte eine Nachbarin an seine Tür: Er solle dringend mit seiner Familie die Stadt verlassen, ein enormer Hurrikan rase auf die Stadt zu. »Wir hatten keine Ahnung von Hurrikans«, gab Aldrich später zu Protokoll. »Aber diese Nachbarin kannten wir schon, und wir wussten, dass sie seit Langem dort wohnt.« Kurz nachdem der Forscher mit Frau und Kindern geflohen war, brach mit Hurrikan Katrina eine der verheerendsten Naturkatastrophen der US-Geschichte über New Orleans herein: Die Dämme brachen, 1800 Menschen starben. Die Aldrichs verloren zwar Hab und Gut, aber nicht ihr Leben. »Unsere Nachbarin hat uns gerettet.«[4]

Dieses Erlebnis hat Aldrich so beeindruckt, dass er später andere Katastrophen studierte – das Erdbeben in Kobe 1995 oder die Tsunamis im Indischen Ozean 2004 und in Japan 2011 – und sich fragte, was Menschen in solchen Situationen am besten schützt. Antwort: Es sind die Nachbarn. »Sie sind die Ersten, die vor Ort sind, und sie kennen sich aus«, sagt Aldrich.

»Sie wissen, wo sie Verschüttete suchen müssen. Auf dem Dorf wissen sie sogar, wo das Bett des Nachbarn steht.«

Am wichtigsten dabei ist das Vertrauen, dass sich die Menschen gegenseitig entgegenbringen. In Kommunen, in denen die Nachbarn ein gutes Vertrauensverhältnis hatten, kamen etwa beim Tsunami 2011 weniger Menschen um, fand Aldrich heraus. Und unter den Anwohnern, die aufgrund der Reaktorkatastrophe in Fukushima evakuiert werden mussten, litten diejenigen weniger unter seelischen Problemen, die gute Nachbarn hatten. Daraus zieht Aldrich den Schluss: »Die beste Katastrophenvorsorge wäre, nicht nur in Deiche zu investieren – sondern in gute Nachbarschaft.«[5]

Vom »nahen Bauern« zum digitalen Nachbarn

Doch wie entsteht dieses Vertrauen in die Nachbarn? Antwort: indem man gemeinsame Erfahrungen macht. Wer sich hinter hohen Hecken verschanzt und mit seinen Nachbarn niemals redet, kann nicht wissen, wie vertrauenswürdig sie sind. Um das herauszufinden, muss man einen gewissen Vertrauensvorschuss leisten – sich zum Beispiel beim Einzug den Nachbarn vorstellen, selbst einmal Hilfe anbieten, auch mögliche Streitpunkte ansprechen –, um dann die Erfahrung zu machen, dass die Freundlichkeit erwidert wird (was in der Regel der Fall ist; denn die Gegenseite ist ja ebenso froh, gute Nachbarn zu haben).

Erleichtert wird das, wenn es verbindende Anknüpfungspunkte gibt, wenn man etwa einen Garten oder Innenhof gemeinsam nutzen kann, wenn man in Urlaubszeiten auf die Pflanzen oder Tiere der Nachbarn aufpasst oder sich auch einmal mit Lebensmitteln aushilft. Je stärker die gegenseitige Verbundenheit, umso größer das Vertrauen – das zeigen auch die (in Kapitel 3 beschriebenen) Feldstudien des Anthropologen Joseph Henrich bei den Walfängern von Lamalera: Weil diese von Kindesbeinen an die Erfahrung machen, aufeinander angewiesen zu sein, hat sich dort eine Form von gegenseitigem Vertrauen und Gemeinsinn entwickelt, die weltweit einmalig ist.

Man muss in Deutschland zeitlich weit zurückgehen, um solche Formen gegenseitiger Abhängigkeit und Nachbarschaftshilfe zu finden, bis zur agrarischen Gesellschaft. Damals waren die Nachbarn einfach die »nahen Bauern« – daher stammt der Begriff –, mit denen man dieselben Nöte und Zwänge teilte, mit denen man sich aber auch für größere Arbeiten zusammentat: um ein Haus zu bauen, die Ernte einzubringen oder – wenn alles glücklich ausging – zu feiern.

In der modernen Wohlstandsgesellschaft fällt dieser unmittelbare Überlebensdruck weg. Das erschwert einerseits die Entwicklung von Gemeinsinn, kann diesen andererseits aber auch erleichtern: denn statt aus Zwang entsteht die Kooperation nun aus Freiwilligkeit. Und das entlastet. Das einstige Aufeinander-Angewiesensein brachte in Dorfgemeinschaften ja auch unschöne Begleiterscheinungen mit sich, etwa eine starke soziale Kontrolle (»Bauer Huber fehlt schon wieder in der Kirche«) und einen hohen Konformitätsdruck. In dem Maße, in dem dieser wegfällt, öffnet sich der Blick auf die positiven Seiten des Zusammenseins: dass alle davon profitieren, dass es das beste Mittel gegen Einsamkeit ist (unter der vor allem Ältere leiden) und dass es im Idealfall auch Spaß macht.

Aus solchen Motivationen speisen sich jedenfalls die digitalen Nachbarschaftsnetzwerke wie *nebenan.de*, *wirnachbarn.com* oder *netzwerk-nachbarschaft.net*. Was früher der Marktplatz war, ist heute das Internetforum. Man tauscht Informationen oder Werkzeuge aus, schiebt Bauprojekte oder Straßenfeste an und findet für (fast) jedes Anliegen irgendwo eine/n Gleichgesinnte/n.

»Man unterschätzt, wie einsam viele Leute sind«, sagt Christian Vollmann, Gründer von *nebenan.de.* Viele würden gerne mit anderen ins Gespräch kommen, hätten aber Hemmungen, ihre Nachbarn anzusprechen. Da helfe die Internetplattform. Vordergründig gehe es dort vor allem um die Lösung von Alltagsproblemen – etwa darum, Gegenstände zu leihen oder zu verleihen, einen Babysitter oder Umzugshelfer zu suchen –, doch dahinter stehe auch der große Wunsch nach sozialem Kontakt. Über 1 Million Nutzer sind allein bei *nebenan.de* angemeldet, und Vollmann glaubt, damit entstehe eine dritte Generation von Netzwerken – nach den sozialen Netzwerken (Facebook und Co.), den Business-Netzwerken (LinkedIn, Xing) gehöre die Zukunft nun den Nachbarschaftswerken.[6]

Natürlich ist das nicht ganz uneigennützig. *Nebenan.de* soll auch Gewinn erwirtschaften – etwa durch lokal passgenaue Werbeanzeigen, durch sogenanntes »Hyperlocal Advertising«, was Vollmann zufolge »ein riesengroßer Markt« ist, »der zu weiten Teilen digital noch nicht erschlossen ist«.

Weniger kommerziell geht es beim »Netzwerk Nachbarschaft« zu. Bereits 2004 wurde es von Ertrud Mühlens gegründet, die damals knapp den Tsunami in Sri Lanka überlebt hatte und heute sagt: »Das Erlebte und die viele Hilfe, die ich erfahren habe, haben mich darin bestärkt, das Prinzip der Solidarität und Gegenseitigkeit direkt vor Ort mit meinen Mitteln stärker zu fördern.«[7] Heute nennt sich das Netzwerk »Deutschlands größtes Aktionsbündnis von Nachbarinnen und Nachbarn«, die sich für die Aufwertung ihres Wohnumfelds engagieren und »familienfreundliche, generationenübergreifende, multikulturelle und umweltfreundliche Projekte umsetzen«. Dafür werden Preise ausgelobt, »Orte der guten Nachbarschaft« prämiert und »Mehrgenerationen-Nachbarschaften« gefördert – alles unter der Schirmherrschaft des Bundesministeriums für Familie, Senioren, Frauen und Jugend.

Wie »soziales Kapital« vermehrt wird

Denn auch die Politik hat erkannt, dass in diesen Netzwerken ein Schatz schlummert. Bei solchen Initiativen entsteht nämlich nicht nur praktische Hilfe: Es entsteht auch jene Art von Vertrauen, die das Fundament des demokratischen Zusammenlebens ist.

Demokratie ist ja nicht nur auf entsprechende Institutionen angewiesen, sondern mehr noch darauf, dass es Normen der Gegenseitigkeit gibt – Ich helfe dir, weil ich weiß, dass du nächstes Mal auch mir hilfst – und dass diese Normen praktiziert und erfahren werden. »Soziales Kapital« nannte das der Politikwissenschaftler Robert Putnam[8] und argumentierte, dieses sei für das Funktionieren einer Demokratie wichtiger als ihr ökonomischer Entwicklungsstand.* (Für die USA diagnostizierte Putnam in seinem berühmten Buch *Bowling alone* einen dramatischen Rückgang dieses sozialen Engagements und damit einen massiven Vertrauensverlust sowohl in die Politik als auch die Gesellschaft insgesamt – eine Diagnose, die 16 Jahre vor der Wahl von Donald Trump äußerst hellsichtig war.[9])

* Dabei unterscheidet sich Putnams Konzept von dem des französischen Soziologen Pierre Bourdieu, der ebenfalls von »sozialem Kapital« sprach, dieses aber eher mit Status und Macht in sozialen Bezügen in Verbindung brachte.

»Angespart« wird dieses Kapital durch das zivile Engagement der Bürger: Erst wenn die Mitglieder einer Gesellschaft sich begegnen und in Interaktion treten, entsteht die Gelegenheit, Vertrauen und ein Gemeinschaftsgefühl aufzubauen. Soziales Kapital kann daher auch nicht von Einzelnen vermehrt werden, sondern ausschließlich in sozialer Interaktion.

Nachbarschafts-Netzwerke sind ideale Gelegenheiten, um dieses soziale Kapital aufzubauen – ebenso wie Vereine, Verbände, Kirchen- und andere Gemeinden sowie ehrenamtliche Organisationen und viele mehr. Denn solche Kreise sind einerseits überschaubar und ermöglichen persönliche Begegnungen; andererseits sind sie groß genug, dass man dort auch Menschen außerhalb der eigenen Blase trifft, mit unterschiedlichen Berufen, Ansichten oder auch Nationalitäten. Das heißt, Nachbarn, Vereinskameradinnen oder Gemeindemitglieder sind zwar hinreichend fremd, aber nicht anonym. Und die Erfahrung, dass man trotz solcher Unterschiede im Verein oder in der Nachbarschaft vertrauensvoll zusammenarbeitet, wird nach und nach auf entferntere Nachbarn (Vereins- oder Gemeindemitgliedern) übertragen. Der positive Kontext der Gemeinschaft wird verallgemeinert und auf jene Mitglieder erweitert, die man noch nicht kennt.

So entsteht Vertrauen im Kleinen und geht dann ins Allgemeine – bis am Ende jene Form von »generalisiertem Vertrauen« steht, die man der gesamten Gesellschaft entgegenbringt: Selbst wenn man viele nicht persönlich kennt, vertraut man darauf, dass Ärztinnen, Busfahrer, Lehrerinnen, Richter oder Politikerinnen ihren Job gut machen. Und das entscheidet nicht zuletzt auch darüber, wie eine Gesellschaft mit Krisen umgeht; das konnte der schon erwähnte Nachbarschaftsforscher Daniel Aldrich am Beispiel der Corona-Pandemie in den USA zeigen:

Kommunen und Bezirke mit hohem »sozialem Kapital« bewältigen die Seuche besser als jene, in denen der soziale Zusammenhalt schwach war.[10] Man könnte auch sagen: Was eine Kommune, Stadt oder Gesellschaft letztlich ausmacht, ist nicht die Summe ihrer Straßen, Häuser oder Einkaufszentren, sondern die Summe ihrer vertrauensvollen Beziehungen.

Wer vertraut – und wer misstraut

Doch was ist mit jenen, die keine positiven Erfahrungen machen und eher gelernt haben, ihren Mitmenschen zu *misstrauen*? Denn auch die gibt es. Zwar ist nicht ganz klar, wie viele Menschen in Deutschland eine solche Einstellung haben (je nach Umfrage sind es mal zehn, mal angeblich fast fünfzig Prozent); interessanter als diese Zahl ist jedoch die Frage, *welche* Menschen misstrauisch sind. Denn da zeigt sich quer durch alle Umfragen immer wieder derselbe Befund: Wer der Gesellschaft mit Misstrauen begegnet, ist tendenziell eher arm, erfolglos und schlecht gebildet – Menschen also, die in ihrem Leben hauptsächlich schlechte Erfahrungen mit gesellschaftlichen Institutionen gemacht haben. Umgekehrt vertrauen Menschen mit hoher Bildung und gutem Einkommen ihren Mitmenschen besonders häufig. Sie haben nicht nur ein gutes Selbstvertrauen, sondern auch immer wieder erlebt, dass ihnen die Gesellschaft Erfolgserfahrungen ermöglicht.

Wohlhabende und »Bildungsreiche« haben zudem größere Bekanntenkreise und Netzwerke, sie haben vielfältigere Kontakte und engagieren sich häufiger in Vereinen, Verbänden oder Ehrenämtern. Bei den sogenannten Bildungsarmen ist all das nicht gegeben. »Ihnen fehlen allzu oft die Möglichkeiten, in

Institutionen der Bildung, des gesellschaftlichen Engagements und der politischen Partizipation Beziehungen aufzubauen, die Vertrauen stiften«, resümieren die Sozialwissenschaftler Jutta Allmendinger und Jan Wetzel.[11]

Ihren Daten zufolge zeigen sich dabei auch Unterschiede zwischen Ost- und Westdeutschland: Im Osten des Landes haben die Menschen in der Regel weniger Kontakte mit Fremden als im Westen. »Die Chancen auf private, vertrauensvolle Beziehungen zu Menschen mit anderer Hautfarbe, Nationalität oder Muttersprache sind im Osten Deutschlands strukturell schlechter«, schreiben Allmendinger und Wetzel. Daher rühre auch das generell niedrigere Vertrauen in gesellschaftliche Institutionen in Ostdeutschland.

Dieser Teufelskreis – wer wenig Kontakte hat, baut weniger Vertrauen auf, engagiert sich gesellschaftlich weniger und fühlt sich dadurch noch ausgeschlossener – beginnt oft schon im frühen Alter. Arme Kinder werden beispielsweise seltener zu Kindergeburtstagen eingeladen. Und werden sie doch eingeladen, können schnell die damit verbundenen sozialen Verpflichtungen zum Problem werden: etwa das Geld für ein Geschenk oder der Druck, eine Gegeneinladung auszusprechen und ebenfalls ein entsprechendes Fest zu organisieren.

Dabei beginnt Gemeinsinn gerade mit solchen, an sich niedrigschwelligen Anlässen: Man lernt sich über die Kinder kennen, man plaudert, stellt eventuelle Gemeinsamkeiten fest und baut so »soziales Kapital« auf. Um den gesellschaftlichen Zusammenhalt zu stärken, wäre es daher wichtig, vor allem Benachteiligte und Bildungsarme mehr in gesellschaftliche Prozesse einzubinden.

Eine Politik des Gemeinsinns muss daher bereits im Kindesalter ansetzen – um der »Bildungsarmut« entgegenzuwirken und die Chancengleichheit nach Kräften zu fördern. Das gilt vor allem in Ländern wie Deutschland, wo es um die Bildungsgerechtigkeit besonders schlecht bestellt ist: Kaum irgendwo hängen die Schülerleistungen so stark vom Elternhaus ab wie hierzulande. Nur 24 Prozent der Kinder von Nicht-Akademikern schaffen es in Deutschland auf eine Universität; bei den Kindern von Akademikereltern dagegen liegt die Quote bei 79 Prozent.[12]

Dabei beginnen die Unterschiede schon von der Geburt an: Kindern aus Akademikerhaushalten wird mehr vorgelesen, sie werden mehr gefördert, in Diskussionen eingebunden und sie erhalten vielfältige Anregungen. Wenn sie dann mit sechs Jahren in die Grundschule kommen, beherrschen Jungen und Mädchen aus gebildeteren Elternhäusern oft doppelt so viele Wörter wie ihre Alterskameraden aus ärmeren Familien, sie verstehen komplexere Sätze und haben ein ausgeprägteres Verständnis von Zahlen und Formen.[13]

Das bedeutet: Die Schere zwischen bildungsarm und -reich geht vor allem in den ersten Jahren auf; es ist also nicht das Schulsystem, das für Ungerechtigkeit sorgt – wie oft beklagt wird –, sondern die Chancen sind bereits ungleich verteilt, wenn die Kinder in die Schule kommen. Im weiteren Verlauf der Schulzeit bleiben die Entwicklungsunterschiede dann eher auf dem Niveau bestehen, das schon zu Beginn der Grundschulzeit bestand. Alle lernen zwar dazu; doch die Abstände zwischen den Guten und den Schlechten bleiben relativ unverändert.[14]

Wer also etwas gegen die Bildungsungleichheit unternehmen will, muss vor allem in den ersten sechs Jahren tätig werden, in

Vorschuleinrichtungen und Familien. Gerade in sozialen Brennpunkten müssten Deutschlands beste Kitas stehen, »mit den kleinsten Gruppen, dem kompetentesten Personal, der besten Sprachförderung«, fordert der ZEIT-Bildungsredakteur Martin Spiewak. Doch genau das sei nicht der Fall, eher stimme das Gegenteil. »Bis heute nützen Kitas und Krippen vor allem denjenigen, die sie – was die Bildung angeht – am wenigsten benötigen, den Kindern aus der deutschstämmigen Mittelschicht.«[15]

Natürlich ist auch eine spätere Förderung sinnvoll, die Ungleichheiten abbaut: Schulen in sozialen Brennpunkten brauchen mehr Lehrkräfte und Sozialarbeiter, auch Schulkrankenschwestern und Psychologen wären dort hilfreich. Für Lernschwache könnte es Ferienkurse geben, für Arme Zuschüsse zu Computern oder eine Erhöhung des BAföG. Doch am effektivsten ist die Förderung im frühen Kindesalter. Je später die Maßnahmen einsetzen, umso aufwendiger, teurer und für das Individuum anstrengender fallen sie aus.

Paläste für das Volk

Doch nicht nur in der Bildung kann eine Politik des Gemeinsinns ansetzen, sondern auch in vielen anderen Bereichen – etwa der Stadtplanung und Wohnungsbaupolitik. Denn damit soziales Kapital entsteht und Menschen aus unterschiedlichen Milieus einander vertrauen lernen, müssen sie sich überhaupt erst einmal begegnen. Und das findet immer weniger statt. »Wir leben, arbeiten, konsumieren und spielen an unterschiedlichen Orten; unsere Kinder besuchen verschiedene Schulen«, diagnostiziert der amerikanische Sozialphilosoph Michael Sandel. Wohlhabende und Arme träfen kaum noch aufeinander. »Vier Jahrzehnte der marktgetriebenen Globalisierung haben derart ausgeprägte Ungleichheiten von Einkommen und Wohlstand hervorgebracht, dass sie uns auf getrennte Wege führen.«[16]

Ähnliches beschreiben Jutta Allmendinger und Jan Wetzel auch in Deutschland. »Mehr und mehr schotten sich Gleiche unter Gleichen ab und schalten so den direkten Konflikt aus, weil jeglicher Kontakt ausbleibt. Dadurch entstehen verschiedene Normalitäten.« All das ist Gift ist für den Gemeinsinn.

Um dem entgegenzuwirken, versammeln sie in ihrem kleinen, aber klugen Büchlein *Die Vertrauensfrage* zahlreiche Ideen, wie das soziale Zusammensein gestärkt werden könnte – vom Wohnungsbau über den öffentlichen Raum bis zur Mobilität. So müssten Städte und Kommunen dringend der üblichen Gentrifizierung entgegenwirken, in der die Einkommensstarken nach und nach die weniger Wohlhabenden verdrängen und es am Ende zu einer »sozialen Entmischung« kommt (die noch dadurch verstärkt wird, dass zum Beispiel Migranten und Geflüchtete vor allem dort angesiedelt werden, wo die meisten armen Menschen wohnen[17]).

Um das zu verhindern, könnte man etwa Verteilungsschlüssel festlegen für das Verhältnis von hoch- zu niedrigpreisigen Wohnungen; die Grundsteuer sollte so gestaffelt sein, dass sie bei teuren Häusern oder Wohnungen im Verhältnis höher ist, um damit günstigeren Wohnraum für weniger Wohlhabende zu finanzieren. Dabei sind nicht nur die Ungleichheiten zwischen einzelnen Stadtvierteln riesig, sondern zum Teil auch zwischen den Kommunen: In Städten mit hohen Steuereinnahmen sind solche städtebaulichen Maßnahmen leichter umzusetzen als in jenen mit leeren Kassen. Deshalb müsste eine Politik des Gemeinsinns auch darauf achten, vor allem die finanzschwachen Kommunen in der Stadtplanung zu unterstützen.

Ebenso kann die Mobilitätspolitik Menschen auseinander-

oder zusammenführen. Statt wie bisher den Individualverkehr zu fördern, sollten Kommunen und Städte öffentliche Verkehrsmittel attraktiver machen oder auch autofreie Zonen in einzelnen Vierteln einrichten, um dort das Zusammenleben angenehmer zu gestalten.

Wichtig wäre vor allem die Aufmerksamkeit für jene wertvollen Orte der Begegnung, an denen Menschen aus unterschiedlichen Schichten und Berufen zwanglos miteinander in Kontakt kommen können – also öffentliche Plätze, Cafés, Gemeinschafts- und Einkaufszentren, Kirchen oder Bibliotheken. Hier kann jeder kommen und gehen, ohne Eintritt zu zahlen oder Mitglied zu sein, ohne Ansehen von Status oder Kontostand. Der amerikanische Soziologe Eric Klinenberg hält in seinem Buch *Palaces for the People* ein flammendes Plädoyer für öffentliche Bibliotheken als »Paläste für die Menschen«. Darin weist er nach, dass solche Orte regelrechte Bollwerke gegen Ungleichheit und Polarisierung sind, indem sie die Menschen ermutigten, sich den öffentlichen Raum anzueignen.[18]

Wie das gehen kann, zeigt etwa das Konzept der »Open Library«, das aus Dänemark kommt: Dort öffnen viele Bibliotheken auch außerhalb der normalen Arbeitszeit ihre Türen. »Am nächsten Morgen sind manchmal alle Möbel umgeräumt«, erzählte eine Bibliotheks-Leiterin in Århus der ZEIT, »keine Ahnung, was da stattgefunden hat.« Sie will es auch gar nicht wissen. Eine Bibliothek soll ein Ort sein, an dem sich Menschen wohlfühlen und etwas tun, gern auch zusammen.[19] In Århus wurde vor einigen Jahren eine 100 Millionen Euro teure neue Zentralbibliothek eröffnet: ein rundum verglaster Bau am Ende der Fußgängerzone, der für alle offen steht. Lesen ist dabei nur eine Option von vielen. Die Menschen können dort auch spielen, sich in der Schreibwerkstatt oder beim Hacker-Treff zusammenfinden oder Kunst machen. Gruppen können kostenlos abgetrennte Bereiche mieten. Die Hälfte der 18 000 Quadratmeter Bibliotheksfläche steht als unverplanter Raum zur Verfügung – ein echter »Palast für das Volk«.

Die Negativspirale umkehren

Eine weitere, auf der Hand liegende Maßnahme zur Förderung von mehr Gemeinsinn wäre in Deutschland die Einführung eines verpflichtenden sozialen Jahres, so wie sie vor einiger Zeit auch Bundespräsident Frank-Walter Steinmeier gefordert hat.[20] 2011 wurde zusammen mit der Wehrpflicht auch der Zivildienst in Deutschland abgeschafft und durch ein »freiwilliges soziales Jahr« ersetzt. In dieser Zeit können junge Erwachsene in Krankenhäusern, Altenheimen oder Kultureinrichtungen mitarbeiten und auf diese Weise Menschen und Arbeitswelten kennenlernen, denen sie sonst nie begegnen würden. Ein solches Freiwilligenjahr absolvieren allerdings weniger als zehn Prozent aller Schulabgänger in Deutschland.[21] Auf Steinmeiers Vorschlag gab es prompt viel Kritik: Er sei paternalistisch, schränke die Freiheit ein und wolle Solidarität per Zwang verordnen. Dabei gäbe es für ein verpflichtendes soziales Jahr eine erstaunlich große Zustimmung in der Bevölkerung: Über die Hälfte in Deutschland würde es begrüßen. Nur ein Fünftel ist entschieden dagegen. In Stadtvierteln, in denen arme und reiche Menschen nebeneinander leben, befürworten es sogar 75 Prozent der Befragten.[22]

Der Sozialpsychologe Harald Welzer geht noch weiter und schlägt das »80 : 20-Modell« vor: 80 Prozent der Arbeits- und Ausbildungszeit sollen Menschen in der Schule oder im Betrieb verbringen. In den restlichen 20 Prozent können sie gemeinnützige Arbeit leisten – vom Kind bis zum Rentner. So oder so: Ein sozialer oder gemeinnütziger Dienst wäre ein ideales Mittel zur Stärkung des Gemeinsinns. Zum einen käme er konkret bedürftigen Menschen und sozialen Einrichtungen zugute, zum anderen würde er vielfältige Begegnung ermöglichen – gerade mit Menschen aus anderen gesellschaftlichen Schichten. Nur so kann Vertrauen entstehen.

All das zeigt: Ideen gibt es genügend. Und eine Politik, die den gesellschaftlichen Zusammenhalt wirklich fördern will, braucht es nicht bei allgemeinen Appellen belassen, sondern kann auf vielen Feldern tätig werden. Allerdings wäre es zu bequem, allein der Politik die Verantwortung zu überlassen. An der Entstehung des *sensus communis* sind wir schließlich alle gleichermaßen beteiligt; niemand kann für uns Gemeinsinn erzeugen (wenn wir ihn nicht wollen), und niemand kann unseren persönlichen Beitrag dafür übernehmen. Zusammenhalt, so banal das klingt, ist immer eine Gemeinschaftsanstrengung.

Dabei hängt, wie in Kapitel 3 klar wurde, unser Verhalten nicht nur von den Umständen ab, zum Beispiel von der Kultur, in der wir uns bewegen, oder von unserer wirtschaftlichen Lage, sondern auch von dem zu erwartenden Verhalten unserer Mitmenschen: Wer damit rechnet, dass alle anderen egoistisch handeln, nimmt auch selbst vor allem den eigenen Vorteil in den Blick. Rechnen wir hingegen mit einem kooperativen, gemeinschaftlichen Verhalten unseres Umfelds, werden wir selbst eher gemeinsinnig agieren.

Dass Umfragen zufolge die Mehrheit in Deutschland sich selbst zwar als gemeinsinnig und hilfsbereit beschreibt, *alle anderen* aber als eigensinnig und egoistisch wahrnimmt, zeigt, wie schief unser Bild der anderen ist. Auch die Katastrophenforschung belegt, dass Menschen sich, insbesondere in Notfällen, oft viel selbstloser verhalten, als es die meisten voneinander erwarten. Doch viele haben sich in einem bequemen Misanthropismus eingerichtet, der leicht zur selbsterfüllenden Prophezeiung wird: Wer meint, von lauter Egoisten umgeben zu sein, hat die beste Entschuldigung dafür, sich selbst ebenso egoistisch zu verhalten.

Diese Negativspirale gilt es umzukehren. Und das geht nur, indem Gemeinsinn vorgelebt wird. Je kooperativer sich eine Mehrheit verhält, umso eher werden auch andere dazu angeregt. Denn menschliches Handeln, auch das wurde in diesem Buch immer wieder deutlich, ist regelrecht ansteckend (Kapitel 6 und 7). Weil wir uns als ultrasoziale Wesen an nichts so sehr orientieren wie am Verhalten unserer Mitmenschen, können einige entschlossene Pioniere ein ganzes Verhaltens»regime« zum Kippen bringen (auch wenn sie anfangs gern als »Spinner« verlacht werden). Die Netzwerkforschung demonstriert eindrucksvoll: Wir haben oft mehr Macht, als uns bewusst ist, und unser Handeln wirkt über viele Kontaktstellen weiter, selbst wenn wir davon nichts mitbekommen. Die effektivste Art, den Gemeinsinn zu stärken, ist es daher, sich selbst entsprechend zu verhalten und andere davon wissen zu lassen.

Die Tragik der Allmende

Aber klar, das eigene Verhalten ist keine Garantie, dass sich prompt alle anderen ebenso verhalten. In puncto Gemeinsinn stehen wir damit vor der klassischen Herausforderung, die sich bei Gemeingütern immer auftut: Setzt sich wirklich der Geist der Kooperation durch – oder sind am Ende die Gemeinsinnigen die Dummen, weil einige Egoisten sich doch nicht an die Regeln halten und das Gemeingut zu ihrem eigenen Vorteil ausbeuten?

Einer weitverbreiteten Überzeugung zufolge gilt angeblich Letzteres. Es ist die alte Geschichte von der »Tragik der Allmende«, die als Erster der amerikanische Ökologe Garrett Hardin erzählte. In seinem einflussreichen Essay *The tragedy of the commons* beschrieb er 1968 das Problem der Gemeingüter anhand einer Wiese, die in Gemeinschaftsbesitz ist. Weil jeder Bauer seine Schafe darauf zum Grasen treiben darf, ist die Weide bald übernutzt. Zwar ist das im Grunde auch allen klar; doch keiner will der Dumme sein, der seine Schafe zurückhält, um mit ansehen zu müssen, wie die anderen hemmungslos die gemeinsame Ressource ausbeuten. Das Ende ist unausweichlich: Schon bald wächst auf der Wiese kein Gras mehr, was letztlich allen schadet. »Freiheit auf der Allmende«, resümierte Hardin, »bringt allen Beteiligten den Ruin.«[23]

Heute ist diese Tragik der Allmende aktueller denn je. Denn auch das Klima und die Umwelt erweisen sich als Gemeingüter, die von allen Bewohnern dieses Planeten gemeinschaftlich genutzt werden. Und wie in Hardins Geschichte scheinen alle Akteure ihre schädlichen wirtschaftlichen Interessen weiterzuverfolgen (also Treibhausgase zu emittieren oder Raubbau an der Natur zu betreiben), weil es auch alle anderen tun. Kein Land will zurückstecken und im globalen Konkurrenzkampf zurückfallen; und jede Regierung kann auf andere verweisen, die ja ebenfalls nicht mitziehen. So führt die rationale Logik der einzelnen Akteure zu fatalen Folgen für alle zusammen, weil die Gemeingüter Klima und Umwelt immer mehr geschädigt werden.

Doch ist die Sache wirklich so unausweichlich, wie es Hardins Arbeit nahelegt? Auch wenn sich die Geschichte von der Tragik der Allmende (vor allem unter Ökonomen) als enorm einflussreich erwiesen hat, ist sie doch nur: eine Geschichte. Und die kann auch anders ausgehen, wie wir heute wissen. Diese Erkenntnis verdanken wir der Politikwissenschaftlerin Elinor Ostrom, die 2009 als erste Frau den Nobelpreis für Wirtschaftswissenschaften verliehen bekam – und zwar für ihre Forschungen zur Allmende. Genauer: dafür, dass sie gezeigt hat, »wie gemeinschaftliches Eigentum erfolgreich verwaltet werden kann«, wie es in der Würdigung der Königlich-Schwedischen Akademie der Wissenschaften hieß.[24]

Denn die 2012 verstorbene Elinor Ostrom hat gemeinsam mit ihrem Mann Vincent weltweit Beispiele zur Verwaltung von Gemeinschaftsgütern untersucht, etwa von Wäldern, Fischbeständen oder Wasserressourcen – und gezeigt, dass diese häufig durchaus funktionierten. Egal, ob es sich um die Nutzung von Schweizer Almwirtschaften, von Bewässerungssystemen in Spanien oder um Regelungen zur Grundwasserverteilung in Kalifornien handelte – immer wieder erwies sich, dass die daran Beteiligten keineswegs so eigennützig handelten, wie Hardins Geschichte postulierte. Im Gegenteil: Ostroms Forschung belegt, dass Menschen sehr wohl imstande sind, miteinander zu kooperieren und Ressourcen dauerhaft zu schonen.

Allerdings gibt es dafür keine Garantie. Tatsächlich kann die Verwaltung von Allmendegütern auch schiefgehen, wie Ostroms Studien zeigen: Dann werden Wälder abgeholzt, Seen überfischt und Weideland verödet. Und leider gibt es kein einfaches Patentrezept, wie sich das verhindern ließe. Weder hilft es, die Verwaltung solcher Güter einfach »dem Markt« zu überlassen, noch reicht es aus, sie einer zentralen Behörde zu unterstellen, die von oben herab den Zugang zu diesen Ressourcen regelt. Besser funktioniert es, wenn möglichst alle Nutzer der Allmende eingebunden sind und selbst mit über die Regeln entscheiden dürfen, wie damit umgegangen werden soll.

Wie diese Regeln im Einzelnen auszusehen haben, lässt sich pauschal gar nicht sagen. Denn sie hängen von den lokalen Besonderheiten ab – Schweizer Almen haben andere Herausforderungen als indonesische Wälder – ebenso wie von historischen Erfahrungen und kulturellen Gepflogenheiten.

Als zum Beispiel in den 1920er Jahren im US-Bundesstaat Maine eine Überfischung der Hummerbestände drohte, einigten sich die lokalen Fischer auf eine Reihe origineller Entnahmeregeln. Unter anderem beschlossen sie, trächtige Weibchen am Schwanz mit einem »V« zu markieren und wieder freizulassen, um den Nachwuchs zu sichern. Wer sich als Hummerverkäufer oder Kunde nicht an die Spielregeln hielt, fiel durch die Markierung der Tiere auf den Märkten sofort auf.

In Nepal wiederum stellten die Forscher fest, dass Reisterrassen, die von den Bauern in Eigenverantwortung gemanagt wurden, effektiver wirtschafteten als zentral verwaltete. Die lokalen Gruppen konnten zum Beispiel flexibler auf unterschiedliche Witterungsbedingungen reagieren und ihre Felder entsprechend bewässern. Sie verursachten, so Ostrom, auch geringere Kosten als all die »schicken Bewässerungssysteme, die mithilfe der Asiatischen Entwicklungsbank oder der Weltbank errichtet wurden«.[25]

Die Quintessenz ihrer Forschung fasste Ostrom einmal so zusammen: »Was auf die jeweiligen lokalen Gegebenheiten passt und im Feld maßgeschneidert wurde, funktioniert meist besser als Ratschläge, die auf sehr allgemeinen Modellen basieren.« Deshalb sei es oft gar nicht nötig, »den Menschen Regeln für ihr Verhalten bis ins Detail vorzuschreiben«. Im Umgang mit Allmendegütern gehe es vielmehr darum, die Bedingungen der

Möglichkeit einer Kooperation auszuloten und durch lokale Experimente zu erweitern.[26]

Allerdings filterte sie acht Prinzipien einer erfolgreichen Organisation von Gemeingütern heraus, zu denen etwa gehört, dass

» die Betroffenen in Entscheidungen eingebunden sind und selbst mit über die Spielregeln des Managements bestimmen können,
» dass es ein Monitoring der Allmende gibt (und zum Beispiel Fischer erfahren, wer wie viele Fische aus dem See fängt),
» dass sich die Nutzer gemeinsam auf Sanktionen einigen für diejenigen, die sich nicht an die Regeln halten,
» und dass es Orte und lokale Arenen gibt für eine schnelle und direkte Klärung von Konflikten.

Das heißt aber auch, dass es nicht den einen Königsweg zum erfolgreichen Umgang mit Allmendegütern gibt und dass es oft einer gewissen Phase des Erprobens und Experimentierens bedarf, um am Ende eine Lösung zu finden (wobei sich diese Lösung mit neuen Bedingungen auch ändern kann). Vielleicht haben es auch deshalb Ostroms Erkenntnisse bisher eher schwer, sich im ökonomischen oder politischen Denken durchzusetzen: weil sie dem verbreiteten Wunsch nach Patentrezepten und einfachen Lösungen widersprechen und sich auch nicht einfach von einer zentralen Instanz verordnen lassen.

Vielmehr erfordern sie ein gewisses Vertrauen in die Lösungsfähigkeit der jeweiligen Betroffenen, die in der Lage sind – wie Ostroms Arbeit zeigt –, gemeinsam passende Ideen und Regeln für ihr Zusammenleben zu finden. Und die damit beweisen, dass Garrett Hardins Erzählung von der »Tragik der Allmende« eher ein Spezialfall menschlichen Handelns ist und keine zwingende Regel.

Übertragen auf globale Probleme wie den Klimawandel oder die Umweltzerstörung bedeutet das: Auch hier sollten wir nicht auf *den einen* Masterplan und *die eine* große Lösungsidee warten; vielmehr führt kein Weg vorbei am gemeinsamen Ringen um Mechanismen und Regeln, die von allen gleichermaßen akzeptiert werden können. Dass dies oft zäh ist und immer wieder Rückschläge mit sich bringt, ist kein Wunder: Schließlich sind diese Globalprobleme von einer Dimension, mit der die Menschheit in ihrer Geschichte bislang noch nicht konfrontiert war. Und sie erfordern einen Bewusstseinswandel hin zu einem globalen Gemeinsinn, der eine enorme Herausforderung für unsere Spezies darstellt.

Die in diesem Buch zusammengetragenen Erkenntnisse zeigen aber, dass es Grund zur Hoffnung gibt: Die Tragik der Allmende ist keinesfalls unausweichlich und gerade in Krisensituationen erweisen sich Menschen immer wieder in der Lage, Antworten für gemeinsame Probleme zu finden, auf die allein keiner gekommen wäre. Das erinnert an die »Weisheit der Vielen«, von der in Kapitel 1 die Rede war: Auch wenn keiner der von Francis Galton beobachteten Viehmarkt-Besucher allein die richtige Lösung fand, entstand doch aus dem Kollektiv aller Antworten eine übergeordnete Klugheit.

Sicher, solche Abstimmungs- und Aushandlungsprozesse sind oft mühsam und die Entwicklung eines *common sense* ist längst nicht immer angenehm (man erinnere sich an Arthur Schopenhauers Parabel von den Stachelschweinen). Denn Gemeinsinn heißt immer auch, Differenzen auszuhalten und Konflikte zu klären. Und doch führt daran, im Kleinen wie im Großen, in Zukunft kein Weg vorbei. Selbst wenn niemand mit

Sicherheit prognostizieren kann, worauf wir uns in den kommenden Jahren genau einzustellen haben, ist klar, dass die großen Entwicklungslinien keine allzu gemütliche Zeit erwarten lassen. Umso wichtiger ist es, jene Kräfte der Kooperation und des Gemeinsinns zu stärken, die im normalen Alltag unsere Lebensqualität verbessern – und in schwierigen Zeiten überlebenswichtig werden können.

Dass es dabei wirklich auf jede und jeden Einzelne/n ankommt und dass die Lösung globaler Probleme manchmal schon beim Nachbarn beginnt, zeigt nicht zuletzt die Geschichte jenes türkischen »Gastarbeiter«-Kindes, das Ende der 1960er Jahren nach Deutschland kam. Sein Vater arbeitete am Fließband bei Ford, und vom Grundschullehrer bekam es damals zu hören, es sei für das Gymnasium nicht geeignet. Nur dank der Intervention eines Nachbarn, der sein Talent erkannte und den Lehrer überzeugte, kam es doch noch aufs Gymnasium. Wer hätte gedacht, dass diesem Kind über dreißig Jahre später die Welt die Herstellung eines Corona-Impfstoffes verdanken würde?

Das ist eben nicht nur die Geschichte von Uğur Şahin, der sich vom schlecht deutschsprechenden Grundschüler zum ersten türkischstämmigen Abiturienten des Kölner Erich-Kästner-Gymnasiums durchbiss und der später mit seiner Frau Özlem Türeci das Unternehmen Biontech gründete. Es ist auch die Geschichte seines früheren Nachbarn, ohne dessen Engagement es wohl heute keinen Biontech-Impfstoff gäbe.[27] Als Şahin und Türeci 2021 das Bundesverdienstkreuz erhielten, hätte man diesen Nachbar daher eigentlich mit auszeichnen können.

Wie sagte Greta Thunberg einmal? »Der Schritt von Eins zu Zwei ist immer der schwierigste und größte.« Soll heißen: Jede große Sache beginnt mit dem Schritt vom individuellen Ich zum gemeinsamen Wir. Denn das setzt Energien frei, die weit über die Kräfte von jeder und jedem Einzelnen hinausgehen. Gerade angesichts der vor uns liegenden planetarischen Herausforderungen sollten wir das nicht vergessen. Die Tatsache, dass niemand sie allein lösen kann, hat nämlich auch etwas Tröstliches: Keine/r braucht einen Masterplan, und doch können wir alle an der Lösung mitarbeiten. Denn wie die Netzwerkforschung zeigt, kann jede Handlung weitere anstoßen, und der Komplexität der Probleme steht am Ende die Lösungskompetenz von acht Milliarden Menschen gegenüber. Wer weiß, was daraus noch alles erwächst?

HIMMEL UND HÖLLE

Die folgende Parabel wurde mir von einem alten buddhistischen Mönch erzählt. Leider kenne ich keine Originalquelle, vielleicht wurde die Geschichte auch nur mündlich weitergegeben. Sie passt allerdings perfekt ans Ende dieses Buches, weil sie das Wesentliche zum Thema Gemeinsinn zusammenfasst.

Ein Zen-Meister wird von einem wissbegierigen Schüler gefragt, ob es Himmel und Hölle tatsächlich gäbe und wie es dort aussehe. Zuerst wehrt der Meister unwirsch ab und erklärt kurz angebunden, »Himmel« und »Hölle« hingen nur vom jeweiligen Geisteszustand ab; doch der Schüler versteht nicht und fragt immer wieder von Neuem.

Da erscheint ihm eines Nachts der Meister im Traum, nimmt ihn bei der Hand und geht auf ein großes Tor zu. Quietschend öffnen sie es und betreten einen riesigen Saal, in dem eine gespenstische Stimmung herrscht. An langen Tischen sitzen hungrige Gestalten mit leeren Bäuchen und verzweifeltem Blick; sie haben zwar alle eine dampfende Schale mit Reis und Gemüse vor sich stehen – aber zugleich Ess-Stäbchen in der Hand, die jeweils einen Meter lang sind. Und damit schaffen sie es einfach nicht, sich den Reis in den Mund zu schaufeln, weshalb sie im Angesicht des Essens weiter darben müssen, was ihre Qualen ins schier Unermessliche steigert. »Das«, sagt der Meister, »ist die Hölle.«

Schweigend gehen sie weiter und kommen in einen zweiten Saal, in dem ihnen heiterer Essenlärm entgegenschlägt. Dabei ist das Setting dasselbe wie im vorigen Raum: An langen Tischen mit dampfenden Schalen sitzen sich lauter Menschen gegenüber, die meterlange Ess-Stäbchen in der Hand halten. Doch hier greifen sie mit ihren Stäbchen über den Tisch in die Schale ihres Gegenübers und reichen sich gegenseitig höflich ihr Essen an – wodurch alle gleichermaßen satt werden.

»Und das«, sagt der Meister, »ist der Himmel.«

DANK

Mit dem Schreiben eines solchen Buches verhält es sich ähnlich wie mit dem Gedankenexperiment zum Kaffeetrinken in Kapitel 4: Wer versucht, alle Beteiligten aufzuzählen, stellt schnell fest, dass dies ins Uferlose geht. Denn letztlich sind unzählige Hände und Köpfe nötig, damit am Ende ein Buch entsteht; und es ist unmöglich, wirklich allen zu danken, die Anregungen, Ideen oder Arbeitskraft beigesteuert haben. Manche Formulierungen gehen zum Beispiel auf die jahrelang zurückliegende Lektüre von Büchern oder Artikeln zurück oder auf Gespräche, an die sich der Autor selbst nicht mehr erinnert und die Teil seines eigenen Denkens geworden sind. Mein Dank geht daher ausdrücklich auch an all jene, die in diesem Buch nicht genannt werden und doch unbewusst dazu beigetragen haben. Im Besonderen aber möchte ich jenen Menschen danken, die mich in den vergangenen zwei Jahren immer wieder unterstützt, beraten, inspiriert und getragen haben und ohne die es dieses Buch – zumindest in dieser Form – nicht gäbe. Dieser Dank geht an:

Meinen Lektor Christian Koth für seinen Glauben an dieses Projekt und die Geduld bei dessen Umsetzung;

Matthias Landwehr für die Idee und Hilfe unterwegs;

Hannah Koch für ihre schöne Cover-Idee;

Daniel Remigius Auf der Mauer für seine Erfahrung mit Konflikten und die Bereitschaft, diese zu teilen;

Hartmut Rosa für sozialenergetische Gedanken und hilfreiche Einwände;

Marian Brugger und Jürg Augsburger für inspirierende Gespräche über Sozialnaturen und Alleingänger*innen;

Bernhard Pörksen für gedankliche Unterstützung aus der Ferne;

Harro Albrecht für den Einblick in die Seele freiheitsliebender Motorrad-Gemeinwesen;

Martin Kraft für seine hilfreichen Erfahrungen und seinen Humor;

Arne Klaskala für den Einblick in Künstlerseelen;

Nils Kaczirek für die Erinnerung an die kritische Masse;

Tom Postmes für wissenschaftliche Präzisierung und hilfreichen Austausch;

die Anonymen Alkoholiker Hamburg, die mir die Teilnahme an einer ihrer Sitzungen erlaubten;

Manuela Steiner für die Kunst, Geist und Geld zusammen zu bringen;

Natalie Knapp für philosophische Reflexionen und ihr Wissen über Netzwerke;

Helga Hillebrecht für Kaffee, weiße Bilder und großmütterliche Erfahrungen;

Bernard Koshi Dokai Poirier für die Geschichte von Himmel und Hölle;

Zoma und das Team des Kailash-Centers in Törbel/Schweiz für eine friedvolle Auszeit;

Lama Yeshe, Beate Göbel und das Dharmazentrum Möhra für das Mandala des Gemeinsinns;

meine großartige Nachbarschaft, die beispielhaft zeigt, wie man sich gegenseitig unterstützen und gemeinsam feiern kann (mit einem speziellen Dank an Carlo, unseren Antreiber und Animateur);

und natürlich an Karo für stete Unterstützung, gute Laune und unser erfolgreiches Zusammensein.

ANMERKUNGEN

Einleitung

1 About Coast Redwoods, California Dep. of Parks and Recreation https://www.parks.ca.gov/?page_id=22257, J. Szalay: Giant Sequoias and Redwoods: The Largest and Tallest Trees, LiveScience, 5. 5. 2017 https://www.livescience.com/39461-sequoias-redwood-trees.html
2 J. W. Goethe: Faust. Der Tragödie erster Teil, Reclam, S. 27, Z. 860
3 Nassim Nicholas Taleb: Der schwarze Schwan, Hanser, 2008
4 U. Schnabel: Das Überraschende erwarten. DIE ZEIT 16/2011 https://www.zeit.de/2011/16/Lernen-Katastrophen
5 Siehe etwa: Für den Notfall vorsorgen. Bundesamt für Bevölkerungsschutz und Katastrophenhilfe https://www.bbk.bund.de/DE/Warnung-Vorsorge/Vorsorge/vorsorge_node.html
6 John Donne: Devotions Upon Emergent Occasions, Meditation XVII, (veröff. 1624), abrufbar über Project Gutenberg: https://www.gutenberg.org/files/23772/23772-h/23772-h.htm
7 Den Hinweis verdanke ich Dieter Hildebrandt in der ZEIT (36/1975): www.zeit.de/1975/36/warum-niemand-eine-insel-ist

I. Wie Unmögliches möglich wird

1 https://www.anonyme-alkoholiker.de/unsere-idee/zwoelf-schritte/
2 Kelly JF, Humphreys K, Ferri M: Alcoholics Anonymous and other 12step programs for alcohol use disorder – Cochrane Systematic Review. 11. März 2020. https://doi.org/10.1002/14651858.CD012880.pub2. R. Meyer: Anonyme Alkoholiker wirksamer als Therapien, Deutsches Ärzteblatt, PP, Heft 6, Juni 2020, https://www.aerzteblatt.de/archiv/214321/Suchtkranke-Anonyme-Alkoholiker-wirksamer-als-Therapien
3 A. Rosengren et al.: Stressful Life Events, Social Support and Mortality in Men born in 1933«, BMJ 207, Nr. 17, 1983, S. 1102–1105

4 Welin L, Larsson B et al.: Social network and activities in relation to mortality from cardiovascular diseases, cancer and other causes: a 12 year follow up of the study of men born in 1913 and 1923. Journal of Epidemiology and Community Health. 1992; 46(2): 127–132. http://www.ncbi.nlm.nih.gov/pmc/articles/PMC1059519/pdf/jepicomh00209-0041.pdf

5 C. Zaza, N. Baine: Cancer pain and psychosocial factors: a critical review. in: J. Pain Symptom Manage, Vol. 24(5), 2002, S. 526–542

6 Kann Social Media Leben retten, Jörg Hoppe? In Turi2-Edition, #14, https://www.turi2.de/aus-der-edition/kann-social-media-leben-retten-joerg-a-hoppe/

7 https://yeswecan-cer.org/

8 J. T. Cacioppo, W. Patrick: Loneliness: Human nature and the need for social connection, New York: Norton. (2008)

9 KM Nielsen et al.: Danish singles have a twofold risk of acute coronary syndrome, JECH, Vol. 60, S. 721 (2006)

10 L. Hawkley, J. Capitanio: Perceived social isolation, evolutionary fitness and health outcomes: a lifespan approach. In: P. Kappeler, C. Nunn: The sociality-health-fitness nexus in animal societies, Phil. Trans. Royal Society B: Biological Sciences, May 2015, Vol. 370 (1668) http://rstb.royalsocietypublishing.org/content/sociality-health-fitness-nexus-animal-societies
http://rstb.royalsocietypublishing.org/lookup/doi/10.1098/rstb.2014.0114

11 D. K. Williams, J. P. Forgas et al.: The social outcast. Ostracism, social exclusion, rejection, and bullying, New York, 2005, E-Book.

12 J. Holt-Lunstad, TB Smith, JB Layton: Social Relationships and Mortality Risk: A Meta-analytic Review. PLoS Med 7(7), 2010 http://www.plosmedicine.org/article/fetchObject.action?uri=info:doi/10.1371/journal.pmed.1000316&representation=PDF

13 H. Rosa im Gespräch mit E. v. Thadden: Leiden wir an einem gemeinschaftlichen Burn-out? ZEIT Online, 13. Juni 2020 https://www.zeit.de/kultur/2020-06/hartmut-rosa-soziale-energie-coronavirus-burn-out

14 R. Collins: Emotional Energy as the Common Denominator of Rational Action. Rationality and Society, Vol. 5 (2): 203–230. (1993) doi:10.1177/1043463193005002005

15 H. Rosa im Gespräch mit P. Unfried: »Die Umwege fehlen jetzt«, die tageszeitung, 24. 4. 2021
https://taz.de/Soziologe-Hartmut-Rosa-im-Gespraech/!5763329/

16 P. Bays, D. M. Wolpert, J. R. Flanagan: Perception of the Consequences of Self-Action Is Temporally Tuned and Event Drive, Current Biology, Vol. 15, S. 1125, 2005

17 Ishiyama S., Kaufmann, L. V. & Brecht M.: Behavioral and cortical correlates of self-suppression, anticipation and ambivalence in rat tickling, Current Biology, Vol. 29, 2019. https://doi.org/10.1016/j.cub.2019.07.085
siehe auch: Warum können wir uns nicht kitzeln?, Pressemeldung der HU Berlin, 26. 9. 2019
https://www.hu-berlin.de/de/pr/nachrichten/september-2019/nr-19926

18 H. Rosa im Gespräch mit P. Unfried: »Die Umwege fehlen jetzt«, die tageszeitung, 24. 4. 2021
https://taz.de/Soziologe-Hartmut-Rosa-im-Gespraech/!5763329/

19 Gustave Le Bon: Psychologie der Massen, Kröner TB, S. 4 ff.

20 Gunter Dueck: Schwarmdumm: So blöd sind wir nur gemeinsam, Campus 2015

21 Walter Mohr im Gespräch mit Andreas Loos: »Wer sagt, dass Repräsentativität die Prognosen genauer macht?« ZEIT Online, 8. 11. 2019
https://www.zeit.de/politik/deutschland/2019-10/datenerhebungen-wahlen-statistiken-wahlprognosen-wahlumfragen-repraesentativitaet

22 U.Schnabel: Relativitätstheorie mit Wurst und Käse, DIE ZEIT 52/2004
https://www.zeit.de/2004/52/E-Annus_mirabili

23 D. Castelvecchi: Physics paper sets record with more than 5,000 authors, Nature (2015)
https://www.nature.com/articles/nature.2015.17567

24 U. Schnabel: Im Sternenkino gibt's jetzt Ton, DIE ZEIT 43/2017
https://www.zeit.de/2017/43/gravitationswellen-neutronensterne-gammablitze-astronomie

25 Turner Prize split four ways as nominees decide against a single winner, BBC, 4. 12. 2019
https://www.bbc.com/news/entertainment-arts-50631998

26 H. Rauterberg: Wir! Wir! Wir!, DIE ZEIT 43/2021 https://www.zeit.de/2021/43/kunstkollektive-kunst-documenta-turner-preis-kunstmarkt-identitaetspolitik-kapitalismus/komplettansicht

27 Nelson Mandela: Der lange Weg zur Freiheit, Spiegel Edition, 2006/2007, S. 258

28 Ebd., S. 494

29 http://criticalmass.de/

30 Theodore Zeldin: Conversation. How Talk Can Change Our Lives. Paulist PR, 2000

31 T. Zeldin im Gespräch mit Clara Rauschendorfer und Niels Boeing: Die Kunst der Konversation, ZEIT Wissen 06/2020, 28. November 2020
https://www.zeit.de/zeit-wissen/2020/06/theodore-zeldin-gespraechsfuehrung-konversation-meinung-sprechen

32 Peter Fischli/David Weiss, Findet mich das Glück? Walther König, Köln 2003

33 Heinrich von Kleist: Über die allmählige Verfertigung der Gedanken beim Reden. Eine zwiespältige Ausgabe, Dielmann, Frankfurt am Main 1999

34 Michael Lukas Moeller: Die Wahrheit beginnt zu zweit: Das Paar im Gespräch, Rowohlt TB; Neuausgabe, 2010

2. Von Feuer- und Wasserwesen

1 Michael Ende: Jim Knopf und die Wilde 13. Thienemann, 1962, S. 45 ff.

2 Eine ausführlichere Erklärung findet sich zum Beispiel hier: U. Schnabel: Physik von den Socken, https://www.zeit.de/2000/51/200051_quantentheorie.xml

3 Marten Düring: Verdeckte soziale Netzwerke im Nationalsozialismus, de Gruyter, 2015

4 K. Mahbubani: Der Westen hat nicht rational und vernünftig gehandelt. Der Spiegel 43/2021
https://www.spiegel.de/politik/lehren-der-corona-pandemie-daten-luegen-nicht-a-eb83c754-ed17-4616-83b8-7e06f1145297

5 E. Lamby-Schmitt: Shanghaier Bürger begehren auf, Tagesschau, 29. 04. 2022
https://www.tagesschau.de/ausland/asien/shanghai-proteste-101.html
6 Geburtenrate in Südkorea weiter im Sinkflug, KBS World, 30. 10. 2021
https://world.kbs.co.kr/service/contents_view.htm?lang=g&menu_cate=issues&id=&board_seq=412763
7 M. Kölling: Südkorea stemmt sich mit einer Geburtenprämie gegen das Schrumpfen der Gesellschaft, Neue Zürcher Zeitung, 31. 01. 2021
https://www.nzz.ch/international/suedkorea-kaempft-mit-geld-gegen-tiefe-geburtenrate-ld.1598794
8 K. G. Peters: Kinder? Ohne mich. Spiegel Online, 07. 03. 2020
https://www.spiegel.de/ausland/suedkorea-und-die-niedrige-geburtenrate-warum-viele-koreanerinnen-keine-kinder-moechten-a-40617d97-7761-43f0-ac63-4d63f3433a17
9 Karl R. Popper: Die offene Gesellschaft und ihre Feinde, Mohr, Tübingen 2003 (Orig.: The Open Society and Its Enemies. Routledge, London 1945)
10 A. Hirschmann: Wieviel Gemeinsinn braucht die liberale Gemeinschaft? *Leviathan*, Vol. 22, No. 2 (1994), Nomos Verlagsgesellschaft
https://www.jstor.org/stable/23983905
11 Ernst-Wolfgang Böckenförde: Freiheit ist ansteckend. Frankfurter Rundschau, 2. November 2010
12 Deutschland, für einige eine Scheindemokratie. Deutschlandfunk, 12. April 2022
https://www.deutschlandfunknova.de/beitrag/deutschland-fuer-einige-eine-scheindemokratie-allensbach-umfrage
13 C. Stöcker: Vergesst den »Zusammenhalt«, Spiegel Online, 21. 11. 2021
https://www.spiegel.de/wissenschaft/mensch/corona-debatte-vergesst-den-zusammenhalt-kolumne-a-b0e6b2e8-e1ed-4930-803e-f1ff581d6db3
14 Gemeinsinn. Was ihn bedroht und was wir für ihn tun können, Forschungsprojekt Universität Konstanz
https://www.uni-konstanz.de/forschen/forschungseinrichtungen/

gemeinsinn-was-ihn-bedroht-und-was-wir-fuer-ihn-tun-koennen/personen/
15 Silke van Dyk, Tine Haubner: Community-Kapitalismus, Hamburger Edition, 2021
16 Aleida Assmann im Gespräch: Es ist Zeit für mehr Gemeinsinn, Deutschlandfunk, 09. 02. 2021
https://www.deutschlandfunkkultur.de/coronakrise-und-klimawandel-es-ist-zeit-fuer-mehr-gemeinsinn-100.html
17 A. Assmann: Gemeinsinn. Was ihn bedroht und was man für ihn tun kann. Vortrag am 09. 02. 2021, Jakob-Fugger-Zentrum Uni Augsburg.
https://www.youtube.com/watch?v=OX7Xf3onahc
18 www.aufdermauer.name

3. Zwischen Egoismus und Hilfsbereitschaft

1 Tom Postmes: Social animal Tivoli 2019. Vortrag auf Youtube, (ab Min. 4:00)
https://www.youtube.com/watch?v=ZkZHWrYSTkQ
2 Persönliche Kommunikation mit T. Postmes, 23. November 2021
3 Rutger Bregman: »Im Grunde gut. Eine neue Geschichte der Menschheit«, Rowohlt Verlag, 2020
4 Land unter Wasser, taz, 16. 7. 2021
https://taz.de/Hochwasser-in-Westdeutschland/!5782556/
5 https://www.back-company.de/tagebuch-ueberschwemmung-in-bergisch-gladbach/
6 Allerbeck, Allmendinger, Andreß: Allgemeine Bevölkerungsumfrage der Sozialwissenschaften ALLBUS – Kumulation 1980–2018, GESIS Datenarchiv, Köln. ZA5274 (2021), https://doi.org/10.4232/1.13748
7 M. C. Schulte von Drach: Die Vermessung des Gemeinsinns. Süddeutsche Zeitung, 23. Juni 2020
https://www.sueddeutsche.de/politik/werkstatt-demokratie-vermessung-gemeinsinn-1.4938666
8 Rees et al.: Erste Ergebnisse einer Online-Umfrage zur gesellschaftlichen Wahrnehmung des Umgangs mit der Corona-Pandemie in

Deutschland, Institut für interdisziplinäre Konflikt- und Gewaltforschung (IKG), Universität Bielefeld
https://pub.uni-bielefeld.de/record/2942930

9 Schulze, Lorenz, Wenzel, Voss: Verhalten der Bevölkerung in Katastrophen: Potenziell hilfsbereit. 21–28. (2015)
https://www.researchgate.net/publication/330115370_Verhalten_der_Bevolkerung_in_Katastrophen_Potenziell_hilfsbereit

10 Das Vermächtnis. Die große Studie von DIE ZEIT, infas, WZB
https://www.zeit.de/serie/das-vermaechtnis

11 J. Allmendinger, J. Wetzel: Die Vertrauensfrage. Für eine neue Politik des Zusammenhalts, Dudenverlag Berlin, 2020, S. 60

12 Charles Fritz: Disasters and Mental Health: Therapeutic Principles Drawn From Disaster Studies, Disaster Research Center, University of Delaware, 1996
https://udspace.udel.edu/handle/19716/1325

13 Quarantelli. Enrico L. (1960): Images of Withdrawal Behavior in Disasters: Some Basic Misconceptions In: Social Problems 8 (1), S. 68–79.
https://doi.org/10.2307/798631

14 Quarantelli, Enrico L.: Human and Group Behavior in the Emergency Period of Disasters: Now and in the Future. Hg. v. Disaster Research Center. University of Delaware (1993) https://udspace.udel.edu/bitstream/handle/19716/581/PP196.pdf%3Bjsessionid%3DA79CA460F67610E7B71896CF8A1BB5C8?sequence%3D1

15 Bonanno GA, Galea S, Bucciarelli A, Vlahov D:. Psychological resilience after disaster: New York City in the aftermath of the September 11th terrorist attack. Psychological Science. *Vol.* 17, S. 181–86, 2006

16 Gespräch mit Irene Dische und Natalie Knapp: »Es gibt immer eine Lücke« DIE ZEIT 31/2017
https://www.zeit.de/2017/31/zuversicht-gelassenheit-krise-unsicherheit/komplettansicht

17 J. Zaki: Catastrophe Compassion: Understanding and Extending Prosociality Under Crisis, Science & Society Vol. 24 (8), P587-589, August 01, 2020
siehe auch: L. Sontheimer: Macht uns die Corona-Pandemie egoistischer? ZEIT Online, 3. Januar 2021

https://www.zeit.de/wissen/gesundheit/2020-12/egoismus-corona-krise-psychologie-solidaritaet-verhalten/komplettansicht

18 A. von Westphalen: Der Mensch in Zeiten der Katastrophe, Deutschlandfunk, 19. 07. 2020 https://www.deutschlandfunk.de/altruismus-der-mensch-in-zeiten-der-katastrophe-100.html

19 S. Maloy: Wash. Post 's criticism of sensationalist Katrina coverage focused on CNN, ignored Fox, Media Matters, 10. 6. 2005 https://www.mediamatters.org/cnn/wash-post-s-criticism-sensatio nalist-katrina-coverage-focused-cnn-ignored-fox

20 United States Congress: A Failure of Initiative: Final Report of the Select Bipartisan Committee to Investigate the Preparation for and Response to Hurricane Katrina, (February 19, 2006) S. 248 https://web.archive.org/web/20090326065222/http://www.gpoaccess.gov/katrinareport/fullreport.pdf

21 Schulze, Lorenz, Wenzel, Voss: Verhalten der Bevölkerung in Katastrophen: Potenziell hilfsbereit. 21–28. (2015)

22 K. D. Vohs et al.: The Psychological Consequences of Money, *Science* Vol. 314, 1154 (2006)

23 K. D. Vohs: Money Priming Can Change People's Thoughts, Feelings, Motivations, and Behaviors: An Update on 10 Years of Experiments, Journal of Experimental Psychology: General (2015), Vol. 144, No. 4, e86-e93

24 Savani, K., Rattan, A.: A Choice Mind-Set Increases the Acceptance and Maintenance of Wealth Inequality, Psychological Science, July 2012 23: 796–804, http://pss.sagepub.com/content/23/7/796.abstract

25 P. K. Piff, M.W. Kraus et.al.: Having less, giving more: the influence of social class on prosocial behavior. Journal of personality and social psychology, Vol. 99 (5): S. 771-84. (2010) doi: 10.1037/a0020092

26 Converse, BA, Risen, JL, Carter, TJ: Investing in Karma: When Wanting Promotes Helping, Psychological Science, July 3, 2012 https://pages.shanti.virginia.edu/Benjamin_A_Converse/files/2012/02/Converse-Risen-Carter-2012-Psych-Sci-_-Investing-in-karma.pdf

27 H. Sußebach: Maria und Josef im Ghetto des Geldes, DIE ZEIT 52/2011 https://www.zeit.de/2011/52/DOS-Maria-und-Josef

28 N. Ahr, H. Sußebach: Maria und Josef in Neukölln, DIE ZEIT 52/2012
https://www.zeit.de/2012/52/Maria-Josef-Neukoelln
29 Henrich, J., et al.: In search of Homo economicus: Behavioral experiments in 15 small-scale societies. American Economic Review, *91,* 73–78., 2001
30 K. Rudzio, S. Venohr et.al.: Schwimmen Sie vorne mit? ZEIT Online, 25. Februar 2016
https://www.zeit.de/wirtschaft/2016-02/arbeit-mindestlohn-erfolg-deutschland-studie-vermaechtnis

4. Unsere »ultrasoziale« Natur

1 David Foster Wallace: Das hier ist Wasser, Kiepenheuer & Witsch, 2012
2 Martin Buber: Ich und Du, Reclam, Stuttgart 1995
3 M. Greffrath: Das Tier, das »Wir« sagt. In: DIE ZEIT 16/2009
http://www.zeit.de/2009/16/PD-Tomasello
4 W. Herrmann, M. Tomasello et al.: Humans Have Evolved Specialized Skills of Social Cognition: The Cultural Intelligence Hypothesis, Science, Vol. 317, Issue 5843, S. 1360–1366
5 Michael Tomasello: Eine Naturgeschichte des menschlichen Denkens, Suhrkamp, 2014
6 https://www.bbc.co.uk/programmes/p01sx6sq
7 Warneken, W., & Rosati, A. G. (2015). Cognitive capacities for cooking in chimpanzees. Proceedings of the Royal Society B, 282, 20150229. doi:10.1098/rspb.20150229
8 P. Lang, U. Schnabel: Der Affe als Küchenmeister, DIE ZEIT 23/2015
https://www.zeit.de/2015/23/affe-schimpanse-kochen-verhaltens forschung
9 M. Tomasello im Interview: Im tiefsten Sinne sind wir soziale Wesen. FAZ, 23. 11. 2011
10 A. Barth: Kaspar Hausers Geschwister, Der Spiegel, 13, 1995, S. 90
www.spiegel.de/spiegel/print/d-9176396.html
11 T. Thielke: Rückkehr nach Cighid, Spiegel Online, 16. 12. 2011
www.spiegel.de/einestages/kinderheimskandal-in-rumaenien-a-947428.html

12 The Bucharest Early Intervention Project http://www.bucharestearly-interventionproject.org/

13 C. Brinck: Die Folgen der Isolation, DIE ZEIT 51/2012, http://www.zeit.de/2012/51/Isolation-Kinder-Waisenhaus-Rumaenien
sowie: J. Grolle: Protokoll des Grauens, Der Spiegel 8/2014

14 C.Nelson, N. Fox, C. Zeanah: Romania's Abandoned Children. Harvard University Press, Cambridge, 2014

15 W. Prinz : Die soziale Ich-Maschine, DIE ZEIT 24/2010 https://www.zeit.de/2010/24/Prinz-Interview/komplettansicht

16 W. Prinz: Selbst im Spiegel, Suhrkamp 2013

17 MK-ULTRAViolence. The McGill Daily, 6. 9. 2012 https://www.mcgilldaily.com/2012/09/mk-ultraviolence/

18 C. Rosner: Isolation. Canada's History, 21. 1. 2016 https://www.canadashistory.ca/explore/science-technology/isolation

19 Alfred McCoy: A Question of Torture, Metropolitan Books, 2006

20 John P. Zubek: Sensory deprivation: fifteen years of research. New York, Appleton-Century-Crofts (1969)

21 Kubark Counterintelligence Interrogation, 1963, https://ia802805.us.archive.org/25/items/Kubark1963InterrogationManual/Kubark%201963%20Interrogation%20Manual_text.pdf

22 Horst-Eberhard Richter: Flüchten oder Standhalten, Rowohlt 1976, S. 39

23 Ebd. S. 45

24 T. Lewis, F. Amini, R. Lannon: A General Theory of Love, Vintage Books, 2001, S. 84 ff.

25 M. K. McClintock: »Menstrual synchrony and suppression«. Nature Vol. 229 (5282), 1971, S. 244–5.

26 Zit. nach: S. Kurz: Synchronisieren Frauen ihre Fruchtbarkeit? Die WELT, 3. 2. 2012

27 J. Helm et al.,: Assessing cross-partner associations in physiological responses via coupled oscillator models. Emotion. 2012 Aug; Vol. 12(4): 748–62

28 P. Goldstein et al: Brain-to-brain coupling during handholding is associated with pain reduction, PNAS, Vol. 115 (11), February 26, 2018 https://doi.org/10.1073/pnas.1703643115

29 S. Oishi, J. Schiller et al.: Felt Understanding and Misunderstanding Affect the perception of Pain, Slant and Distance, in: Social Psycological and Personality Science, Vol. 4 (3), 2012, S. 259–266

30 R. I. M. Dunbar et al: Social laughter is correlated with an elevated pain threshold, Proc. R. Soc. B: 2011; DOI: 10.1098/rspb.2011.1373. Published 14 September 2011
http://rspb.royalsocietypublishing.org/content/royprsb/early/2011/09/12/rspb.2011.1373.full.pdf

31 G. MacDonald, L. A. Jensen-Campbell et al.: Social pain. Neuropsychological and health implications of loss and exklusion, Washington D.C, 1st, 2011
D. K. Williams, J. P. Forgas et al.: The social outcast. Ostracism, social exclusion, rejection, and bullying, New York, 2005, E-Book.

32 Harro Albrecht: Schmerz. Eine Befreiungsgeschichte, Pattloch, 2015, S. 529

33 C. N. Dewall, G. MacDonald et al.: Acetaminophen reduces social pain. In: Psychol. Sci., Vol. 21(7), 2010, S. 931–937

34 Löken LS, Wessberg J, Morrison I, McGlone F, Olausson H.: Coding of pleasant touch by unmyelinated afferents in humans. Nat Neurosci. 2009 May; 12(5):547–8. doi: 10.1038/nn.2312.

35 Harro Albrecht: Schmerz, 2015, S. 530

36 H.-E. Richter (1976), S. 18

37 Hartmut Rosa im Gespräch: »Hier kann ich ganz sein, wie ich bin«, DIE ZEIT 34/2014
https://www.zeit.de/2014/34/hartmut-rosa-ich-gefuehl

38 John Fire Lame Deer, Richard Erdoes: Tahca Usthe, Medizinmann der Sioux, List Verlag, 1979, S. 15 ff.

5. Das Ich und die Anderen

1 In der Ausstellung »Kosmos im Kopf« im Dresdner Hygienemuseum 2000,
Siehe auch: U. Schnabel: Singende Hirne, DIE ZEIT 17/2000
https://www.zeit.de/2000/17/200017.hirn-ausstellung.xm

2 F. A. Brockhaus. 14. Auflage. 9. Bd. Leipzig/ Berlin/ Wien 1894–1896. S. 512

3 Hartmut Rosa: Beschleunigung. Die Veränderung der Zeitstruktur in der Moderne, Suhrkamp, 2012, S. 238

4 https://eu.themyersbriggs.com/de-DE/tools/MBTI/MBTI-personality-Types/ISTP

5 J. Kopatzki: Wer bin ich wirklich? DIE ZEIT 06/2022 https://www.zeit.de/2022/06/persoenlichkeit-horoskope-tests-psychologie/komplettansicht

6 A. Grant: Goodbye to MBTI, the Fad That Won't Die, Psychology Today, 18. 9. 2013 https://www.psychologytoday.com/us/blog/give-and-take/201309/goodbye-mbti-the-fad-won-t-die

7 https://plakos-akademie.de/mbti-test/

8 siehe etwa: Die 5 Charaktere aus Sicht der 5 Elemente. TCM-Zentrum Wien
https://tcm-zentrum-wien.at/download/Die_5_Charaktere_aus_der_Sicht_der_5_Elemente.pdf

9 The Characters of Theophrastus
https://www.eudaemonist.com/biblion/characters/

10 D. Kahneman: Schnelles Denken, langsames Denken, Siedler 2012, S. 260

11 Sudhir Kakar im Gespräch mit E. v. Thadden: Die Igel der Welt, DIE ZEIT 15/2005
https://www.zeit.de/2005/15/st-kakarneu

12 Arthur Schopenhauer: Parerga und Paralipomena, Band II, Kapitel XXXI, Abschnitt 396, Diogenes

13 David Riesman: Die einsame Masse, Rowohlt; TB Edition, 1958

14 G. Lewis-Kraus: Yelp and the Wisdom of »The Lonely Crowd«, The New Yorker, May 7, 2013
https://www.newyorker.com/tech/annals-of-technology/yelp-and-the-wisdom-of-the-lonely-crowd

15 David M. Mayer: The psychology of fairness. The Conversation, December 21, 2020
https://theconversation.com/the-psychology-of-fairness-why-some-americans-dont-believe-the-election-results-152305

16 Mayer, D. M., Greenbaum, R. L., Kuenzi, M., & Shteynberg, G. (2009). When do fair procedures not matter? A test of the identity violation effect. Journal of Applied Psychology, 94(1), 142–161. https://doi.org/10.1037/a0013108

17 S. Nicke: Der Begriff der Identität. Bundeszentrale für politische Bildung, 17. 12. 2018
https://www.bpb.de/themen/parteien/rechtspopulismus/241035/der-begriff-der-identitaet/
18 Erik H. Erikson: Kindheit und Gesellschaft, Klett Cotta, 1999
19 C. Goddemeier: Erik H. Erikson: Pionier der Identitätskrise und Freidenker, Ärzteblatt, PP 18, Ausgabe Mai 2019, Seite 220
20 Erik H. Erikson: Identität und Lebenszyklus, Suhrkamp, 1966, S. 107
21 Pers. Kommunikation mit K. Rothermund, 2014 siehe auch: U. Schnabel: Mein wahres Gesicht, DIE ZEIT 34/2014
https://www.zeit.de/2014/34/authentizitaet-persoenlichkeit-wahres-gesicht/komplettansicht
22 J. Quoidbach, D. T. Gilbert, T. D. Wilson: The End of History Illusion, Science, Vol. 339, 6115, (2012)
23 F. Neyer, J. Lehnart: Das dynamisch-interaktionistische Modell, In: Handbuch Sozialisationsforschung, 8. Auflage, Beltz, 2015
https://www.researchgate.net/publication/267391666_Das_dynamisch-interaktionistische_Modell
24 Die Idee zu dieser Übung stammt von dem (inzwischen verstorbenen) Psychologen Christopher Peterson und wird in verkürzter Form auch in meinem Buch »Muße« vorgestellt.

6. Die Gefahren der Gemeinschaft

1 M. Katsurin im Gespräch mit B. Pörksen: »Vater, ich erfinde das alles nicht«, ZEIT Online, 24. 3. 2022
https://www.zeit.de/kultur/2022-03/misha-katsurin-russland-propaganda-familie-ukraine
2 https://papapover.com/en/
3 Cristopher Browning: Ganz normale Männer. Das Reservepolizeibataillon 101 und die »Endlösung« in Polen, Rowohlt, 1996
4 Harald Welzer: Täter. Wie aus ganz normalen Menschen Massenmörder werden. Frankfurt/M. 2005
5 M. Pauen, H. Welzer: Autonomie. Eine Verteidigung, S. Fischer, 2015, S. 119
6 Solomon E Asch: Social Psychology, Prentice Hall, 1951

7 R. Bond, P. Smith: Culture and Conformity. A meta-analysis of studies using Asch's line judgement task, Psycholog. Bulletin (1996), Vol. 119, 1, S. 111 ff.

8 Irving Janis: Victims of Groupthink: A Psychological Study of Foreign-Policy Decisions and Fiascoes. Houghton Mifflin, Boston 1972

9 C. Stöcker: Eine 50 Jahre alte psychologische Theorie erklärt Putins Krieg, Spiegel Online, 20. 03. 2022
https://www.spiegel.de/wissenschaft/mensch/ukraine-wladimir-putins-krieg-mit-einer-50-jahre-alten-psychologischen-theorie-erklaert-a-2098f9cb-6c92-4959-b072-5955ddfda749

10 S. Harris, J. Hudson, M. Ryan. S. Mekhennet: In Putin, intelligence analysts see an isolated leader who underestimated the West but could lash out if cornered, Washington Post, March 1, 2022
https://www.washingtonpost.com/national-security/2022/03/01/ukraine-cia-putin-analysis/

11 Brian Klaas: Vladimir Putin Has Fallen Into the Dictator Trap, The Atlantic, March 16, 2022
https://www.theatlantic.com/ideas/archive/2022/03/putin-dictator-trap-russia-ukraine/627064/

12 L. Rendell et al: Why Copy Others? Insights from the Social Learning Strategies Tournament. Science (2010), Bd. 328 (5975), S. 208–213

13 Ulf Dimberg, M. Thunberg, K. Elmehed: Unconscious Facial Reactions to Emotional Facial Expressions, Psychological Science, Vol. 11, No. 1, January 2000, S. 86
sowie: U. Dimberg et al.: Facial reactions to emotional stimuli: Automatically controlled emotional responses. Cognition and Emotion (2002), Vol. 16 (4), 449–471

14 Siehe z. B.: D. Richardson et al.: Synchrony and swing in conversation: coordination, temporal dynamics and communication. In I. Wachsmuth, M. Lenzen & G. Knoblich (eds.), Embodied Communication in Humans and Machines. Oup Oxford. (2008)

15 H. Larsen et al.: Peer influence in a micro-perspective: imitation of alcoholic and non-alcoholic beverages. Addictive Behaviours (2010) Vol. 35 (1), S. 49–52

16 R. Koordeman et al: Do We Act upon What We See? Direct Effects of Alcohol Cues in Movies on Young Adults' Alcohol Drinking. Alcohol and Alcoholims, 2011, Vol. 46, (4), S. 393–8
17 T. L. Chartrand, J. A. Bargh: The chameleon effect: the perception-behavior link and social interaction. Journal of Personality and Social Psychology. 1999 Vol. 76 (6): 893–910
18 E. Hatfield et al.: Emotional Contagion, Current Directions in Psychological Sciences (1993), Vol. 2, S. 96
19 E. Hatfield, J. T. Cacioppo, R. L. Rabson: Emotional Contagion, Cambridge University Press, 1994
20 L. Coviello, A. Kramer et al. (2014) Detecting Emotional Contagion in Massive Social Networks. PLoS ONE 9(3): e90315. http://www.plosone.org/article/info%3Adoi%2F10.1371%2Fjournal.pone.0090315#pone-0090315-g003
21 A. Kramer et al.: Experimental evidence of massive-scale emotional contagion through social networks. PNAS (2014) Vol. 111 no. 24, S. 8788–8790, http://www.pnas.org/content/111/24/8788.full
22 Eyal Winter: Kluge Gefühle, DuMont Verlag, Köln 2015
23 Harald Martenstein: Der Sog der Masse, DIE ZEIT 46/2011 https://www.zeit.de/2011/46/DOS-Mainstream/komplettansicht
24 Stanley Milgram: Behavioral Study of Obedience. In: Journal of Abnormal and Social Psychology. Band 67, 1963, S. 371–378
25 Zitiert nach: Thomas Blass: The Man Who Shocked The World: The Life and Legacy of Stanley Milgram, Basic Books, 2004, S. 100
26 M. Pauen, H. Welzer: Autonomie. Eine Verteidigung, S. Fischer, 2015, S. 147 ff.
27 Jens Corssen: Persönlichkeit. Ein Seminar für die ZEIT Akademie, 2017
28 Siehe auch: E. Svoboda: Eight Ways to Stand Up to Hate. Greater Good, University Berkeley, 22.11.2016 http://greatergood.berkeley.edu/article/item/eight_ways_to_stand_up_to_hate
29 https://www.heroicimagination.org/
30 https://www.helden-ev.de/
31 Max Rauner: Du Held! ZEIT Wissen 3/19 https://www.zeit.de/zeit-wissen/2019/03/psychologie-helden-gut-boese-philip-zimbardo/komplettansicht

32 Darley, J. M., & Latané, B.: Bystander intervention in emergencies: Diffusion of responsibility. Journal of Personality and Social Psychology, 8, 377–383 (1968) https://web.archive.org/web/20150513054703/http://psych.princeton.edu/psychology/research/darley/pdfs/Bystander.pdf

33 U. Emeghara: Bystander effect and diffusion of responsibility. Simply Psychology. (2020, Sept 24) www.simplypsychology.org/bystander-effect.html

34 Eine gute Übersicht liefert der Reader »Zivilcourage lernen« der Bundeszentrale für politische Bildung (bpb) und der Landeszentrale für politische Bildung Baden-Württemberg (LpB), 2004 https://www.bpb.de/system/files/pdf/UI8QC9.pdf

35 Ebd. S. 241

36 Zitiert nach Fredmund Malik: Führen Leisten Leben. Wirksames Management für eine neue Zeit. Campus-Verlag, Frankfurt 2006, S. 209

7. Die Kraft von Netzwerken

1 B. Ulrich: Wächst da was zusammen? DIE ZEIT 40/2020 https://www.zeit.de/2020/40/klimaaktivismus-luisa-neubauer-ursula-von-der-leyen-angela-merkel-greta-thunberg-gespraeche/komplettansicht

2 Bundeskanzler Olaf Scholz: Wir erleben eine Zeitenwende. Deutscher Bundestag, Textarchiv, 27. 02. 2022 https://www.bundestag.de/dokumente/textarchiv/2022/kw08-sondersitzung-882198

3 Larry Brilliant im Gespräch mit B. Pörksen: »Warum soll man nicht glauben, dass auch andere Wunder möglich sind?« ZEIT Magazin 12/2022 https://www.zeit.de/zeit-magazin/2022/12/larry-brilliant-philanthrop-corona-pocken-interview/komplettansicht

4 Reinhold Bauer: Gescheiterte Innovationen, Campus Verlag, 2006 Siehe auch: U. Schnabel: Gut gemeint ist schlecht erfunden. DIE ZEIT 23/2004 https://www.zeit.de/2004/23/I-Floppologie/komplettansicht

5 Pressemeldung der Uni Bamberg: Wie ansteckend es ist, Kinder zu kriegen (11. 2. 2020)
https://www.uni-bamberg.de/presse/pm/artikel/studie-kinderwunsch-sozialer-einfluss/

6 N. Balboa, N. Barban: Does Fertility Behavior Spread among Friends? American Sociological Review, Vol. 79(3), 2014, S. 412–431
www.asanet.org/sites/default/files/savvy/journals/ASR/Jun14ASRFeature.pdf

7 Z. Buyukkececi, H. Engelhardt et al: Family, Firms and Fertility, Demography (2020), Vol. 57 (1)
https://doi.org/10.1007/s13524-019-00841-y

8 K.Truscheit: Was die kann, kann ich auch. Frankfurter Allgemeine Zeitung, 14. 2. 2020

9 S. Mahmood, D. Levy, R. Vasan, T. Wang: The Framingham Heart Study and the epidemiology of cardiovascular disease: a historical perspective. The Lancet, Vol. 383, (9921), 2014, P. 999–1008
https://www.thelancet.com/journals/lancet/article/PIIS0140-6736(13)61752-3/fulltext

10 J. H Fowler, N. A Christakis: Dynamic spread of happiness in a large social network: longitudinal analysis over 20 years in the Framingham Heart Study. British Medical Journal, Vol. 337, 2008
doi:10.1136/bmj.a2338

11 Nicholas A. Christakis, James H. Fowler: Connected! Die Macht sozialer Netzwerke und warum Glück ansteckend ist, S. Fischer Verlag, 2010

12 Max Rauner: Total vernetzt. ZEIT Wissen 1/2010
https://www.zeit.de/zeit-wissen/2010/01/Soziale-Netzwerke/komplettansicht

13 J. Nolan, R. Cialdini et al.:Normative Social Influence Is Underdetected. Personality & social psychology bulletin. 34. 913–23 (2008)
DOI: 10.1177/0146167208316691

14 Isabella Uhl-Hädicke: Warum machen wir es nicht einfach? Die Psychologie der Klimakrise, Molden Verlag (2022)

15 Isabella Uhl-Hädicke im Gespräch: »Der Panikmechanismus hat extrem gut funktioniert«, ZEIT Online, 26. April 2020

https://www.zeit.de/wissen/2020-04/psychologie-corona-krise-klimawandel-kontrollverlust-ohnmacht-maske-hamstern/komplettansicht

16 I. M. Otto et al.: Social tipping dynamics for stabilizing Earth's climate by 2050. PNAS, Vol. 117(5), (2020) https://doi.org/10.1073/pnas.1900577117

17 Greta Thunberg im Gespräch mit Anne Will. 31. 03. 2019 https://www.youtube.com/watch?v=a8oV53m44PA

18 Centola D, Becker J, Brackbill D, Baronchelli: A. Experimental evidence for tipping points in social convention. Science. 2018, Vol. 360 (6393):1116–1119
https://www.science.org/doi/10.1126/science.aas8827

19 Eine gute Übersicht findet sich bei Tobias Stone: Social Network Theory. The Startup, Oct 29, 2018
https://medium.com/swlh/social-network-theory-a-literature-review-for-understanding-innovation-programs-7f1c214e9a77

20 S. Milgram, J. Travers: An Experimental Study of the Small World Problem. Sociometry, Vol. 32, No. 4, (1969)
https://snap.stanford.edu/class/cs224w-readings/travers69smallworld.pdf

21 S. Schnettler: A structured overview of 50 years of small-world research. Social Networks (2009), Vol. 31(3), S. 165–178

22 Lars Backstrom et al.: Four Degrees of Separation. arXiv:1111.4570v1. (2012)

23 Christakis / Fowler: Connected!

24 M. S. Granovetter: The Strength of Weak Ties, American Journal of Sociology, Vol. 78, (6), 1973, pp. 1360–1380
https://www.cs.umd.edu/~golbeck/INST633o/granovetterTies.pdf

25 R. S. Burt: Structural Holes and Good Ideas. American Journal of Sociology, 110(2), 2004, 349–399
http://www.jstor.org/stable/10.1086/421787

26 J. Perle: Networking your way to innovation. London Business School, 17 February 2016 https://www.london.edu/think/networking-your-way-to-innovation

27 Mark Granovetter: Threshold Models of Collective Behavior, American Journal of Sociology, Vol. 83, No. 6, (1978), S. 1420 ff.

8. Die kleinste gemeinsame Wirklichkeit

1 Siehe auch: Malte Henk: Der Spalt, DIE ZEIT 09/2022 https://www.zeit.de/2022/09/polarisierte-gesellschaft-spaltung-meinung-corona

2 T. Lang: Corona-Leugner bis in den Tod, Verlag Nürnberger Presse, 2. 1. 2022 https://www.nordbayern.de/region/corona-leugner-bis-in-den-tod-wirre-verschwoerungstheorien-auf-intensivstationen-1.11633372

3 Mai Thi Ngyuen-Kim: Die kleinste gemeinsame Wirklichkeit, Droemer, 2021

4 siehe z. B.: Lee Ross und Andrew Ward: Naive Realism in Everyday Life: Implications for Social Conflict and Misunderstanding«, Values and Knowledge (1997)

5 K. Ackerman: An Unforgettable Game – and Lecture. Princeton Alumni Weekly, October 22, 2019 https://paw.princeton.edu/inbox/unforgettable-game-and-lecture

6 Hastorf, A. H., & Cantril, H. (1954). They saw a game; a case study, The Journal of Abnormal and Social Psychology, *49*(1), 129–134 https://doi.org/10.1037/h0057880

7 F. Manjoo: True Enough: Learning to Live in a Post-Fact Society, Wiley, 2008 Excerpts on: https://www.salon.com/2008/03/17/true_enough_excerpt_one/

8 Lord, C. & Ross, L. & Lepper, M. (1979). Biased Assimilation and Attitude Polarization: The Effects of Prior Theories on Subsequently Considered Evidence. Journal of Personality and Social Psychology. 37. 2098–2109. DOI: 10.1037/0022-3514.37.11.2098

9 C. R. Sunstein: The Law of Group Polarization, John M. Olin Program in L. & Econ. Working Paper No. 91, 1999 https://chicagounbound.uchicago.edu/law_and_economics/542/

10 Imre Grimm: Traut euren Augen nicht! Im Krieg der Bilder ist praktisch alles möglich, RedaktionsNetzwerk Deutschland, 16. 03. 2022 https://www.rnd.de/medien/bilder-zum-krieg-in-der-ukraine-was-ist-echt-was-faelschung-ARJX75LDS5GGFKQRNH7EXIDPXU.html

A. Epp, K. Neumann: Der Desinformationskrieg ist in vollem Gang, Spiegel Online, 22. 02. 2022
https://www.spiegel.de/ausland/russland-ukraine-konflikt-der-desinformationskrieg-ist-bereits-in-vollem-gange-a-26dc429c-eea6-421a-a609-6ede054e2196

11 S. Lobo: Die Denkpest geht um. Spiegel Online, 05. 01. 2022, https://www.spiegel.de/netzwelt/netzpolitik/corona-und-die-radikalisierung-der-impfgegner-die-denkpest-geht-um-kolumne-a-307b0e08-c4fe-43c2-800b-b2da618ec4ca?sara_ecid=soci_upd_KsBF0AFjflf0DZCxpPYDCQgO1dEMph

12 Daniel Kahneman, Schnelles Denken, langsames Denken, Siedler, 2012

13 S. Vosoughi, D. Roy, S. Aral: The spread of true and false news online, Science Vol. 359, 1146 (2018)
https://www.science.org/doi/10.1126/science.aap9559

14 Study: On Twitter, false news travels faster than true stories, MIT News, March 8, 2018
https://news.mit.edu/2018/study-twitter-false-news-travels-faster-true-stories-0308

15 Study: 70 % of Facebook users only read the headline of science stories before commenting, Sciene Post, March 5, 2018
http://thesciencepost.com/study-70-of-facebook-commenters-only-read-the-headline/

16 M. Gabielkov, A. Legout et al.: Social Clicks: What and Who Gets Read on Twitter? ACM SIGMETRICS / IFIP Performance 2016, Jun 2016
https://hal.inria.fr/hal-01281190

17 K. Martineau: New Study Highlights Power of Crowd to Transmit News on Twitter, Columbia University Data Science Institute, June 15, 2016
https://datascience.columbia.edu/news/2016/new-study-highlights-power-of-crowd-to-transmit-news-on-twitter/

18 Siehe z. B. PwC: Ranking der 100 wertvollsten Unternehmen 2021 nach Marktkapitalisierung,
https://www.pwc.de/de/kapitalmarktorientierte-unternehmen/ranking-der-100-wertvollsten-unternehmen-2021-nach-marktkapitalisierung.html#ueberblick

19 J. Hohmann: How Zuckerberg's Facebook is like Gutenberg's printing press, Washington Post, 1. April 2018
https://www.newsindiatimes.com/how-zuckerbergs-facebook-is-like-gutenbergs-printing-press/

20 Niall Ferguson: Türme und Plätze. Propyläen, 2018

21 M. Probst, D. Pelletier: Der Krieg gegen die Wahrheit, DIE ZEIT 51/2017
https://www.zeit.de/2017/51/fake-news-klimawandel-energiekonzerne-desinformationskampagne/komplettansicht

22 J. v.Lindern, K. Polke-Majewski, K. Biermann: Digitale Nadelstiche, ZEIT Online, 16. Februar 2022
https://www.zeit.de/digital/2022-02/ukraine-cyberangriff-hacker-russland-cyberkrieg

23 J. Hans: Putins Trolle, Süddeutsche Zeitung, 13. Juni 2014,
https://www.sueddeutsche.de/politik/propaganda-aus-russland-putins-trolle-1.1997470

24 M. Field, M. Wright: Russian trolls sent thousands of pro-Leave messages on day of Brexit referendum, Twitter data reveals, The Telegraph, 17. Oktober 2018.
https://www.telegraph.co.uk/technology/2018/10/17/russian-iranian-twitter-trolls-sent-10-million-tweets-fake-news/

25 US Department of Justice: Case 1:18-cr-00032-DLF, Document 1, Filed 02/16/18
https://www.justice.gov/file/1035477/download

26 Kathleen Hall Jamieson: Cyberwar, Oxford University Press; 2018

27 A. Applebaum, P. Pomerantsev et.al.: Make Germany great again: Kremlin, alt-right and international influences in the 2017 German elections / Institute for Strategic Dialogue, 2017
http://www.isdglobal.org/wp-content/uploads/2017/12/Make-Germany-Great-Again-ENG-061217.pdf

28 A. Applebaum, P. Pomerantsev: Wie der Kreml die deutsche Demokratie destabilisiert, Welt, 05. 12. 2017
https://www.welt.de/debatte/kommentare/article171289304/Wie-der-Kreml-die-deutsche-Demokratie-destabilisiert.html

29 M. Probst: Epochales Staatsversagen. Blätter für deutsche und internationale Politik, 5/2018

30 P. Gensing: Schweden psychologisch verteidigen, tagesschau.de, 06.01.2022
https://www.tagesschau.de/ausland/europa/desinformation-schweden-101.html
31 P. Gensing: Massive Fake-News-Kampagne gegen Schweden, tagesschau.de, 08.02.2022
https://www.tagesschau.de/faktenfinder/fake-news-schweden-fluechtlinge-kinder-101.html?newsletter=true
32 Die AfD verbreitet Fake-News, tagesschau.de, 14.10.2021
https://www.tagesschau.de/ausland/fake-news-schweden-101.html
33 #LastNightInSweden, tagesschau.de, 19.02.2017
https://www.tagesschau.de/ausland/last-night-in-sweden-101.html
34 Pennycook, G., Cannon, T. D., & Rand, D. G. (2018). Prior exposure increases perceived accuracy of fake news, Journal of Experimental Psychology: General, 147(12), 1865–1880.DOI: 10.1037/xge0000465
https://papers.ssrn.com/sol3/papers.cfm?abstract_id=2958246
35 M. S. Chan, K. H. Jamieson et al.: Debunking: A Meta-Analysis of the Psychological Efficacy of Messages Countering Misinformation, Psychological Science, 2017, Vol. 28(11) 1531–1546
https://journals.sagepub.com/doi/pdf/10.1177/0956797617714579
36 N. Chokshi: How to Fight ›Fake News‹ (Warning: It Isn't Easy), *N*ew York Times, Sept. 18, 2017
https://www.nytimes.com/2017/09/18/business/media/fight-fake-news.html?mcubz=1
37 Alternative Fakten: Psychologische Grundlagen einer postfaktischen Diskussionskultur, Pressemeldung der Deutschen Gesellschaft für Psychologie, 11. 09. 2017
https://idw-online.de/de/news680764
38 »Fake News« erkennen lernen: Unterrichtsmaterial für die Schule; NDR-Ratgeber
https://www.ndr.de/ratgeber/medienkompetenz/Fake-News-erken nen-lernen-Unterrichtsmaterial-fuer-die-Schule,fakenews218.html
39 https://www.klicksafe.de/
40 https://www.volkshochschule.de/verbandswelt/projekte/politische_jugendbildung/online-dossier-digitalisierung/modulbox-politische-medienbildung.php

41 Menschen machen Medien: Das Spiel mit Nachrichten, Heft 1/2022 https://mmm.verdi.de/berufliche-trends/das-spiel-mit-nachrichten-79973

42 L. Hagen: Nachrichtenkompetenz in Schulen: mangelhaft, Übermedien.de, 07. 09. 2019 http://uebermedien.de/19777/nachrichtenkompetenz-in-schulen-mangelhaft/

43 N. Thompson, F. Vogelstein: Inside the Two Years That Shook Facebook, Wired, Feb 12, 2018 https://www.wired.com/story/inside-facebook-mark-zuckerberg-2-years-of-hell/

44 The facebook files, The Wall Street Journal Investigation https://www.wsj.com/articles/the-facebook-files-11631713039

45 Haugens Auftritt hier als Stream und zum Nachlesen: https://www.commerce.senate.gov/2021/10/protecting%20kids%20online:%20testimony%20from%20a%20facebook%20whistle blower

46 Bernard Pörksen im Gespräch: »Implosion von Putins Propagandamaschine unvermeidbar«, Der Tagesspiegel, 14. 03. 2022 https://www.tagesspiegel.de/gesellschaft/medien/medienwissenschaftler-bernhard-poerksen-im-interview-implosion-von-putins-propagandamaschine-unvermeidbar/28157428.html

47 Europäische Kommission: Gesetz über digitale Dienste, https://ec.europa.eu/info/strategy/priorities-2019-2024/europe-fit-digital-age/digital-services-act-ensuring-safe-and-accountable-online-environment_de

48 EU einigt sich auf Digitale-Dienste-Gesetz, Netzpolitik.org, 23.04.2022 https://netzpolitik.org/2022/durchbruch-eu-einigt-sich-auf-digitale-dienste-gesetz/

49 M. Beckedahl: Das ist noch kein Plattformgrundgesetz, Netzpolitik.org, 23.04.2022 https://netzpolitik.org/2022/kommentar-zum-digitale-dienste-gesetz-das-ist-noch-kein-plattformgrundgesetz/

50 Corinna Milborn, Markus Breitenecker: Change the Game. Wie wir uns das Netz von Facebook und Google zurückholen. Brandstätter, 2018

51 Effekt von Faktenchecks auf Falschwahrnehmungen zu COVID-19, Science Media Center, 03. 02. 2022 https://www.sciencemediacenter.de/alle-angebote/research-in-context/details/news/effekt-von-faktenchecks-auf-falschwahrnehmungen-zu-covid-19/

52 Interview mit Stefan Wegner: Jetzt schmilzt auch noch das Vertrauen, DIE ZEIT 48/2017
https://www.zeit.de/2017/48/vertrauen-werber-stefan-wegner-politik-medien/komplettansicht

53 M. B. Petersen: COVID lesson: trust the public with hard truths, Nature, Vol. 598, 14 October 2021, S. 237
https://www.nature.com/articles/d41586-021-02758-2

54 C. Schöps: Ein kommunikatives Desaster, ZEIT Online, 16. Februar 2022
https://www.zeit.de/gesundheit/2022-02/gesundheits-kommunikation-corona-krise-regierung-lockdown-regeln/komplettansicht

55 siehe zum Beispiel: Stellungnahme des ExpertInnenrates der Bundesregierung zu COVID-19. Zur Notwendigkeit evidenzbasierter Risiko- und Gesundheitskommunikation, 30. 01. 2022
https://www.bundesregierung.de/resource/blob/997532/2002168/ea5301f932dafa7911294408587466e0a/2022-01-30-fuenfte-stellungnahme-expertenrat-data.pdf?download=1
M. Probst, U. Schnabel et al.: So gewinnt das bessere Argument. Neun Thesen, wie Wissenschaft und Öffentlichkeit sich besser verständigen, DIE ZEIT 09/2021
https://www.zeit.de/2021/09/wissenschaft-kommunikation-oeffentlichkeit-pressesprecher-bildung-journalismus
M. Probst, U. Schnabel: Was Experten lernen müssen. DIE ZEIT 17/2022
https://www.zeit.de/2022/17/wissenschaft-kommunikation-oeffentlichkeit-medienkompetenz

56 Zum Beispiel: War die Mondlandung ein Fake?
https://www.zeit.de/wissen/2014-07/mondlandung-mythen-verschwoerung
War 9/11 ein Komplott des CIA? (https://www.zeit.de/2014/45/verschwoerung-11-september-cia)
Faktchecks zu allen möglichen Themen bieten:

Der Correctiv.Faktencheck des Recherchenetzwerks Correctiv (https://correctiv.org/faktencheck/)
#StopFakeNews der Bundeszentrale für politische Bildung (https://www.bpb.de/themen/medien-journalismus/stopfakenews/)
Das Portal Klimafakten.de speziell zum Thema Klimawandel (www.klimafakten.de)
Der Coronavirus-Faktencheck des Spiegel, https://www.spiegel.de/thema/coronavirus-faktencheck/
Der Faktenfinder der Tagesschau (www.tagesschau.de/faktenfinder/)
Der SWR Fakefinder für Kinder und Jugendliche (https://www.swr.de/unternehmen/medienkompetenz/fakefinder-100.html)
Eine gute Übersicht bietet auch das Grimme Lab (https://www.grimme-lab.de/2020/12/01/mit-aufklaerung-und-politischer-bildung-gegen-fake-news-hate-speech/)
Die Antonio Amadeu Stiftung gibt u. a. Social-Media-Tipps für die Zivilgesellschaft oder bietet einen »Entschwörungsgenerator« an (https://www.amadeu-antonio-stiftung.de/glaubnichtalles/)
Ein großes Angebot findet sich auch auf ZEIT Online, zum Beispiel: Zwölf Tricks, wie Sie Fake News schnell entlarven, ZEIT Online, 12. März 2022
https://www.zeit.de/digital/internet/2022-03/desinformation-russland-ukraine-fotos-fake-news-falschinformation-echtheit

57 K. Nocun, P. Lamberty: True Facts. Was gegen Verschwörungserzählungen wirklich hilft, Quadriga, 2021

58 Gespräch mit M. Butter: »Glauben Sie nicht jedem, der einen Doktortitel hat«, ZEIT Online, 1. 4. 2020
https://www.zeit.de/wissen/gesundheit/2020-03/coronavirus-verschwoerungstheorien-entstehung-angst-ungewissheit/komplettansicht

59 M. Butter: »Die Corona-Impfung ist ein Traum für Verschwörungstheoretiker«, ZEIT Online, 23. 1. 2021
https://www.zeit.de/digital/internet/2021-01/michael-butter-verschwoerungstheorien-corona-impfung-soziale-medien-querdenken

60 https://www.getbadnews.de/#intro

61 https://www.nibis.de/app-fuer-ios-und-android-smartphones-fake-news-check_9798

62 https://www.swr.de/unternehmen/medienkompetenz/artikel-fake-finder-kids-100.html

63 http://www.conspiracytheory.martinbruder.com/de/

64 E-Learning: Desinformation und Fake News, ZEIT für die Schule. https://www.zeitfuerdieschule.de/materialien/e-learnings/desinformation-und-fake-news/
Mit Booklet: https://www.zeitfuerdieschule.de/content/uploads/2021/08/ZfL_ELearning_Desinformation_Booklet.pdf

9. Die Ökonomie des Gemeinwohls

1 C. Hensen: Der Mast, der nicht passt, Stern, 23. 02. 2022, https://www.stern.de/digital/online/jeff-bezos-und-seine-jacht-so-viel-kostet-es--die-bruecke-in-rotterdam-abzubauen-31647600.html

2 Bezos & Rotterdam: Lasst die historische Brücke stehen! *change.org* https://www.change.org/p/bezos-rotterdam-lasst-die-historische-br%C3%BCcke-stehen-abridgetoofar

3 Inequality kills. Oxfam Briefing Paper, 17. 1. 2022
https://policy-practice.oxfam.org/resources/inequality-kills-the-unparalleled-action-needed-to-combat-unprecedented-inequal-621341/
Für Deutschland siehe: Datenreport 2021. Ein Sozialbericht für die Bundesrepublik Deutschland. Statistisches Bundesamt, 2021
https://www.destatis.de/DE/Service/Statistik-Campus/Datenreport/_inhalt.html
M. Bogner: Pandemie vergrößert Ungleichheit in Deutschland, ZEIT Online, 10. März 2021
https://www.zeit.de/gesellschaft/2021-03/soziale-ungleichheit-deutschland-corona-pandemie-verstaerkung-datenreport-2021

4 K. Rudzio: Sind acht Männer so reich wie 3,6 Milliarden Menschen? DIE ZEIT 04/2017
https://www.zeit.de/2017/04/oxfam-studie-zuverlaessigkeit-kluft-arm-reich

5 Etwa: A. Salked: How Long Does It Take Tech CEOs to Earn Your Salary? SimpleTexting, May 20th 2020
https://simpletexting.com/tech-ceo-salary/

6 »Für Milliardäre gleicht Pandemie einem Goldrausch«, tagesschau.de, 17.01.2022
https://www.tagesschau.de/wirtschaft/weltwirtschaft/oxfam-corona-ungleichheit-101.html

7 C. Engelhardt, A. Wagener: What do Germans think and know about income inequality? A survey experiment, *Socio-Economic Review*, Volume 16, Issue 4, October 2018, Pages 743–767, https://doi.org/10.1093/ser/mwx036

8 D. Böcking, M. Hesse: Warum Merz nicht zur Mittelschicht gehört. Spiegel Online, 15. 11. 2018
https://www.spiegel.de/wirtschaft/soziales/friedrich-merz-warum-er-nicht-zur-mittelschicht-gehoert-a-1238635.html

9 G. Gavett: CEOs Get Paid Too Much, According to Pretty Much Everyone in the World, Harvard Business Review, 23. 9. 2014
https://hbr.org/2014/09/ceos-get-paid-too-much-according-to-pretty-much-everyone-in-the-world?amp;amp

10 DIW Wochenbericht 18 / 2021, S. 307–316 https://www.diw.de/de/diw_01.c.817486.de/publikationen/wochenberichte/2021_18_1/einkommensungleichheit_stagniert_langfristig__sinkt_aber_waehrend_der_corona-pandemie_leicht.html

11 DIW Wochenbericht 40 / 2019, S. 735–745
https://www.diw.de/de/diw_01.c.679909.de/publikationen/wochenberichte/2019_40_1/vermoegensungleichheit_in_deutschland_bleibt_trotz_deutlich_steigender_nettovermoegen_anhaltend_hoch.html

12 N. Beckert: Die Reichen werden reicher, die Armen bleiben perspektivlos, ZEIT Online, 13. Februar 2022
https://www.zeit.de/wirtschaft/2022-02/soziale-ungleichheit-china-zunahme

13 World Inequality Report 2022
https://wir2022.wid.world/

14 Wie wohlhabend sind Sie? ZEIT Online 02/2021
https://www.zeit.de/wirtschaft/2021-02/soziale-ungleichheit-armut-reichtum-schichten-rechner-studie-deutschland

15 Michael Sandel: Vom Ende des Gemeinwohls, Fischer Verlag, 2020, S. 29

16 Sandel, S. 118

17 Jens Beckert im Interview: »Unsere Gesellschaft ist keine einheitliche Herde«, ZEIT Online, 17. April 2021 https://www.zeit.de/kultur/2021-04/soziale-ungleichheit-corona-krise-jens-beckert-soziologie/komplettansicht

18 Marlene Engelhorn im Gespräch: »In meiner Familie redet man nicht über Geld, man hat es«, Süddeutsche Zeitung, 26. Dezember 2021

19 https://www.taxmenow.eu/

20 W. Buffett: Stop Coddling the Super-Rich, New York Times, Aug. 14, 2011 https://www.nytimes.com/2011/08/15/opinion/stop-coddling-the-super-rich.html

21 Gender Pay Gap im Fußball: Rote Karte für die Gehälterlücke, die wirtschaft, 04. 06. 2021 https://www.die-wirtschaft.at/gender-pay-gap-im-fussball-rote-karte-fuer-die-gehaelterluecke-41140

22 Löhne im Osten noch immer viel niedriger, tagesschau.de, 14.03.2021 https://www.tagesschau.de/wirtschaft/lohngefaelle-west-ost-101.html

23 A Complete History of Breakout (Memento vom 13. August 2013 im Internet Archive) https://web.archive.org/web/20130813113450/http://classicgaming.gamespy.com/View.php?view=Articles.Detail&id=395

24 Emile Durckheim: Über die Teilung der sozialen Arbeit, Suhrkamp 1977

25 Martin Luther King: Rede am 18. März 1968, Memphis, Tennessee https://kinginstitute.stanford.edu/king-papers/publications/autobiography-martin-luther-king-jr-contents/chapter-31-poor-peoples

26 Axel Honneth: Kampf um Anerkennung. Zur moralischen Grammatik sozialer Beziehungen. Suhrkamp, 1994

27 Sandel, S. 338

28 Wohneigentum in Deutschland, empirica Institut, 2020 https://www.empirica-institut.de/fileadmin/Redaktion/Publikationen_Referenzen/PDFs/Wohneigentum_2020_Bericht_Teil-1-Eigentumsquoten-final.pdf

siehe auch: Wohneigentum ist für viele junge Menschen zu teuer. ZEIT Online, 9. August 2019
https://www.zeit.de/wirtschaft/2019-08/immobilienmarkt-wohneigentum-ersterwerb-finanzierung-nebenkosten

29 E. v. Thadden: Das teure Nest. DIE ZEIT 06/2021
https://www.zeit.de/2021/06/soziale-ungleichheit-erbe-eigentum-immobilienmarkt-deutschland/komplettansicht

30 T. Piketty: »La solution la plus simple pour diffuser la richesse est l'héritage pour tous«, Le Monde, 15 mai 2021
https://www.lemonde.fr/idees/article/2021/05/15/thomas-piketty-l-heritage-pour-tous-vise-a-accroitre-le-pouvoir-de-negociation-de-ceux-qui-ne-possedent-rien_6080270_3232.htm

31 Thomas Piketty: Kapital und Ideologie, C. H. Beck, 2020

32 K. Rudzio: Es ist Liebe, DIE ZEIT 10/2016
https://epaper.zeit.de/webreader-v3/index.html#/413443/19
K. Rudzio, S. Venohr, P. Blickle, J. Stahnke: Schwimmen Sie vorne mit? ZEIT Online 25. 02. 2016
https://www.zeit.de/wirtschaft/2016-02/arbeit-mindestlohn-erfolg-deutschland-studie-vermaechtnis

33 V. F. Hasel: Macht Geld faul? DIE ZEIT 09/2015
https://www.zeit.de/2015/09/bedingungsloses-grundeinkommen-crowdfunding-generation-y-sozialstaat/komplettansicht

34 Siehe z. B.:
L. Hampel: 560 Euro geschenkt – und jetzt? Süddeutsche Zeitung, 6. Mai 2020
https://www.sueddeutsche.de/wirtschaft/grundeinkommen-in-finnland-560-euro-geschenkt-und-jetzt-1.4898961
Mehr Vertrauen, weniger Stress … und niemand wurde faul, Mein Grundeinkommen, 7. 5. 2020
https://www.mein-grundeinkommen.de/magazin/finnland-grundeinkommen-studie-ergebnisse
R. Köhler: Was ändern 1200 Euro pro Monat? *Tagesschau*, 18. 08. 2020
https://www.tagesschau.de/inland/grundeinkommen-studie-101.html

35 https://web.ecogood.org/de/idee-vision/

36 M. Grzanna: Gewinn ist nicht alles, Süddeutsche Zeitung, 2. November 2018

https://www.sueddeutsche.de/wirtschaft/gemeinwohl-oekonomie-gewinn-ist-nicht-alles-1.4187406

37 https://purpose-economy.org/de/

38 J. Tönnesmann: Glücklich enteignet, DIE ZEIT 33/2020 https://www.zeit.de/2020/33/unternehmen-verantwortungseigentum-nachhaltigkeit-wachstum-profitmaximierung/komplettansicht

39 J. Tönnesmann: Biete Firma, suche Sinn, ZEIT für Unternehmer, 04/2019 https://www.zeit.de/zeit-fuer-unternehmer/2019/04/unternehmenseigentum-eigentumsfrage-mitarbeiter-beteiligung

40 https://info.ecosia.org/what

41 Interview mit Marleen Thürling: Comeback, ipg-Journal, 24. 11. 2021 https://www.ipg-journal.de/interviews/artikel/comeback-5562/

42 https://www.tauschringadressen.de/

43 https://www.givingwhatwecan.org/

44 Toby Ord im Gespräch: »Die Zukunft der Menschheit sichern«, DIE ZEIT 52/2021

45 William MacAskill: Gutes besser tun. Wie wir mit effektivem Altruismus die Welt verändern können. Ullstein Verlag, Berlin 2016

46 Oxford-based charity receives more than $2.5 billion in pledges from ›community of effective givers‹, University of Oxford News, 1. März 2022 https://www.ox.ac.uk/news/2022-03-01-oxford-based-charity-receives-more-25-billion-pledges-community-effective-givers

10. Vom kleinen Wir zum großen Wir

1 O. Riecke, O. Schütt: Der Gartenzwerg – ein nationales Problem, Hamburger Grundeigentum Nr. 3/2000

2 Amtsgericht Elze, 4 C 210/99, Urteil vom 18. 10. 1999 https://www.kostenlose-urteile.de/AG-Elze_4-C-21099_Erhobener-Mittelfinger-Gartenzwerg-mit-verbundenem-und-mit-einer-Blume-verziertem-Fuck-you-Finger-verletzt-Nachbarn-nicht-in-seinem-Persoenlichkeitsrecht.news11676.htm

3 Olaf Riecke im Gespräch: »Dir zahl ich's heim, ich hab Rechtsschutz!«, DIE ZEIT 50/2016

4 S. Vedantam: The Key To Disaster Survival? Friends And Neighbours, National Public Radio, 4. 7. 2011
https://text.npr.org/137526401
J. Kornwitz: Narrow escape from Hurricane Katrina inspires professor to study post-disaster recovery, News@Northeastern, August 26, 2015
https://news.northeastern.edu/2015/08/26/surviving-hurricane-katrina-inspired-northeastern-professor-to-study-post-disaster-recovery/
D. P. Aldrich, M. A. Meyer: Social Capital and Community Resilience, American Behavioral Scientist 2015; 59 (2): 254–69

5 S. Kara: Ist da jemand? DIE ZEIT 50/2016

6 C. Vollmann im Gespräch: Warum Nutzer diesem Gründer Geld zahlen? Business Insider, 24. 1. 2019
https://www.businessinsider.de/gruenderszene/business/christian-vollmann-nebenan-de-interview/

7 Ertrud Mühlens im Gespräch: Es entsteht eine neue Intelligenz, Netzwerk Nachbarschaft,
https://www.netzwerk-nachbarschaft.net/component/content/article/130/

8 R. Putnam: Making democracy work: Civic traditions in modern Italy. Princeton University Press. (1993)

9 Robert Putnam: Bowling Alone: The Collapse and Revival of American Community. Simon & Schuster, New York 2000

10 T. Fraser, C. Page-Tan, D. P. Aldrich: Social capital's impact on COVID-19 outcomes at local levels. Scientific Reports Vol. 12, 6566 (2022). https://doi.org/10.1038/s41598-022-10275-z
https://www.clc.gov.sg/docs/default-source/urban-solutions/urbsol18pdf/10_essay_futureepidemics.pdf

11 J. Allmendinger, J. Wetzel: Die Vertrauensfrage, Dudenverlag, S. 56

12 Nationaler Bildungsbericht: Bildung in Deutschland 2018, S. 156
https://www.bildungsbericht.de/de/bildungsberichte-seit-2006/bildungsbericht-2018/pdf-bildungsbericht-2018/kapitel-f-2018.pdf

13 siehe z. B. B. Hart, T. Risley: The early catastrophe, American Educator, Spring 2003

https://www.aft.org/sites/default/files/periodicals/TheEarlyCatas trophe.pdf
Oder: S. Lehrl: Qualität häuslicher Lernumwelten im Vorschulalter, Springer, 2018

14 J. Skopek, G. Passaretta: Socioeconomic Inequality in Children's Achievement from Infancy to Adolescence: The Case of Germany, *Social Forces*, Vol. 100, 1. September 2021, S. 86–112, https://doi.org/10.1093/sf/soaa093

15 M. Spiewak: Ungerecht von Anfang an. DIE ZEIT 24/2021 https://www.zeit.de/2021/24/chancengerechtigkeit-bildung-kinder entwicklung-herkunft-schule-elternhaus/komplettansicht

16 M. Sandel: Vom Ende des Gemeinwohls, S. 360

17 M. Helbig, S. Jähnen: Wo findet Integration statt? Discussion paper P 2019–003, WZB, 2019
https://de.readkong.com/page/wo-findet-integration-statt-die-sozialraumliche-4023326

18 E. Klinenberg, Palaces for the People: How Social Infrastructure Can Help Fight Inequality, Polarization, and the Decline of Civic Life, Crown Publishing Group, New York, 2018

19 D. Asendorpf: Sitzen, spielen, reden, (lesen). DIE ZEIT 46/2015 https://www.zeit.de/2015/46/bibliothek-daenemark-open-library

20 Bundespräsident fordert Pflichtdienst für alle jungen Menschen, ZEIT Online, 12. Juni 2022
https://www.zeit.de/politik/deutschland/2022-06/steinmeier-pflichtdienst-junge-menschen-bundespraesident

21 Daten des Bundesfamilienministeriums zum Freiwilligen Sozialen Jahr https://www.daten.bmfsfj.de/daten/daten/freiwilliges-soziales-jahr--137090
Siehe auch: A. Herbold, M. Spiewak: »Beste Entscheidung meines Lebens«, DIE ZEIT 18/2022
https://www.zeit.de/2022/18/freiwilligendienst-sozial-oekologisch-erfahrungen

22 J. Allmendinger, J. Wetzel: Die Vertrauensfrage, DIE ZEIT 22/2019 https://www.zeit.de/2019/22/wir-gefuehl-vermaechtnis-studie-zugehoerigkeit-zusammenhalt-gesellschaft-mitmenschen/komplett ansicht

23 G. Hardin, The Tragedy of the Commons, Science, Vol. 162, 3859, (1968), S. 1244

24 The Sveriges Riksbank Prize in Economic Sciences in Memory of Alfred Nobel 2009, Press Release 12. 10. 2009 https://www.nobelprize.org/prizes/economic-sciences/2009/press-release/

25 Adam Smith, Interview mit Elinor Ostrom, 12. 10. 2009 http://nobelprize.org/nobel_prizes/economics/laureates/2009/ostrom-telephone.html

26 V. Stollorz: Elinor Ostrom und die Wiederentdeckung der Allmende, Aus Politik und Zeitgeschichte, 05. 07. 2011 https://www.bpb.de/shop/zeitschriften/apuz/33204/elinor-ostrom-und-die-wiederentdeckung-der-allmende/

27 Uğur Şahin: My grand story https://mygrandstory.org/ugur-sahin/